相性のいい色

3属性がわかったところで、実際に代表的な相性がいい色の組合わせを次に示す。

Pattern1　同系色

同系色は、色相が同じで、明度や彩度を変えた色である。

赤で明度を変えた例　　シアンで明度を変えた例

Pattern2　類似色

類似色は、色相が近い色の組み合わせである。

レッドとオレンジ　　グリーンとイエローグリーン

Pattern3　補色（反対色）

補色は、色相環で対象の位置にある組み合わせである。

グリーンとレッド　　オレンジとシアン

Pattern4　トーンをそろえた色

トーンとは、あかるい色、やわらかい色、にぶい色、つよい色、さえた色など、色の調子（色調）を決定する尺度である。彩度と明度を同じにして、色調だけを変えるとトーンが同じ色ということになる。トーンを合わせた色合いも、相性のいい組み合わせになる。

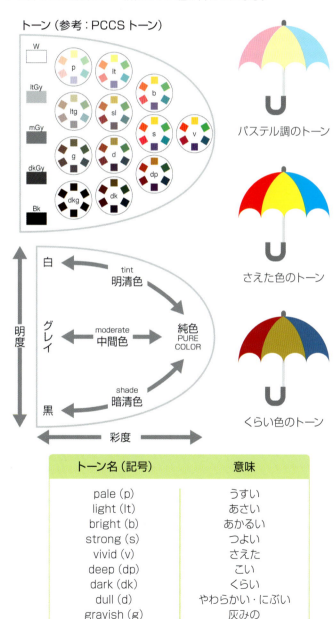

トーン（参考：PCCSトーン）

パステル調のトーン

さえた色のトーン

くらい色のトーン

トーン名（記号）	意味
pale (p)	うすい
light (lt)	あさい
bright (b)	あかるい
strong (s)	つよい
vivid (v)	さえた
deep (dp)	こい
dark (dk)	くらい
dull (d)	やわらかい・にぶい
grayish (g)	灰みの

CGリテラシー

Photoshop & Illustrator CC ＋ CS6

影山明俊・コスミックエンジン　［著］

実教出版

商標登録について
(1) Microsoft、Windowsは、米国Microsoft Corporationの米国およびその他の国における登録商標または商標です。
    Adobe、Adobe Photoshop、Adobe Illustratorは、Adobe Systems Incorporated（アドビシステムズ社）の商標です。
(2) その他、本文中で記載されている会社名、製品名は、各社の商標および登録商標です。

はじめに

　スマートフォン、タブレット端末などの普及が急速に進み、誰もがコンピュータを持ち歩く時代になってきました。スマートフォンで画像の撮影・加工・編集や動画視聴なども可能になり、Webサイトや動画などのデジタルメディア視聴も気軽にできるようになり、CG（コンピュータグラフィック）の分野はより身近なものになっています。

　また、身近な新聞に挟まっているチラシや商品を入れるパッケージ、普段読んでいる雑誌など、ほとんどの印刷物のデザインにもCG技術が使われ、社会生活の中でもCGの技術は特別なものではなくなっています。

　CGが特別なものでなくなった今、個人でもデジタルメディアを見るだけでなく、年賀状や暑中見舞いの作成をする人や、スマートフォンやデジタルカメラで撮った写真の加工をする人、オリジナルのイラストを制作する人、そしてWebサイト・ブログ・動画投稿などデジタルメディアを活用して情報発信をする人などが増えています。

　このような流れは、産業界にも大きな影響を与えています。商品を売る流通業では百貨店などの売り上げよりWebショップの売り上げの方が多くなったり、規模の小さな店でもWebショップを立ち上げて全国販売したり、企業もデジタルメディアをうまく利用しているところが伸びています。また、広告も従来のチラシのような紙媒体からWebサイトや動画などのデジタルメディアに移行しています。このような環境の中、一般の人もデザインに対する目が鋭くなっており、より人の目を引き、印象に残るようにするためにはデザイン力が重要な要素になっています。

　学校の教育もこのような現状の中で情報発信型のプレゼンテーションやWebサイトの制作、基本的なデザインなどの授業を取り入れているところが多くなっています。

　本書で扱うPhotoshopとIllustratorはAdobe社が開発したデジタル画像を扱うための定番のツールです。以前より印刷物を制作・編集する際の必須ツールとしてプロのグラフィックデザイナーに使われていましたが、現在は印刷物だけでなくWebページやプレゼンテーションの画像制作でも主流のツールになっており、映像や3DCG、アニメーションなどの作品制作などにまで広がりをみせています。Photoshop、Illustratorともバージョンアップごとに、時代の最新技術に合わせた改良や機能が加えられており、デザインのツールでは一歩抜きんでた存在です。広告・デザイン・映像などの業界を目指している人には必須のツールであり、プレゼンテーションなどを行う企画・営業・販売などの職種でも使えると便利なツールです。

　Photoshopは、写真の補正に優れて、あらゆる画像素材の制作・補正に使われており、現在は印刷物やWebページの画像素材作りなど、多くの仕事に使われているデジタル画像の総合ツールです。また、最近では映像や3DCGなどの処理ができる機能が強化されています。Illustratorは名前の通りイラストを描くための制作ツールで、キャラクターや背景の制作には必須のツールです。

　本書では、第1編ではPhotoshop、第2編ではIllustratorの基礎項目をしっかり学び、さらに各機能やツールを使った作品を制作します。PhotoshopとIllustratorは単体で使っても100％の力を発揮できません。そこで、第3編ではPhotoshopとIllustratorを連携させた、実践に近い印刷物やWebページ素材の制作の仕方を紹介しています。

　本書は、プロのデザイナーのテクニックを紹介するような本ではありませんが、初心者でも確実に基本的な項目が理解できるように構成しています。また、操作のポイントや関連する知識や機能をコラムで扱うことにより、より深い理解ができるようにしています。本書がデザインの仕事を目指す人に少しでもお役に立てれば幸いです。

2015年10月

著者一同

CONTENTS

第1編　Photoshopの基礎　9

Chapter 01　Photoshopの基本操作　10
1. Photoshopの起動　10
2. Photoshopの基本画面と操作環境　12
3. メニュー　13
4. ツールパネル　14
5. パネル　16

Chapter 02　ドキュメントウィンドウ　18
1. 新規作成　18
2. 既存ファイルを開く・保存する　20
3. 画像の表示方法を変える　22
4. 複数の画像を表示する　28
5. ワークスペース　29

Chapter 03　ペイントツール　30
1. 色を選択する　30
2. ブラシツール　33
3. 鉛筆ツール　35
4. 消しゴムツール　36
5. 塗りつぶしツールと塗りつぶしコマンド　37
6. グラデーションツール　39
7. ヒストリー　40
● 練習問題　41

Chapter 04　選択範囲　42
1. 長方形選択ツール　42
2. 移動ツール　43
3. なげなわツール　45
4. 多角形選択ツール　46
5. マグネット選択ツール　46
6. 楕円形選択ツールと選択範囲の調整　47
7. クイック選択ツール　48
8. 自動選択ツール　49
9. クイックマスク　50
● 練習問題　53

Chapter 05　画像の補正　54
1. 画像解像度　54
2. カンバスサイズ　55
3. 画像の回転　56
4. 切り抜きツール（トリミング）　57
5. コピースタンプツール　58
6. スポット修復ブラシツール　60
7. 修復ブラシツール　61
8. パッチツール　63
9. 赤目修正ツール　64
10. ぼかしツール　64
11. シャープツール　65
12. 指先ツール　65
13. ヒストリーブラシツール　66
14. アートヒストリーブラシツール　67
15. 覆い焼きツール　67
16. 焼き込みツール　68
17. スポンジツール　68
● 練習問題　69

Chapter 06　色調補正　70
1. 明るさ・コントラスト　70
2. レベル補正　71
3. トーンカーブ　73
4. 露光量　75
5. 自然な彩度　76
6. 色相・彩度　76
7. カラーバランス　77
8. 白黒　77
9. レンズフィルター　78
10. チャンネルミキサー　78
11. カラールックアップ　78
12. 階調の反転　79
13. ポスタリゼーション　79
14. 2階調化　79
15. グラデーションマップ　80
16. 特定色域の選択　80
17. 彩度を下げる　81
18. シャドウ・ハイライト　81
19. 平均化（イコライズ）　81
20. 特定の範囲の色調を補正する　82
● 練習問題　83

Chapter 07　画像の合成　84
1. レイヤー合成　84
2. レイヤースタイル　89
3. 描画モード　91
4. レイヤーマスクと調整レイヤー　98
5. クリッピングマスク　102
● 練習問題　103

Chapter 08　フィルター　104
1. フィルターをかける　104
2. フィルターギャラリーで複数のフィルターをかける　105
3. 水面を作る　107
4. レンガのテクスチャの作成　109
5. 広角補正　112
6. Camera Rawフィルター　113
7. レンズ補正　113
8. ゆがみ　114
9. すべてのフィルター　116
● 練習問題　121

Chapter 09　ロゴの作成　122
1. 複数のレイヤースタイル　122
2. スタイルパネルの効果　124
3. ワープテキスト　126
4. フィルターでかわいいロゴを作る　128
5. 文字マスクツールで画像を使ったロゴを作る　129
6. ブラシとパスでクッキーのロゴを作る　131
7. 3D機能でロゴを作る　135
8. 3Dモデルを使ってロゴを作る　138
● 練習問題　140

第2編　Illustratorの基礎　143

Chapter 01　Illustratorの基本操作　144

1. Illustratorの起動　144
2. 新規ドキュメントの作成　145
3. Illustratorの基本画面と名称　146
4. メニュー　147
5. ツール　148
6. パネル　150
7. 既存のファイルを開く　151
8. 画面表示倍率・表示位置を変える　151
9. ドキュメントを保存する　152
10. ドキュメントウィンドウを閉じる　153
11. Illustratorを終了する　153

Chapter 02　基本図形の描画とパスの作成　154

1. 円を描く　154
2. 長方形や正方形を描く　155
3. 多角形や星形などの描画　156
4. 直線や円弧を描く　157
5. ペンツールで直線を描く　158
6. ペンツールで曲線を描く　159
7. パスの形状を編集する　162
8. コーナーポイントとスムーズポイントの切り換え　164
9. パスの延長と連結　165
10. アンカーポイントを整列する　166
11. 曲線ツールで直感的にパスを描く（CC〜）　167
12. コーナーを角丸にする（CC〜）　168
13. 鉛筆ツールで自由な線を描く　169
● 練習問題　170

Chapter 03　オブジェクトの塗りと線　172

1. ［塗り］と［線］のカラー　172
2. ［線］の形状　174
3. グラデーション　179
● 練習問題　182

Chapter 04　オブジェクトの編集　184

1. オブジェクトの選択と解除　184
2. オブジェクトの基本編集　185
3. リキッドツールでオブジェクトを変形する　191
4. オブジェクトのグループ　192
5. オブジェクトの重ね順　193
6. レイヤーパネルで複数のオブジェクトを管理する　194
7. オブジェクトを整列、分布させる　196
8. オブジェクト同士を合体、型抜きする　198
9. 効果を使ったオブジェクトの変形　200
10. オブジェクトにマスクをかける　201
11. 中間のオブジェクトを作成する　202
12. エンベロープを使ったオブジェクトの変形　203
● 練習問題　204

Chapter 05　オブジェクトの装飾　206

1. 不透明度・描画モードを設定する　206
2. ドロップシャドウなどの効果を設定する　208
3. アピアランスパネルで属性を管理する　209
4. ブラシでさまざまな表現の線を描く　212
5. オリジナルブラシを登録する　213
6. パターンを作成する　218
● 練習問題　220

Chapter 06　イラストの作成　222

1. 基本機能を使ってイラストを作成する　222
2. 下描きをトレースしてイラストを作成する　224
3. グラデーションメッシュでリアルなイラストを作成する　226
4. 遠近グリッドで遠近感のあるイラストを作成する　230
● 練習問題　233

Chapter 07　文字の作成と編集　234

1. 任意の位置に文字を作成する（ポイント文字）　234
2. エリア内に文字を入力する（エリア内文字）　235
3. パスに沿った文字を作成する（パス上文字）　236
4. 文字を編集する　238
5. 文字スタイルを設定する　240
6. 段落の設定と長い文章をレイアウト　242
● 練習問題　244

Chapter 08　ロゴやシンボルマークの作成　246

1. ハサミでカットしたようなロゴ　246
2. はためくロゴ　248
3. 立体的な星　250
4. 写真入りのロゴ　251
5. 桜のマーク　252
6. 虹のマーク　254
7. 落書き効果を使ったロゴ　256
8. ワッペン風のマーク　259
● 練習問題　262

Chapter 09　地図、グラフの作成　264

1. 地図を作成する　264
2. 棒グラフを作成する　269
3. グラフの種類を変更する　272
4. ドーナツ形の円グラフを作成する　274
● 練習問題　276

Chapter 10　3D効果　278

1. ライブトレースとライブペイント　278
2. 3D効果（押し出し・ベベル）　280
3. 3D効果（回転体）　282
● 練習問題　285

第3編　Photoshop & Illustrator実践　287

Chapter 01　印刷物の作成　288

1. CDジャケットの作成　288
2. 名刺の作成と面付け　292
3. 複数のアートボードを使ってポストカードを作成する　298
● 練習問題　302

Chapter 02　Web制作　304

1. Webページのレイアウト案の制作　304
2. デザインカンプの作成と画像の書き出し　310
● 練習問題　317

よいデザインを作成するには

デザイナーは、PhotoshopやIllustratorが使えればなれるという職業ではありません。
PhotoshopやIllustratorはツール(道具)であり、デザインは人が考えるものです。よいデザインを作成するには、ツールの使い方だけでなく、次のような項目も勉強しましょう。

(1) 調査・マーケティング
　商品の広告などをデザインするために、その商品の特徴をよく調べ理解してからデザインすることが重要です。また、ライバルになる会社の商品や広告、ターゲットになる対象なども調査してデザインすることも必要です。

(2) デッサン
　デザインをするには、いきなりツールを使って描くのではなく、デザインのイメージを固めるラフ画を描くことも必要です。実際のデザインの下絵を描くためにもデッサンの基本を身につけましょう。

(3) 色彩
　デザインをする上で色は重要な要素になります。相性のよい色の組み合わせや色の持つイメージを理解しましょう。

(4) 平面構成
　ポスター、チラシなどの印刷物やWebページのデザインなどでは、限られたスペースに必要な文字や画像を配置する必要があります。レイアウトの基礎である平面構成力を身につけましょう。

(5) コミュニケーション能力
　デザインの仕事の多くは顧客からの依頼で始まります。そのために顧客の要望をよく理解することが重要になります。また、実際のデザインは複数の人で行う場合が多く、コミュニケーション能力は必要です。

(6) プレゼンテーション
　実際の仕事ではいくらよいデザインを作っても、採用されなければ何の意味もありません。自分の作った作品を効果的に説明できるようにしましょう。

学生作品　小原　彩(3DCG作品　テクスチャにPhotoshop使用)

デザイナーの仕事の魅力

　この本を読んでいるすべての人がデザイナーになりたいと考えているわけではないとは思いますが、デザイナーの仕事の魅力について少し紹介しましょう。

　ここではPhotoshopやIllustratorをよく使用するグラフィック関係の仕事に絞って紹介します。デザイナーの仕事は印刷物、映像、店の看板まで目で確認ができるものすべてが対象になり、実際にはいくつかの仕事に分かれています。商品紹介のカタログやチラシ、ポスターなどを作る広告デザイン、お菓子の箱、包装紙、袋などのパッケージデザイン、商品そのものの形状などを考える意匠デザイン、Webページの制作を行うWebデザイン、CMや映画、アニメーション制作をする映像デザインなどいろいろな仕事があります。

　しかし、どのデザインの仕事にも共通しているのは、すべてが人の目に触れる仕事であり、仕事の善し悪しはすべて目で確認できることです。一見、華やかに見える仕事かもしれませんが、制作中は大変で地味な作業がほとんどです。しかし、制作が終わり自分のデザインが外に出て、「制作した広告やWebページで売り上げが伸びた」「自分の作ったキャラクターが商品やパッケージに採用された」「制作した映像で人が感動してくれた」などデザインが評価されたときに喜びが何倍にもなって返ってくる、やりがいのある仕事です。

　デザインの仕事は特別な才能を持った人がやるものだと考えている人がいるかもしれません。しかし、デザインは特別な仕事ではなく、基礎的なことは2、3年勉強すれば十分身につきます。前のページとこのページにある作品は、デザイナーとして企業に内定した学生の作品です。デザインの仕事をする上で一番重要なことは、デザインを依頼する顧客やデザインのターゲットとなる人の気持ちになり、その目的を達成するために妥協することなく、少しでもよいものを作ろうとする気持ちだと思います。

学生作品　小原　彩（イラスト作品　Illustrator、Photoshop使用）

本書について

Photoshop、IllustratorおよびOSのバージョンについて
本書では、CC 2015（2015年6月30日現在の最新バージョン）での操作をメインに解説を行っています（使用OSはWindows 8.1）。CS6で不具合が生じるものについては、その都度、「CS6 Memo」にて解説を行っています。また、OSのバージョンの違いにより本書で使用しているフォントがない場合は、ご使用の環境に合わせて適当なフォントに置き換えてください。

データのダウンロードについて
弊社Webサイト内の本書の詳細情報ページおよびダウンロードデータのページ（https://www.jikkyo.co.jp/download/）から、以下のものがダウンロードできます。
（「Photoshop & Illustrator CC」と検索してください）

1. 本書の例題で使用している素材ファイル
2. 練習問題の素材ファイル
3. 例題、練習問題の完成ファイル

各編の学習を始める前に、あらかじめ「素材ファイル」が収録されている各Chapterのフォルダーをダウンロードし、ハードディスクにコピーしておいてください。

※ダウンロードデータには、CC2015用とCS6用の2種類を用意しているものがありますので、ご自身の環境に合わせてダウンロードしてください。

ダウンロードデータの利用についての注意事項
- 個人利用に限り、自由な加工・修正などの利用ができます。
- 営利目的による使用・複製等は認めておりません。出版社、著作者は素材の利用において生じた、または生じなかったことによる、いかなる責任も負わないものとします。
- 公開、再配布等の二次利用は禁止いたします。

PAKUTASOについて
- 本書で使用している素材ファイルの中にはPAKUTASOより提供を受けたものがあります。PAKUTASOより提供を受けた素材ファイルを使用するページには「Photo by pakutaso.com」の記載が入っています。PAKUTASOより提供を受けた素材ファイルを利用する際には、上記の「ダウンロードデータの利用についての注意事項」に加えて、PAKUTASOの利用規約（http://www.pakutaso.com/userpolicy.html）に同意する必要があります。
- 本書内に「Photo by pakutaso.com」の記載のあるページの素材ファイルをダウンロードして使用する際には、PAKUTASOの利用規約に同意したものとみなし、出版社、著作者は素材の利用において生じた、または生じなかったことによる、いかなる責任も負わないものとします。

第1編
Photoshopの基礎

Chapter 01	Photoshopの基本操作	p.010
Chapter 02	ドキュメントウィンドウ	p.018
Chapter 03	ペイントツール	p.030
Chapter 04	選択範囲	p.042
Chapter 05	画像の補正	p.054
Chapter 06	色調補正	p.070
Chapter 07	画像の合成	p.084
Chapter 08	フィルター	p.104
Chapter 09	ロゴの作成	p.122

Chapter 01 Photoshopの基本操作

Chapter01では、Photoshopの起動と終了の方法と基本画面を構成する各要素の名称や機能の概要について学ぼう。

1 Photoshopの起動

Photoshopを起動する方法はいくつかある。ここではWindowsのスタート画面から起動する方法を学ぼう。

1-❶ Photoshopの起動

①スタート画面の左下の ⬇ をクリックすると「すべてのアプリ」が表示される。

②アプリから[Adobe Photoshop CC 2015]をクリックする。

Point
アプリ画面のタイトルの横を「名前順」にするとAdobe製品は「A」の場所にある。

③起動が完了すると、次のような画面になる。

Point
この起動の例はOSがWindows 8.1で、Adobe Photoshop CC 2015を起動した例である。PCの機種やOSの種類やバージョン、Photoshopのバージョンにより起動の仕方が異なる。

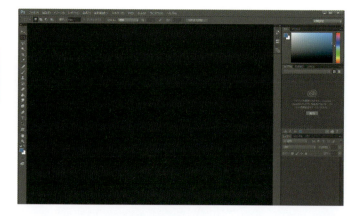

1-❷ Photoshopをスタート画面、タスクバーにピン留めする

Photoshopの起動をするのに、毎回「すべてのアプリ」から探して起動するのは効率が悪い。スタート画面やデスクトップのタスクバーにPhotoshopを追加する。

(1) スタート画面にピン留め
①「すべてのアプリ」からPhotoshopを探す。
②Photoshopの上で右クリックする。
③[スタート画面にピン留めする]を選択する。

Point
スタート画面に登録されたアイコンは移動ができるので優先度を考えてわかりやすい場所に移動する。

10　第1編　Photoshopの基礎

(2) タスクバーにピン留め

① 「すべてのアプリ」からPhotoshopを探す。
② Photoshopの上で右クリックする。
③ [タスクバーにピン留めする]を選択する。

1-❸ Photoshopの終了

Photoshopの基本的な終了の仕方を2種類説明する。

(1) メニューから終了

[ファイル]→[終了]を選ぶ。

(2) [閉じる]ボタンから終了

[閉じる]ボタンをクリックする。

Short cut
終了：[Ctrl]+[Q]

Point
画像などのドキュメントウィンドウを開いているときは、各ドキュメントウィンドウにも[閉じる]ボタンがあるので、1番右上の[閉じる]ボタンをクリックする。

Point
終了したときに次のようなダイアログボックスが出てくるときがある。これは処理途中で保存されていないドキュメントがあるときに出てくる。保存が必要な場合は「はい」、必要ではない場合は「いいえ」、終了をキャンセルする場合は「キャンセル」をクリックする。

コラム ヘルプ

Photoshopの機能は非常に多く、Photoshopを長く使用しているベテランのデザイナーでもすべての機能を覚えることは不可能である。そんなときは、ヘルプを確認しよう。ヘルプには主な機能や操作の仕方などが載っている。ヘルプを表示するには次のようにする。
[ヘルプ]→[Photoshop オンラインヘルプ]を選択する。

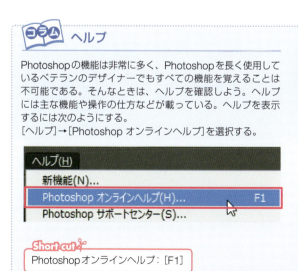

Short cut
Photoshop オンラインヘルプ：[F1]

2 Photoshopの基本画面と操作環境

Photoshopには画像や図形を編集・加工するために必要なさまざまな機能がある。それを操作しやすくするためにさまざまなツールやパレットなどがある。標準の初期画面でも問題はないが、カスタマイズすることにより操作性を上げることができる。

2-❶ Photoshopの初期画面と名称

Photoshopの基本画面を構成する要素の名称と役割を説明する。

メニューバー
メニューバーは、各機能を実行するためのメニューが表示されている。メニューは、機能ごとにグループ化されており、例えばフィルターメニューには、フィルターのコマンドがある。

オプションバー
オプションバーは、各種のツールを使用するためのオプションを設定する。

パネルエリア
パネルエリアは画面の状態や画像の管理・編集を行うパネルが表示されるエリアである。

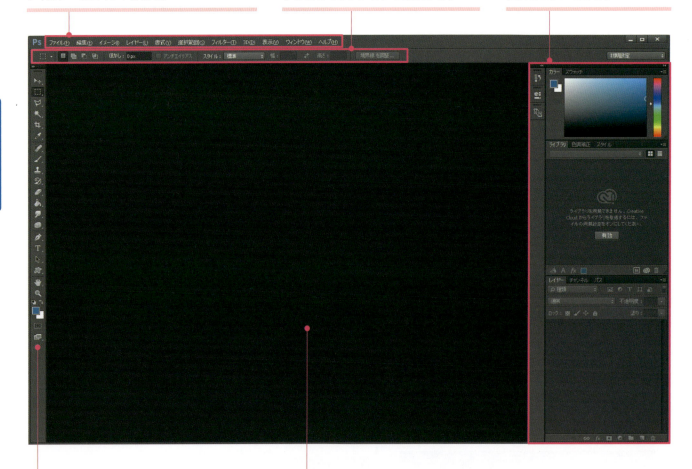

ツールパネル
ツールパネルには、画像の制作と編集に必要な各種ツールが格納されている。

画像領域
画像などのドキュメントが表示されるエリアである。画像は標準ではタブ付きドキュメントになるが、独立したドキュメント表示も可能である。

Point
Photoshopを初期画面に戻したい場合には次の操作を行う。
[ウィンドウ]→[ワークスペース]→[初期設定]

Point
この状態は初期状態の配置であり、使用している環境や前回の使用状況により、パネルの配置は異なる。

3 メニュー

メニューバーには、Photoshopのほとんどの機能がグループ分けされて登録されている。ここに登録された機能はコマンドといい、Photoshopを使う上で、どの場所にどのようなコマンドがあるか知っておくことは効率のよい操作には必要なことである。

3-❶ メニュー登録されているコマンド

メニューは次のような数多くのコマンドが登録されている。

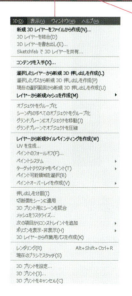

Point
さらに詳細なコマンドがあるところにはコマンドの右側に印が付いている。

Photoshopの基本操作 13

4 ツールパネル

図形を描画したり、加工したりするツールが集まっているのがツールパネルである。各ツールの名称を覚えよう。

4-❶ ツールパネル

初期設定のツールパネルのツール名は次のようになっている。ツールパネルのツールは使用状態により変化する。

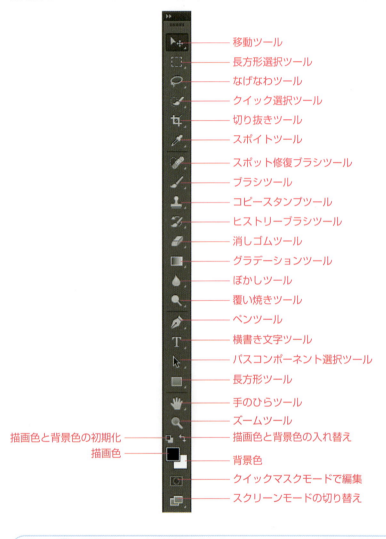

- 移動ツール
- 長方形選択ツール
- なげなわツール
- クイック選択ツール
- 切り抜きツール
- スポイトツール
- スポット修復ブラシツール
- ブラシツール
- コピースタンプツール
- ヒストリーブラシツール
- 消しゴムツール
- グラデーションツール
- ぼかしツール
- 覆い焼きツール
- ペンツール
- 横書き文字ツール
- パスコンポーネント選択ツール
- 長方形ツール
- 手のひらツール
- ズームツール
- 描画色と背景色の初期化
- 描画色
- 描画色と背景色の入れ替え
- 背景色
- クイックマスクモードで編集
- スクリーンモードの切り替え

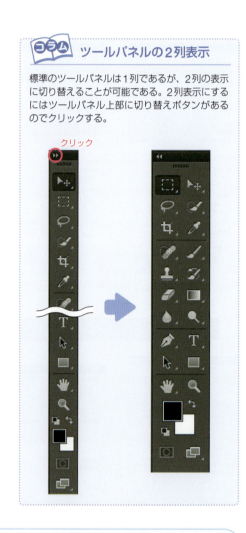

コラム ツールパネルの2列表示

標準のツールパネルは1列であるが、2列の表示に切り替えることが可能である。2列表示にするにはツールパネル上部に切り替えボタンがあるのでクリックする。

クリック

4-❷ 隠れているツール

ツールパネルは同じ場所に複数のツールが設定されている場所がある。
複数のツールが設定されている場合にはツールのアイコンの右下に印が付いている。

隠れているツールを選択するには、ツールの上でカーソルをプレスすれば、設定されているツールが表示される。

Point
ツール名の横にある英字はショートカットキーを表している。長方形選択ツールや楕円形選択ツールに変更するには[M]キーを押せばよい。

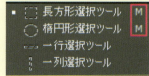

4-③ すべてのツール

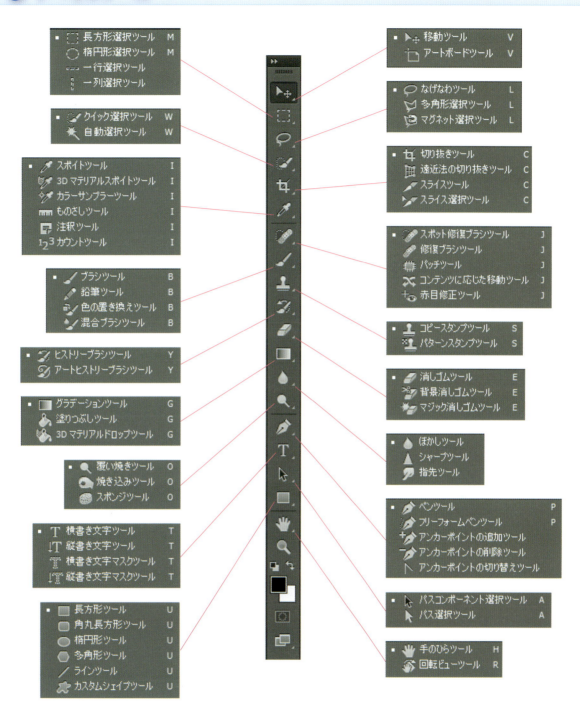

4-④ オプションバー

オプションバーは選択したツールに関するいろいろな設定をするもので、内容は選択したツールにより変化する。次のオプションバーは長方形選択ツールを選択した状態のものである。

長方形選択ツールのオプションバー

5　パネル

パネルは画像のいろいろな情報の管理や操作が行える。Photoshopを操作する上でも重要な機能が多くある。ここではパネルの基本的な操作方法を説明する。

5-① パネルの表示・非表示

初期設定の状態でワークスペースの右側に表示されている。しかし、他のパネルの表示・非表示はウィンドウメニューから行う。例えばナビゲーターパネルの表示・非表示の切り替えは次のようにする。

(1) パネルの表示

① [ウィンドウ]→[ナビゲーター]を選択する（ナビゲーターパネルが表示される）。

(2) パネルの非表示

① 再度[ウィンドウ]→[ナビゲーター]を選択する（非表示になる）。

Point　[ウィンドウ]メニューを見ると、現在表示されているパネルにはチェック（✓）がついている。

5-② パネルのアイコン化

パネルを多く表示させると作業エリアが狭くなり作業効率が悪くなることがある。そのような場合に表示されているパネルをアイコン化することができる。パネルをアイコン化する場合はアイコン化させたいパネルの上部にあるパネルのアイコン化ボタンをクリックする。

Point　パネルはグループ化されており、例えばナビゲーターパネルはヒストグラムパネルとグループになっている。パネルの表示・非表示・アイコン化もグループ単位で行われる。

5-③ パネルの再表示

アイコン化したパネルの表示は表示したいパネルのアイコンをクリックする。

Point　再度、アイコンをクリックすれば、パネルはアイコン化される。

5-④ パネルの切り替え

パネルはいくつかのグループに分けられ管理されている。同じグループのパネルを切り替える場合はタブをクリックする。
例えばカラーパネルからスウォッチパネルに変えるには次のようにする。

5-5 パネルの種類と機能

パネルは特定の機能でしか表示されないものもあるが初期に表示される8種類のパネルについて紹介する。

(1)カラー
ディスプレイなどで使用されるRGBカラーや、印刷で使用されるCMYKカラーなどのいろいろな方法で描画色や背景色を設定できる。

(2)スウォッチ
一般的によく使われる色が登録され、選択できる。また、ユーザーが設定した色の登録、管理もできる。

(3)ライブラリ
自分で作成した素材などのアセットを他のソフトやPCで呼び出して利用できる。また、他の人とアセットの共有も可能である。

(4)色調補正
画像の色合い・コントラスト・明るさを調整する機能がまとまっている。

(5)スタイル
文字や画像のレイヤーに1クリックで適用できるスタイル(特殊効果)が多く登録されている。また、制作したスタイルの登録や管理も行う。

(6)レイヤー
合成した、画像の重ね順や効果、レイヤーごとの表示・非表示の管理を行う。

(7)チャンネル
各色成分ごとの管理や保存された選択範囲の管理を行う。

(8)パス
ペンツールで描いたパスやシェイプツールで描いた図形などの管理を行う。

Point
パネルは、[ウィンドウ]メニューで管理されているが、特定のツールを選んだときに出てくるものもあり、他にも多くのパネルが存在する。今後、各章で随時、説明をしていく。

Point
アセットとは、資産という意味で、Photoshopの場合、画像ファイルや制作したPhotoshopファイルなどがアセットになる。

Chapter 02 ドキュメントウィンドウ

Chapter02では、画像を表示したり、描画をするためのドキュメントウィンドウの作成や、既存の画像ファイルの表示方法やドキュメントウィンドウの画像の保存方法について学ぼう。

1 新規作成

画像の表示や加工・描画などの作業を行うための、新規のドキュメントウィンドウの作り方を学ぼう。

1-❶ 新規のドキュメントウィンドウを作成する

何も描かれていない10cm×10cmの新規のドキュメントウィンドウを作成する。

① [ファイル]→[新規]を選択する。

② [ファイル名]に「キューブ」と入力する。
③ [幅]、[高さ]の単位を「cm」に変更する。
④ [幅]、[高さ]に「10」と入力する。
⑤ [解像度]の単位を「pixel/inch」に変更する。
⑥ [解像度]に「72」と入力する。
⑦ [カラーモード]は「RGBカラー」にする。
⑧ [カンバスカラー]は「白」にする。

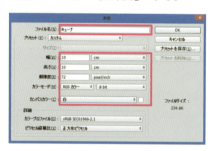

Short cut
新規：[Ctrl]+[N]

⑨ [OK]をクリックする。

Point
ファイル名の入力は必須ではないが、名前を付けるとタイトルバーに名前が表示されるので、同じような画像が複数開いているときには作業がしやすくなる。

1-❷ 背景色の違うドキュメントを作成する

① 「描画色と背景色の初期化」をクリック後、「描画色と背景色の入れ替え」をクリックする（背景色が黒になる）。

描画色と背景色の初期化
描画色と背景色の入れ替え

② [ファイル]→[新規]を選択する。
③ [ファイル名]を「キューブ黒」にする。
④ [カンバスカラー]に「背景色」を選び、他の設定はさきほどと同じにする。

⑤ [OK]をクリックする。

1-❸ 定型のドキュメントウィンドウを作成する

A4、B5といった定型の用紙サイズや映像などで多く使われる画像サイズなどのドキュメントを簡単に作ることができる。ハガキサイズのドキュメントを作成してみよう。

①[ファイル]→[新規]を選択する。
②[ファイル名]を「年賀状」にする。
③[プリセット]を「日本標準用紙」にする。

④[サイズ]を「ハガキ」にする。

定型の用紙を設定すると自動的に項目が設定される。

Point
ドキュメントサイズには印刷や映像などによく使う定型の大きさが設定されている。定型物を作るときにはここを確認しよう。

⑤[OK]をクリックする。

1-❹ ドキュメントウィンドウを閉じる

必要のないドキュメントウィンドウを閉じる。

(1) メニューから閉じる。
[ファイル]→[閉じる]を選択する。

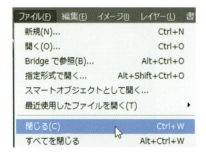

(2) [閉じる]ボタンから閉じる。
閉じたいドキュメントのタブの[閉じる]ボタンをクリックする。

年賀状 @ 50% (RGB/8) ×

Short cut
閉じる：[Ctrl]＋[W]

(3) すべてのドキュメントを閉じる。
[ファイル]→[すべてを閉じる]を選択する。

Short cut
すべてを閉じる：[Alt]＋[Ctrl]＋[W]

コラム 解像度

Photoshopを扱う上で解像度は非常に重要なことである。解像度とは単位あたりのピクセル（ドット）の数である。例えば72pixel/inchは1インチ（25.4mm）を72のピクセルで印刷をすることになる。よって、この値が大きいほど鮮明で綺麗な画像を表現できる。次の2つの画像は同じ画像を350pixel/inchと35pixel/inchで印刷したものである。解像度350pixel/inchで印刷したものの方が綺麗で鮮明な画像になっている。しかし、解像度を大きくすると画像のファイル容量が大きくなる。とくにWebページで使用するような場合にはファイル容量が問題になることが多いので、印刷、Webページなど、用途に応じて解像度を設定することがPhotoshopを使う上では重要になる。

350pixel/inch

35pixel/inch

2 既存ファイルを開く・保存する

📁 ダウンロードデータ：[Photoshop]→[c02]

既存の画像ファイルの開き方、閉じ方、保存の仕方を学ぼう。

2-❶ 既存ファイルを開く

PhotoshopでダウンロードデータをPhotoshopで開き、ドキュメントウィンドウに表示する。

①[ファイル]→[開く]を選択する。

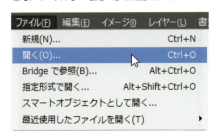

②ファイルの場所にダウンロードデータの[Photoshop]→[c02]フォルダーを指定する。

③「tape1.psd」をクリックし、サムネールで画像ファイルを確認する。

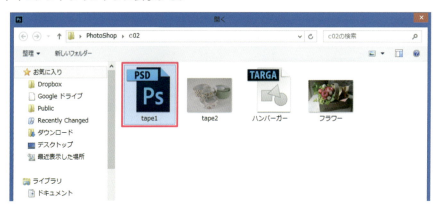

Point
ダウンロードデータについては、p.8を参照する。

④[開く]をクリックする。

Short cut
開く：[Ctrl]+[O]

Point
サムネールとは実際の画像ファイルを縮小表示したものである。

Point
ファイル一覧のファイルのアイコンをダブルクリックしても開くことができる。

コラム 関連付けされたファイルを開く

Photoshopの標準のPSD形式のファイルやPhotoshopに関連付けられたファイルは、エクスプローラーなどからダブルクリックすれば、Photoshopの起動とファイルを開くことが同時にできる。

Photoshop 形式のファイル

Photoshop に関連付けられたTARGA 形式のファイル

2-❷ ファイルを別名で保存する

「tape1.psd」を「テープ.psd」という別の名前で保存してみよう。

① 「tape1.psd」をアクティブにする（複数のファイルを開いている場合はtape1.psdのタブをクリックする）。
② [ファイル]→[別名で保存]を選択する。
③ 保存する場所に任意の場所を指定する。
④ [ファイル名]を「テープ」にする。
⑤ [ファイルの種類]にPhotoshop(*.PSD;*.PDD)を指定する。

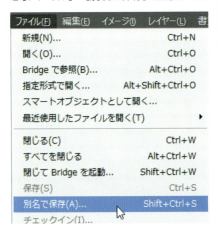

⑥ [保存]をクリックする（保存が終了すると、ドキュメントのタブが保存した名前に変わる）。

Shortcut
別名で保存：[Shift]＋[Ctrl]＋[S]

2-❸ 上書き保存をする

画像を編集した後などに、同じファイル名で同じ場所に保存する。

① [ファイル]→[保存]を選択する。

Shortcut
保存：[Ctrl]＋[S]

コラム Photoshopで対応している主なファイル形式

ファイル形式	拡張子	説明
Photoshop	*.PSD	Photoshop専用の形式
BMP	*.BMP	Windowsの標準形式
Photoshop EPS	*.EPS	印刷データの標準の形式
Compuserve GIF	*.GIF	265色に限定した形式でインターネットで使用される
Dicom	*.DCM	医学画像を授受するための標準規格
JPEG	*.JPG	フルカラーに対応したインターネットの標準の圧縮形式
Photoshop PDF	*.PDF	Adobe社が提唱したネットワークに適した文書形式
PICT	*.PCT	Mac OSの標準の形式
PNG	*.PNG	新しいインターネットの画像形式
TIFF	*.TIF	ビットマップ形式の印刷に適した形式
TARGA	*.TGA	動画や3DCGなどに利用される形式

※他にも多くのファイルに対応している。

3 画像の表示方法を変える

📁 ダウンロードデータ：[Photoshop]→[c02]

細かい操作などをするには、画像の表示の大きさを変更して操作を行った方が効率のよい作業ができる。ここでは画像を拡大・縮小表示させる方法を学ぼう。

3-❶ 画像ファイルを開く

[開く]コマンドでダウンロードデータ[Photoshop]→[c02]フォルダーの「フラワー.jpg」を開く。

①[ファイル]→[開く]を選択する。
②[Photoshop]→[c02]フォルダーを参照する。
③「フラワー.jpg」をダブルクリックする。

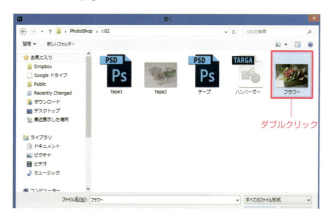

Point
[開く]コマンドで画像ファイルを開いた場合、画像の表示の大きさはディスプレイの解像度により、画像領域に画像全体が収まるように表示比率が設定される。画像の表示比率は、ドキュメントのタブのタイトルと左下のフィールドに表示されている。

タブ部分　　　　　　左下のフィールド部分

3-❷ 独立したドキュメントウィンドウに切り替える

標準のドキュメントの表示はタブ形式で表示されるが、独立したウィンドウ形式でも表示が可能である。表示を独立したウィンドウの形式に切り替えてみよう。

①[ウィンドウ]→[アレンジ]→[ウィンドウを分離]を選択する（「フラワー.jpg」が分離したウィンドウで表示される）。

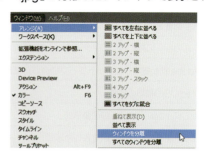

Point
タブ形式に戻すには[アレンジ]の[すべてをタブに統合]をクリックする。

3-❸ ズームツールで拡大表示をする

画像の表示比率を変えるのに最も一般的に使われるのが🔍ズームツールである。🔍ズームツールで「フラワー.jpg」を拡大表示してみよう。

① 🔍ズームツールを選択する。
② オプションバーから[ズームイン]を選択する。

> **Short cut**
> ズームイン：[Ctrl]+[+]

③ ドキュメントの中にカーソルを入れる。

④ 「200%」表示になるまで何回かクリックをする。

3-❹ ズームツールで縮小表示をする

① 🔍ズームツールを選択する。
② オプションバーの[ズームアウト]を選択する。

③ ドキュメントの中にカーソルを入れて「25%」表示になるまで何回かクリックする。

> **Point**
> 🔍ズームツールで[Alt]キーを押し込むと一時的にズームイン、ズームアウトの切り替えができる。

> **Short cut**
> ズームアウト：[Ctrl]+[-]

3-❺ ズームツールで任意の場所を拡大表示する

① 🔍ズームツールを選択する。
② 拡大したい場所の中心にカーソルを移動し、右にドラッグする。

3-6 ズームツールで任意の場所を縮小表示する

①🔍ズームツールで縮小したい場所の中心にカーソルを移動し、左にドラッグする。

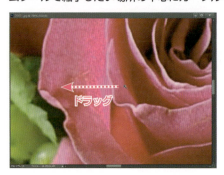 

3-7 数値で拡大・縮小表示をする

ドキュメントの左下のフィールドは、現在の表示比率を示しているが、数値入力も可能で入力した数値の比率で画像を表示することができる。任意の比率で拡大・縮小をしてみよう。

①ドキュメントの左下のフィールドに「150」と入力する。　　②ドキュメントの左下のフィールドに「75」と入力する。

3-8 手のひらツールで表示場所を変える

画像がドキュメントウィンドウの中に表示しきれない場合、✋手のひらツールで目的の場所を表示することができる。

①「フラワー.jpg」を🔍ズームツールで「200%」表示にする。　③ドキュメントウィンドウの中でドラッグすると画像がスクロールする（上方向にドラッグした例）。
②✋手のひらツールを選択する。

Point 他のツールを使用中でも［Space］キーを押せば、一時的に✋手のひらツールに変わる。

Short cut 手のひらツール：［Space］

3-9 ナビゲーターパネルで表示を切り替える

ナビゲーターパネルは名前の通り、画像の表示位置や拡大・縮小表示を自由に変更できる。

(1) 200%に拡大する

① ズームツールを選択する。
② オプションバーの[画面サイズ]をクリックする。

③ ナビゲーターパネルが表示されていなければ[ウィンドウ]→[ナビゲーター]を選択する。

④ ナビゲーターパネルの[ズームイン]を数回クリックして、「200%」にする(クリックするたびにドキュメントの表示も変化する)。

200%の表示例

Point
ナビゲーターパネルのサムネールの赤の枠は現在のドキュメントウィンドウの表示部分を示している。

Point
プレビュー領域の枠の色はパネルメニューのパネルオプションで変更できる。

(2) 50%に縮小表示する

① ナビゲーターパネルの[ズームアウト]を数回クリックし、「50%」に縮小表示する。

50%の表示例

 表示比率の自動調整

ズームツールを選択すると、オプションバーの右側に表示を自動的に調整するボタンがある。これらの機能は[表示]メニューからも選択できる。

100%…………画像のピクセルとディスプレイのピクセルを1対1で表示する。
画面サイズ………スクロールしないで、画像領域内に収まる比率で表示する。
画面にフィット…画像の横幅に合わせて横にスクロールしない大きさで表示する。

(3) 自由な倍率に拡大・縮小表示する

ズームインやズームアウトでは、決まった値にしか拡大・縮小ができない。ナビゲーターパネルには自由な値で倍率を変える方法として、次の2つがある。

方法1　スライダーをスライドさせる。
方法2　入力フィールドに直接%の値を入力する。

①入力フィールドに「60」と入力する。

「60%」の入力例

> **Point**
> 「60%」の表示というように、指定倍率で表示したいときは入力フィールドを使おう。

(4) ナビゲーターパネルで表示位置を変える

拡大してドキュメントウィンドウの中に表示しきれないような場合、ナビゲーターパネルで目的の場所を表示する方法を紹介する。

方法1　ナビゲーターパネルのプレビュー領域の中でクリックをする（赤の枠がクリックした場所に移動）。
方法2　ナビゲーターパネルのプレビュー領域の中で赤い表示枠をドラッグする。

> **Point**
> ナビゲーターパネルのプレビュー領域の表示枠をドラッグするとドキュメントウィンドウの表示も変わる。

200%の拡大表示で赤い枠をドラッグ中の例

コラム　プリントサイズ表示比率

印刷物に使用する画像を作成する場合は、プリントサイズ表示をすると、Photoshopのドキュメントウィンドウに実際に印刷したときと同じサイズで表示される。印刷物に使用する画像を作成する場合は必ず確認しよう。

[表示]→[プリントサイズ]を選択する。

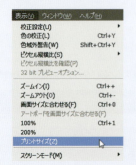

3-❿ スクリーンモード

標準ではワークスペースは、標準の状態でメニューやパネルが表示され、その空いたスペースの画像領域に画像は表示されるが、スクリーンモードを切り替えることにより、メニューやパネルを非表示にして画像領域を広くすることができる。スクリーンモードを切り替えてみよう。

(1) メニュー付きフルスクリーンモードにする

① [表示]→[スクリーンモード]→[メニュー付きフルスクリーンモード]を選択する。

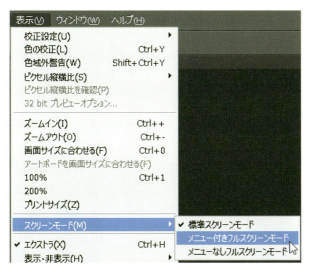

(2) メニューなしフルスクリーンモードにする

① [スクリーンモード]→[メニューなしフルスクリーンモード]を選択する。

② 次のようなダイアログボックスが表示されたら[フルスクリーン]をクリックする

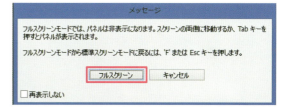

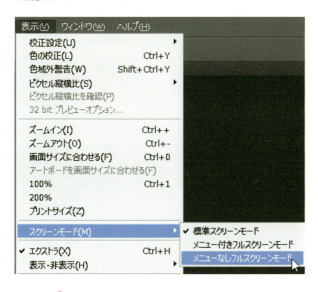

Shortcut
スクリーンモードの切り替え：[F]または[Tab]

メニューなしフルスクリーンモードにすると、メニューやパネルもすべて非表示になり、画面全体が画像領域になる。パネル類も表示されていないが、カーソルを左端に持ってくるとツールパネルが、右端に持ってくると他のパネルが表示される。標準スクリーンモードに戻したい場合は、[表示]→[スクリーンモード]→[標準スクリーンモード]を選択するか、[F]または[Esc]キーを押す。

4 複数の画像を表示する

ダウンロードデータ：[Photoshop]→[c02]

画像合成などを行う場合、複数の画像を同時に表示したい場合がある。複数のドキュメントを表示する方法を学ぼう。

①[Photoshop]→[c02]フォルダーの「フラワー.jpg」「tape1.psd」「ハンバーガー.tga」「tape2.jpg」の順に開く。
②タブ形式の表示になっていなければ、[ウィンドウ]→[アレンジ]→[すべてをタブに統合]を選択する。
③花の画像が表示されていなければ、「フラワー.jpg」のタブをクリックする。

④[ウィンドウ]→[アレンジ]→[すべてを左右に並べる]を選択する。

⑤[ウィンドウ]→[アレンジ]→[すべてを上下に並べる]を選択する。

⑥[ウィンドウ]→[アレンジ]→[2アップ-横]を選択する。

⑦[ウィンドウ]→[アレンジ]→[3アップ-スタック]を選択する。

⑧[ウィンドウ]→[アレンジ]→[4アップ]を選択する。

Point
ここで紹介した表示例以外にも表示方法がある。他の表示方法も[ウィンドウ]→[アレンジ]から確認しよう。2アップや3アップで表示した場合に、それより多い画像を開いている場合には、アクティブな画像と後から開いた画像が表示される。

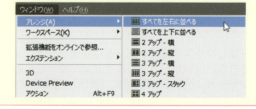

5 ワークスペース

ワークスペースとは、Photoshopのツール、パネル、バー、ウィンドウなどの操作環境を示す。このワークスペースは、写真やモーション、ペイント、3Dなどの作業によって変更することができる。本書では、基本的に初期設定のワークスペースで説明をしているが、ここでは他のワークスペースを紹介する。

5-❶ ワークスペースの変更

ワークスペースの変更は次のようにする。ワークスペースを「3D」作業をする環境に変更してみよう。

①[ウィンドウ]→[ワークスペース]→「3D」を選択する。

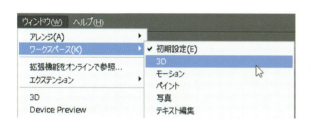

5-❷ 他のワークスペース

その他のワークスペースを確認してみよう(ドキュメントはワークスペースに適した例を表示している)。

①[ウィンドウ]→[ワークスペース]→「モーション」を選択する。

Point
Photoshopは、写真などの静止画だけでなく、ビデオやアニメーションなどの動画の編集・制作も可能である。

②[ウィンドウ]→[ワークスペース]→「ペイント」を選択する。

Point
Photoshopは、適切にワークスペースを切り替えることにより、作業の効率化をはかることにつながる。

③[ウィンドウ]→[ワークスペース]→「写真」を選択する。

④[ウィンドウ]→[ワークスペース]→「テキスト編集」を選択する。

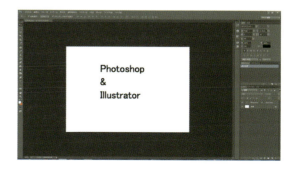

Chapter 03 ペイントツール

図形の描画、編集、消去をするツールをペイントツールという。Chapter03では、ペイントツールの基本的な機能を紹介する。いろいろな描画や編集方法を学ぼう。

1 色を選択する

ここではいろいろな描画色や背景色の設定の仕方を学ぼう。

1-❶ 描画色と背景色

Photoshopで描画する場合は、描画色と背景色を確認しながら作業を行う。描画色は ブラシツールなどで描く色、背景色はカンバスの下地の色と考えればよい。描画色と背景色はツールパネルで確認できる。

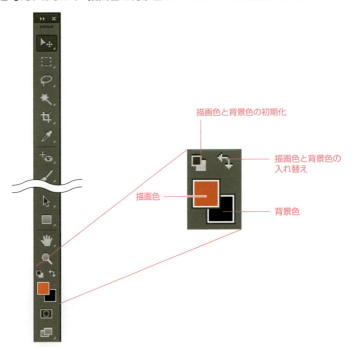

Point この例では描画色が赤、背景色が黒に設定されている状態である。

Point 「描画色と背景色の入れ替え」をクリックすると、現在の描画色が背景色に、背景色が描画色になる。「描画色と背景色の初期化」をクリックすると描画色が黒、背景色が白の状態になる。

1-❷ カラーパネルで色を選択する

色を選択する方法にカラーパネルがある。カラーパネルはいろいろな方法で色を選択することができる。ここでは主なカラー選択の方法で「水色」を選択する例を紹介する。

(1) 色相キューブで色を選ぶ

カラーパネルで標準のカラー選択方法となっている色相キューブで色の選択をしてみよう。

①カラーパネルを選び、「描画色を設定」をクリックする。
②カラースライダーからおよその色をクリックして選択する。
③カラーフィールドから使用したい色をクリックする。

Point カラーパネルで色相キューブの色の選択はPhotoshop CC 2014からの機能であり、Photoshop CC以前では使用できない。

(2) RGBスライダーで色を選ぶ（Photoshop CC以前の標準の選択方法）

RGBスライダーはPhotoshop CC以前でカラーパネルの標準だった選択方法である。RGBスライダーで色を選択してみよう。

①カラーパネルを選び、「描画色を設定」をクリックする。
②パネルメニューから[RGBスライダー]を選択する。
③カラーランプからおよその色をクリックして選択する。
④RGBの各スライダーを動かし、最終的に色を決める。

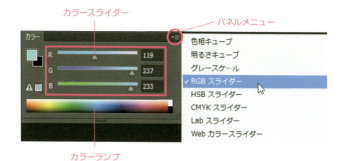

Point
正確に色を選択する場合にはRGBスライダーの入力フィールドに数値を入力する。

Point
RGBカラーとは「光の３原色」ともいい、赤(R)、緑(G)、青(B)の３つの光の強さを設定することにより色を決めている。各カラースライダーは０～255の強さで設定ができる。

(3) CMYKスライダーで色を選ぶ

カラースライダーの設定を印刷物のカラー指定に使用するCMYKカラーに変更する。

①パネルメニューから[CMYKスライダー]を選択する。
②カラーランプからおよその色を選択し、CMYKの各スライダーを動かして最終的に色を決める。

Point
CMYKカラーは印刷物のインクに用いられるカラーモードでシアン(C)、マゼンタ(M)、イエロー(Y)、キー・プレート(K:黒)を示している。

1-❸ スウォッチパネルで色を選択する

赤や青といった代表的な色を選択するにはスウォッチパネルを使うと便利である。スウォッチパネル内にカーソルを入れると、カーソルがスポイト状になり、選択したい色をクリックすると描画色を選択できる。

①スウォッチパネルのタブを選択する（非表示の場合は、[ウィンドウ]→[スウォッチ]を選択する）。
②スウォッチパネルの中にカーソルを入れ、選択したい色の上でクリックする。

パステルシアンを選択した例

登録された色見本

スウォッチパネルは一般的な色だけでなく、印刷物の代表的な業者の色見本やWebカラーなどの色見本を持っている。切り替えるにはパネルメニューから選択する。

Point
スウォッチパネルで背景色を設定するには[Ctrl]キーを押しながら選択したい色をクリックする。

ペイントツール 31

1-④ カラーピッカーで色を選択する

視覚的に色を決めたいときはカラーピッカーが便利である。カラーピッカーは描画色や背景色をクリックすると表示される。ここでは、カラーピッカーでパステル調の淡い緑を描画色に設定する。

(1) 視覚的に色を選ぶ

① ツールパネルの描画色をクリックする(カラーピッカーのダイアログボックスが開く)。
② 「H」(色相)を選択する。
③ カラースライダーの中でクリックして色相を決める。
④ カラーフィールドの中で最終的な色をクリックして決める。
⑤ [OK]をクリックする。

Point
カラーピッカーはHSBカラー、RGBカラー、CMYKカラー、Labカラー、16進表記でカラーモードで色を設定できる。正確に色を選択するには各入力フィールドに値を設定する。

Point
[スウォッチに追加]ボタンをクリックすると、作成した色をスウォッチパネルに追加できる。

(2) カラーピッカーの他の形式で色を選ぶ

カラーピッカーは標準ではHSBカラーになっており、標準が「H」(色相)にチェックされている。他の項目にチェックをすると、ピッカーのカラースライダーやカラーフィールドも変化する。次の例は「R」を選択した場合のカラーピッカーである。

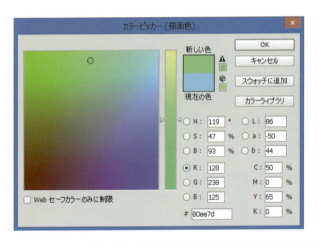

Point
無彩色とは白、グレー、黒などのように色味がまったくない色である。

Point
カラーピッカーで色を選ぶと色域外警告アイコンが表示されることがある。これは、RGBカラーとCMYKカラーでは表現できる色の範囲に差があり、CMYKカラーでは現在選択している色が表現できないことを表している。印刷物の制作では色域外警告が出ている色は印刷した色が変化してしまう可能性があり注意が必要である。

色域外警告アイコン

(3) 16進表現で色を選ぶ

Webページでは、色を表現するのに16進表現を使う。Webページに使った色を設定したい場合には、カラーピッカーの下部にある[#]フィールドに16進数で色のデータを設定する。

80ee7d　パステル調の黄緑を選んだ例

コラム　色の3属性

色の3属性の色相、彩度、明度はPhotoshopでもよく出てくる。また、色を扱う上で最も基本的な事柄なのでしっかり理解することが必要である。

色相…赤、青、緑、黄、紫といった色味
明度…色の明るさ(一番明度の高い色は白、低い色は黒)
彩度…色の鮮やかさ、鈍さの度合い
　　　(一番彩度の高い色を純色といい、低い色を無彩色という)

2 ブラシツール

ペイントツールで最も基本的なブラシツールについて学ぼう。

2-❶ 登録してあるブラシで描く

Photoshopにはいろいろなブラシが登録されている。登録されたブラシを使い立方体を描いてみよう。

①[ファイル]→[新規]を選択する。

②[幅]を「10cm」、[高さ]を「10cm」、[解像度]を「72pixel/inch」、[カラーモード]を「RGBカラー」、[カンバスカラー]を「白」の新規のドキュメントウィンドウを作る。

③ ブラシツールを選択する。

④オプションバーから[ブラシプリセットピッカー]をクリックする。

⑤「ソフト円ブラシ」を選び、[直径]を「9px」にする。

⑥カンバスにカーソルを入れてフリーハンドでドラッグして次のように線を引く。

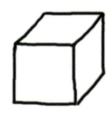

2-❷ ブラシをカスタマイズして描く

ブラシは登録されているもの以外に、太さ、形、不透明度、密度などを変更して使用することができる。

①[幅]を「10cm」、[高さ]を「10cm」、[解像度]を「72pixel/inch」、[カラーモード]を「RGBカラー」、[カンバスカラー]を「白」の新規のドキュメントウィンドウを作る。

② ブラシツールを選択する。

③オプションバーから[ブラシプリセットピッカー]をクリックする。

④ソフト円ブラシを選び、[直径]を「15px」、[不透明度]を「50%」、[流量]を「50%」にする。

⑤フリーハンドでドラッグして、立方体を描く。

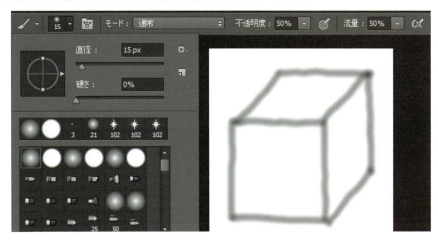

2-❸ 直線をブラシで描く

①[幅]を「10cm」、[高さ]を「10cm」、[解像度]を「72pixel/inch」、[カラーモード]を「RGBカラー」、[カンバスカラー]を「白」の新規のドキュメントウィンドウを作る。

② ブラシツールを選択する。

③「ソフト円ブラシ」を選び、[直径]を「9px」にする。

④カンバス上で始点をクリックし、終点を[Shift]キーを押しながらクリックすると直線が引けるのでこれを繰り返して次のような立方体を描く。

Point
垂直、水平の線を描くときに[Shift]キーを押しながらドラッグするとカーソルの動きが90°間隔に制限され、水平および垂直線が引きやすい。

2-4 登録してあるブラシの種類と表示方式と変更方法

Photoshopには多くのブラシが登録されている。登録されているブラシはいくつかのグループに分かれており、切り替えをしないと使えない。登録されている「水滴」のブラシを選んでみよう。

① ブラシツールを選択する。
② オプションバーから[ブラシプリセットピッカー]をクリックする。
③ [ブラシプリセットピッカー]のパネルメニューをクリックする。
④ 「サムネール(ストローク)」を選択する。

⑤ [ブラシプリセットピッカー]のパネルメニューから「ウェットメディアブラシ」を選択する。

⑥ ブラシの選択エリアから「水滴」を選択する。

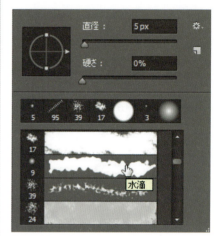

Point
サムネール(ストローク)にすると、ブラシでの描画イメージが想像しやすい。

●登録ブラシの描画例

 ウェットメディアブラシ　粗い刷毛(丸)　17

 カリグラフィブラシ　楕円　20

 特殊効果ブラシ　蝶　29

●登録ブラシで描画した例

コラム　不透明度と流量

次の図はブラシの種類、太さを変えずに不透明度と流量を変化させたものである。不透明度は下の色がどれだけ透き通るかを設定したもので[不透明度]が「100%」でまったく下の色が見えなくなり、不透明度を下げると重ね描きしたときに下の色が透けて見えるようになる。また、流量はインクの量と考えればよく、流量を下げると少ないインクで描いたような効果を与えることができる。

不透明度100%、流量100%

不透明度50%、流量100%

不透明度100%、流量30%

3 鉛筆ツール

鉛筆ツールはブラシと違って線の輪郭にまったくぼかしがなく、はっきりとした線を描くのに適している。

①[幅]を「10cm」、[高さ]を「10cm」、[解像度]を「72pixel/inch」、[カラーモード]を「RGBカラー」、[カンバスカラー]を「白」の新規のドキュメントウィンドウを作る。

② 鉛筆ツールを選択する。

Point
鉛筆ツールも ブラシツールと同じように垂直、水平の線を描くときに[Shift]キーを押しながらドラッグするとカーソルの動きが90°に制限され、水平および垂直線が引きやすい。

④ブラシと同じようにカンバスの中で、始点をクリックし、終点を[Shift]キーを押しながらクリックして直線で立方体を描く。

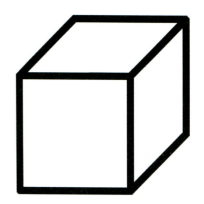

③オプションバーのブラシの[直径]を「9px」、[不透明度]を「100%」にする。

📖 **コラム** ブラシと鉛筆

 ブラシツールや 鉛筆ツールはフリーハンドで描画するツールである。違いは筆先にある。同じ65pixelの太さで描いても、図のように 鉛筆ツールでは輪郭にまったくぼかしがない描画ができる。また、 ブラシツールで描画すると筆にインクをつけて描いたように輪郭にぼかしが入ったような描画ができる。

同じ太さ65pixelで 鉛筆ツール(上)とブラシ(下)で直線を描いている。
鉛筆の輪郭にぼかしはないがブラシは輪郭がぼやける。

📖 **コラム** ブラシと鉛筆の使い分け

 ブラシツールと 鉛筆ツールで描いた線は一見、 ブラシツールのほうがなめらかで綺麗な線に見える。これは線の境界も階調を変えたぼかしが入っており、線を滑らかに見せているからである。しかし、Web素材で背景となじませる透明GIFやPNG素材を作成する場合や他の画像と合成する場合、このぼかしの部分が汚くなる場合がある。このように、ブラシと鉛筆は用途により使い分ける必要がある。

ブラシツールで作成した透明GIF

鉛筆ツールで作成した透明GIF

4 消しゴムツール

ダウンロードデータ：[Photoshop]→[c03]

誤って線や図形を描いてしまったりしたときは消しゴムツールで消す。鉛筆ツールで描いた立方体を消してみよう。

4-❶ 線や図形を消す

① 「キューブ.jpg」を開く。
② 消しゴムツールを選択する。
③ オプションバーから[ブラシプリセットピッカー]を開き、ブラシ種類を「ハード円ブラシ」を選び、[直径]を「13px」にする。
④ [モード]を「ブラシ」、[不透明度]と[流量]を「100%」に設定する。
⑤ [背景色]を「白」にする。
⑥ キャンバスの中でドラッグして適当に線を消す。

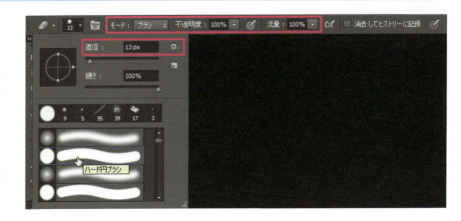

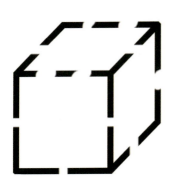

Point
消しゴムツールは背景色でドラッグした部分を消すものである。背景色が赤の場合にはドラッグした部分は赤になる。消しゴムツールを使う場合は必ず背景色を確認しよう。背景色を赤にして消しゴムツールを使うと次のようになる。

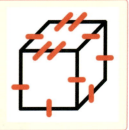

4-❷ 消しゴムツールのモードを変更する

消しゴムのモードにはブラシ、鉛筆、ブロックがある。各モードで消した例を見てみよう。

① 鉛筆ツールで立方体を描いた状態にする。
② [背景色]を「白」にする。
③ 消しゴムツールを選択する。
④ ブラシはソフト円ブラシの直径「35px」、[不透明度]を「100%」、[流量]を「100%」にする。
⑤ モードを「ブラシ」「鉛筆」「ブロック」にし、各々で立方体の線を消す。

Point
消しゴムのモードを「鉛筆」「ブロック」にした場合、流量は設定できない（「ブロック」は[不透明度]も設定できない）。

ブラシモード

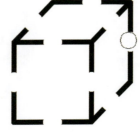
鉛筆モード

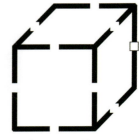
ブロックモード

5 塗りつぶしツールと塗りつぶしコマンド

閉じられた空間や選択した範囲を特定の色やパターンで塗りつぶすことができる塗りつぶしツールについて学ぼう。

5-❶ 描画色で塗りつぶす

①「キューブ.jpg」を開いた状態にする。
②[描画色]を「赤」にする。
③ 塗りつぶしツールを選択する。

④オプションバーの[塗りつぶし領域のソースを設定]を「描画色」にする。

⑤次の場所でクリックをする。

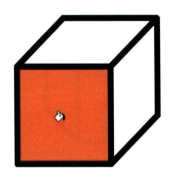

⑥同じ要領で上の面を緑で塗る。

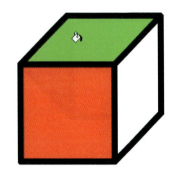

⑦同じ要領で側面を青で塗る。

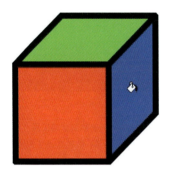

Point
塗りつぶしツールは、実際は近似色の範囲を描画色で塗りつぶすツールである。この場合には、黒の線で囲まれた白の部分を塗りつぶしている。

Point
塗りつぶしツールについても不透明度を設定できる。不透明度を下げれば薄い色で塗りつぶしができる。同じ赤で各面を不透明度を変えて塗りつぶすと次のような塗り方ができる(不透明度、正面「75%」、上面「50%」、側面「25%」)。

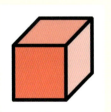

5-❷ パターンで塗りつぶす

①「キューブ.jpg」を開いた状態にする。
② 塗りつぶしツールを選択する。
③オプションバーの[塗りつぶし領域のソースを設定]を「パターン」にする。

Point
パターンピッカーの例は、初期設定のものである。初期設定の状態でない場合は、パネルメニューから[パターンを初期化]を選択する。

④パターンピッカーを開き、塗りつぶすパターンに「左下から右上への斜線」を選択する。

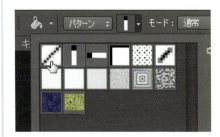

⑤次の場所でクリックする。

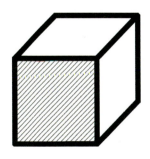

⑥オプションバーの[クリックでパターンピッカーを開く]を選択する。

⑦パネルメニューから「自然」を選択する。

⑧パターンピッカーから「葉」を選択する。

⑨次の場所でクリックをする。

⑩パターンピッカーから「紫のデイジー」を選択する。

Point
パターンピッカーを初期状態に戻すにはパネルメニューから[パターンを初期化]を選択する。

⑪次の場所でクリックをする。

Point
パターンでも不透明度を変えて塗りつぶすと、また違った雰囲気になる。次の図は、「麻布」「砂利」「木」のパターンで不透明度を「50％」で塗りつぶした例である。

5-❸ 塗りつぶしコマンドで塗る

①[幅]を「10cm」、[高さ]を「10cm」、[解像度]を「72pixel/inch」、[カンバスカラー]を「白」の新規のドキュメントウィンドウを作る。

②[編集]→[塗りつぶし]を選択する。

③[内容]を「パターン」にする。

④[カスタムパターン]をクリックするとパターンピッカーが表示される。

⑤パレットメニューから「自然」を選び、「草」を選択する。

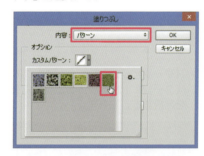

⑥[OK]をクリックする。

Short cut
塗りつぶし：[Shift]＋[F5]

Point
[内容]からパターンを選び、下部のスクリプトパターンをチェックするとレンガなどの特殊な塗りつぶしパターンを設定できる。

6 グラデーションツール

グラデーションのかけ方、作り方を学ぼう。

6-❶ グラデーションをかける

①[幅]を「10cm」、[高さ]を「10cm」、[解像度]を「72pixel/inch」、[カラーモード]を「RGBカラー」、[カンバスカラー]を「白」の新規のドキュメントウィンドウを作る。

②▢ グラデーションツールを選択する。

③オプションバーから、[線形グラデーション]を選択する。

④オプションバーから、[クリックでグラデーションを編集]をクリックし、グラデーションエディターを開く。

⑤[オレンジ・イエロー・オレンジ]を選択する。

⑥カンバスの中でグラデーションをかけたい方向にドラッグする。

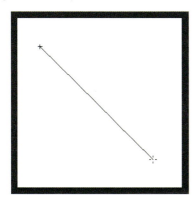
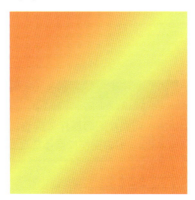

Point
線形グラデーションはドラッグする方向と長さで結果が異なる。次の例は[オレンジ・イエロー・オレンジ]のグラデーションを右上から左下に短めにかけた例である。

6-❷ 他のグラデーションの種類を確認する

グラデーションの種類には、「線形」「円形」「円錐形」「反射形」「菱形」がある。この形式はオプションバーで切り替える。

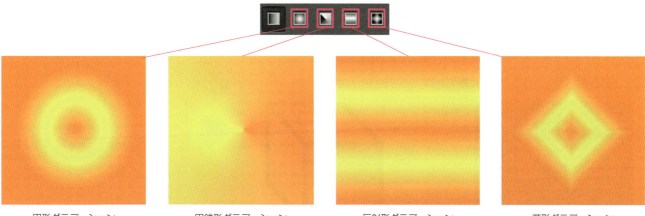

円形グラデーション　　円錐形グラデーション　　反射形グラデーション　　菱形グラデーション

6-❸ カスタムグラデーションを作る

グラデーションは、登録されているものだけではなく、自由にグラデーションパターンを作成できる。ここでは、「描画色から背景色へ」のグラデーションを変更し、水色、黄色、オレンジに変化する新しいグラデーションパターンを作成しよう。

① [描画色] を「黒」、[背景色] を「白」にする。

② グラデーションエディターを開き、[プリセット] から「描画色から背景色へ」を選ぶ。

③ グラデーションパターンの左下のマーカーをクリックする。

④ カラーに水色系の色を選ぶ。

⑤ 同様に右下のマーカーにオレンジ系の色を設定する。

⑥ グラデーションパターンの下部をクリックすると新しいマーカーが設定されるので、中央下部をクリックする。

⑦ 新しいマーカーに黄色系の色を設定する。

⑧ [OK] をクリックする。

⑨ [幅] と [高さ] が「10cm」のドキュメントにグラデーションを適用する。

Point グラデーションパターンの上部をクリックすると、不透明度を設定するマーカーを設定できる。

7 ヒストリー

▶ ダウンロードデータ：[Photoshop]→[c03]

操作を誤ったり、予想とは違う結果になった場合、何回か前の操作に戻りたい場合が多くある。このような場合、ヒストリーパネルには操作の履歴が残っており、何回か前の操作に戻ることができる。

① 「キューブ.jpg」を開く。

② 赤、緑、青の順で次のように塗る。

③ ヒストリーパネルを選ぶ。①〜②の操作をするとヒストリーパネルは、次のようになっている。

④ 2つ前の赤を塗りつぶした状態に戻るためにヒストリーパネルの「開く」の次の「塗りつぶしツール」をクリックする。

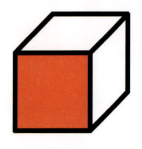

Point ヒストリーは標準では20の作業履歴が残っている。誤って戻るときはヒストリーから前の作業に戻ろう。

練習問題

ダウンロードデータ：[Photoshop]→[c03]

問題 1

「a.jpg」を下絵にして、ブラシツール、鉛筆ツール、塗りつぶしツールで次の(1)～(4)のような画像を作成しなさい。

元画像：「a.jpg」

(1) 描画色を黒で、鉛筆ツールを選択し、ブラシサイズを20pxで描く。

完成画像：「a1.jpg」

(2) 描画色を黒で、ブラシツールを選択し、ソフト円ブラシの21pxで描く。

完成画像：「a2.jpg」

Point
ブラシツールや鉛筆ツールで始点をクリックし、終点を[Shift]キーを押しながらクリックすると直線が引けるのでこれを繰り返して描こう。

(3) ブラシツールを選択し、ブラシのカテゴリーを特殊効果ブラシの「アザレア」にして21pxで描く。

完成画像：「a3.jpg」

(4) (1)の鉛筆ツールで描いた画像の内部を、塗りつぶしツールを選択し、パターンを[岩]のカテゴリーの「黒大理石」で塗る。

完成画像：「a4.jpg」

問題 2

「下絵.jpg」に塗りつぶしツールやブラシツールで色を塗り、次のようなイラストを作成しなさい。いろいろな雰囲気の画像を作ってみよう。

(1) 不透明度を100％で塗りつぶしツールで塗りつぶす。

完成画像：「少年1.jpg」

(2) 不透明度を変化させて塗りつぶしツールとブラシツールで描画する。

完成画像：「少年2.jpg」

Chapter 04 選択範囲

画像の一部に処理を行う場合には、処理を行う範囲を指定して処理をすると便利である。この範囲を選択範囲という。Chapter04では、選択範囲の指定の仕方と選択範囲を使用した基本的な処理を学ぼう。

1 長方形選択ツール

ダウンロードデータ：[Photoshop]→[c04]

最も基本的な長方形選択ツールで選択する方法を学ぼう。

1-❶ フリーハンドで選択する

①「葉.png」を開く。

②長方形選択ツールを選択する。

Point
選択範囲を指定すると、その範囲は破線で表示される。破線内部が選択範囲になり、その範囲以外は処理ができなくなり、特定の部分を処理することができる。

③カンバスの中にカーソルを入れ、葉を囲むようにドラッグする。

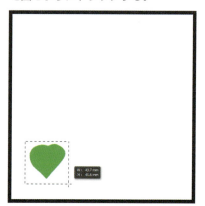

1-❷ 大きさを指定して選択範囲を設定する

①[選択範囲]→[選択を解除]を選択する。

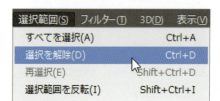

Short cut
選択を解除：[Ctrl]+[D]

Point
ぼかしを設定すると選択範囲をぼかすことができる。

②長方形選択ツールを選択する。
③オプションバーの[スタイル]を「固定」、[幅]と[高さ]を「120px」にする。

④次の位置をクリックする。

⑤選択範囲を移動する場合は、再度クリックするか、選択範囲の中にカーソルを入れてドラッグすると移動できる。

⑥[選択範囲]→[選択を解除]を選ぶ。

Point
[スタイル]に[縦横比を固定]を選択すると、フリーハンドでもつねに正方形の選択範囲を作成できる。

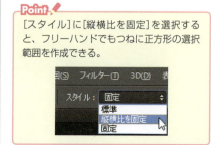

2 移動ツール

選択範囲を設定すると、さまざまな作業が可能となる。ここでは、移動ツールで移動や複製をしてみよう。

2-❶ 選択範囲内の画像を移動する

① 長方形選択ツールを選択する。
②[背景色]を「白」にする。
③オプションバーのスタイルを「標準」にする。
④「葉.png」の葉の部分をさきほどと同じようにドラッグして選択する。
⑤移動ツールを選ぶ。

⑥カーソルを選択範囲の中に入れる（カーソルの形が変わる）。

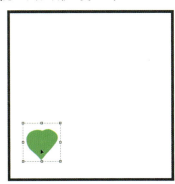

⑦ドラッグして次の位置に移動する。

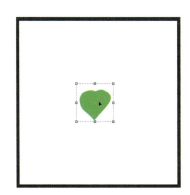

2-❷ 背景色を変えて移動する

①ヒストリーパネルなどで「葉.png」を開いた状態に戻す。
②[背景色]を「黒」にする。
③ 長方形選択ツールを選び、葉の部分を選択する。
④移動ツールを選ぶ。

⑤選択範囲の中にカーソルを入れ、ドラッグして移動する。

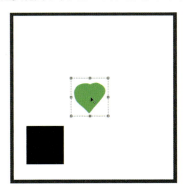

Point
移動ツールでドラッグすると、元の選択範囲の画像は切り取られ、背景色になる。移動をする場合には背景色を確認してから移動しよう。

2-❸ 選択範囲の画像を複製する

①「葉.png」を元の状態に戻す。
②[背景色]を「白」にする。
③長方形選択ツールを選択し、葉の部分を選択する。
④移動ツールを選ぶ。

⑤選択範囲の中にカーソルを入れて[Alt]キーを押す（カーソルの形が変わる）。

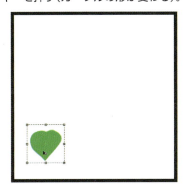

⑥[Alt]キーを押したまま次の位置までドラッグする（複製される）。

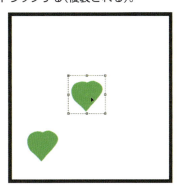

2-❹ バウンディングボックスで選択範囲を変形する

▶移動ツールはバウンディングボックスを表示すると移動だけでなく、選択範囲内の画像を変形できる。

① ▶移動ツールで葉をもう1枚、次のように複製する（選択範囲は解除しない）。

② オプションバーの[バウンディングボックスを表示]をチェックする。

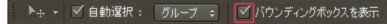

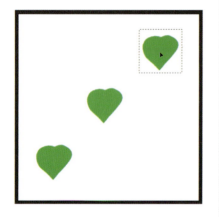

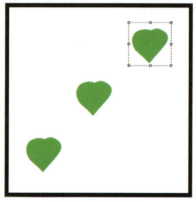

（8つの□が表示される）

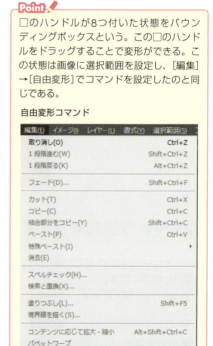

③ 水平方向が左、垂直方向が中央のハンドルを少し右にドラッグする。

④ 水平方向が中央、垂直方向が下のハンドルを少し下にドラッグする。

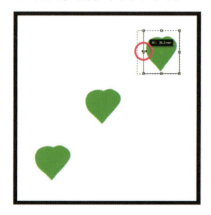

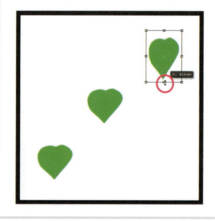

⑤ オプションバーの[確定]ボタンをクリックする（変形すると自由変形のオプションバーになっている）。

確定

⑥ ▭長方形選択ツールを選び、真ん中の葉を選択する。

⑦ ▶移動ツールを選び、バウンディングボックスを表示する。

⑧ 右下の角のハンドルを右斜め下にドラッグする。

⑨ オプションバーの[確定]ボタンをクリックする。

Short cut
自由変形：[Ctrl]+[T]

Point
変形の確定は[Enter]キーでもできる。

3 なげなわツール

 ダウンロードデータ：[Photoshop]→[c04]

なげなわツールはフリーハンドで選択範囲を設定できる。長方形選択ツールなどでは選択することが難しい複雑な選択範囲の設定が可能である。

3-❶ なげなわツールで選択範囲を設定する

①「葉2.png」を開く。

② なげなわツールを選択する。

③フリーハンドで左側の葉を囲むようにドラッグして、選択範囲を設定する。右側の葉に選択範囲がかからないようにする。

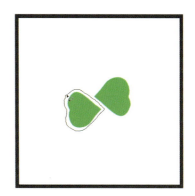

3-❷ 移動ツールで回転する

① 移動ツールで、次の位置に移動する。
②[バウンディングボックスを表示]にチェックする。

③選択範囲が設定された状態で、少し離れた位置に葉を複製する。

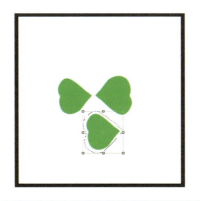

④四角の少し離れた位置にカーソルを持って行くとカーソルが変化するので、ドラッグし、「90°」程度回転する。

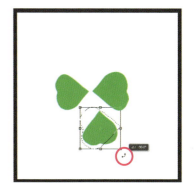

⑤次の位置に移動する。

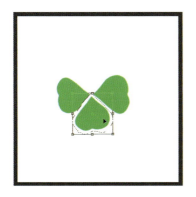

⑥変形を確定させて選択範囲を解除する。

Point
移動ツールでの移動距離や回転角度などは、作業中に確認できる。

4 多角形選択ツール

多角形選択ツールはクリックしながら多角形を描き、選択範囲を選択するツールである。

①多角形選択ツールを選択する。

Point
細かい作業をするときは、ズームツールなどで作業がしやすい大きさに拡大表示するとよい。

Point
なげなわツールと多角形選択ツールは、[Alt]キーを押すことで切り替えができる。

②右側の葉を他の葉にかからないように何回かクリックして囲む。最後は始点と終点をつなぐようにクリックする。

③移動ツールで複製し、移動回転して次の位置に配置する。

5 マグネット選択ツール

ダウンロードデータ：[Photoshop]→[c04]

マグネット選択ツールはコントラストの強い画像の場合、そのエッジを自動的に検出し、画像の輪郭に吸着してなめらかな選択範囲を設定できるツールである。

5-① マグネット選択ツールで選択する

①ヒストリーパネルなどで「葉2.png」を開いた状態に戻す。
②作業がしやすいようにズームツールで葉を拡大表示する。
③マグネット選択ツールを選択する。

④左側の葉の輪郭上でクリックし、そのまま輪郭に沿ってマウスカーソルをゆっくり動かして葉の周りを一周する。

⑤マウスカーソルを一周させたら、始点の位置でクリックするか、始点の近くでダブルクリックする。

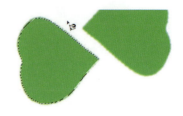

5-② 正確にマグネット選択ツールで選択する

マグネット選択ツールで自動的にエッジを検出してトレースすると輪郭にうまく吸着しない場合がある。その場合はトレースの途中でクリックをして固定ポイントを追加する。

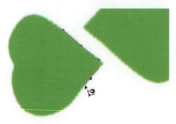

クリックで追加したポイント

Point
固定ポイントとはトレースの途中で線の方向が変わるときに出てくる□のポイントである。急激に方向が変化したり、コントラストが弱い場合には、トレースが正確にできないので、このようなポイントでクリックして固定ポイントを追加する。

6　楕円形選択ツールと選択範囲の調整

📁 ダウンロードデータ：[Photoshop]→[c04]

円や楕円の選択範囲を設定するには楕円形選択ツールを使用する。また、ここでは、選択範囲メニューのコマンドをいくつか紹介する。

完成画像：「撮影(完成).jpg」

①「撮影.jpg」を開く。

② 楕円形選択ツールを選択する。

③オプションバーの[ぼかし]を「20px」にする。

④顔の部分を中心に囲むようにドラッグして選択範囲を次のように設定する。

Short cut
選択範囲を反転：[Shift]+[Ctrl]+[I]

Point
　楕円形選択ツールで[Shift]キーを押しながらドラッグすると真円の選択範囲が設定できる。

⑤[選択範囲]→[選択範囲を反転]を選択する。

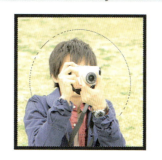

⑥[描画色]を「白」にし、[Delete]キーを押す。

⑦塗りつぶしのダイアログボックスの[内容]を「描画色」にし、[OK]をクリックする。

⑧[選択範囲]→[すべてを選択]を選ぶ。

⑨[選択範囲]→[選択範囲を変更]→[境界線]を選択する。

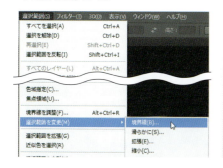

⑩[幅]を「50pixel」にし、[OK]をクリックする。

⑪描画色に茶系の色を選び、塗りつぶしツールで次の位置でクリックする。

⑫選択範囲を解除する(完成画像参照)。

Short cut
すべてを選択：[Ctrl]+[A]

7 クイック選択ツール

ダウンロードデータ：[Photoshop]→[c04]

クイック選択ツールは、画像のコントラストや色合いの違いを自動的に判断し、ブラシで描くような感覚で選択範囲を設定できるツールである。次のような画像を作成しよう。

完成画像：「花1(完成).jpg」

①「花1.jpg」を開く。

② ズームツールで、花の部分を拡大表示する。

③ クイック選択ツールを選ぶ。

④ ブラシの[直径]を「6px」にする。

⑤ 花の部分をゆっくりドラッグし、選択していく。

⑥ 選択範囲を削りたい場合は、[Alt]キーを押しながらドラッグやクリックして選択範囲を削る。

⑦ 細かい部分を選択する場合は、ブラシの直径を小さくして作業し、花の部分全体を選択する。

Point 細かい場所の選択範囲を増やしたり、減らしたりする場合は、ブラシサイズを小さくし、ドラッグではなくクリックで選択範囲の増減をする。

⑧ 移動ツールを選び、選択範囲にカーソルを入れて[Alt]キーを押しながらドラッグし、次の位置に複製する。

⑨ [編集]→[変形]→[水平方向に反転]を選択する。

⑩ 回転や縮小し、次の位置に配置して選択を解除する（完成画像参照）。

8 自動選択ツール

　ダウンロードデータ：[Photoshop]→[c04]

自動選択ツールは、近似色を検出し、その境界を選択範囲に設定する。自動選択ツールで画像の一部を選択して複製を行い、次のような画像を作成しよう。

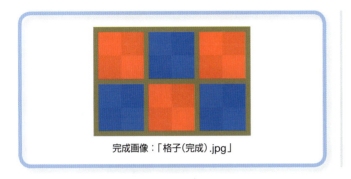

完成画像：「格子(完成).jpg」

① 「格子.jpg」を開く。

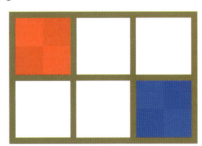

② 自動選択ツールを選ぶ。

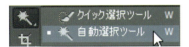

③ オプションバーの[許容値]を「24」にする。

Point
[許容値]が選択する色数になる。この値を大きくすると、選択範囲が大きくなるが、余分な部分まで選択してしまうことがある。

④ 次の位置でクリックする(赤の部分が選択範囲に設定される)。

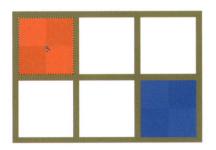

⑤ 移動ツールを選択し、[Alt]キーを押しながら次のようにドラッグして2カ所の赤の部分を複製する。

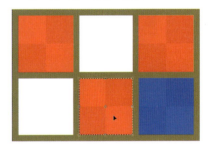

⑥ 選択範囲を解除する。
⑦ 自動選択ツールを選び、オプションバーの[許容値]を「32」にする。

Point
自動選択ツールで、オプションバーの隣接のチェックを外すと画像の離れた場所の近似色を選択できる。

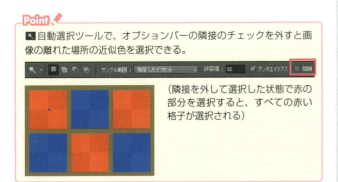

（隣接を外して選択した状態で赤の部分を選択すると、すべての赤い格子が選択される）

⑧ 右下の青の格子部分をクリックし、青の部分に選択範囲を設定する。
⑨ 移動ツールを選び、[Alt]キーを押しながら次のようにドラッグして2カ所の青の部分を複製する。

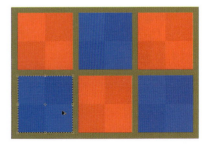

⑩ [選択範囲]→[選択を解除]を選択する。

9 クイックマスク

ダウンロードデータ：[Photoshop]→[c04]

今までは、個々の選択範囲ツールの説明をしてきたが、複雑な形の選択範囲を単独の選択範囲ツールで正確に設定することは難しい。選択範囲を正確に調整できるクイックマスクモードで編集してみよう。

完成画像：「犬1（完成）.jpg」

① 「犬1.jpg」を開く。

② 多角形選択ツールを選び、犬の周りを正確でなくてもよいので大まかに選択する。

③ [描画色]を「黒」にし、ツールパネルの[クイックマスクモードで編集]をクリックする。

クイックマスクモードで編集

（クイックマスクモード画面）

④ ズームツールで、細かい作業が可能な大きさに拡大表示する。

⑤ ブラシツールを選ぶ。

⑥ 作業のしやすい大きさにブラシのサイズを設定し、[不透明度]、[流量]は必ず「100%」にする(例ではブラシサイズは「20px」)。

⑦ 犬の部分以外のところを ブラシツールで赤の半透明のエリアを増やしていく。

> **Point**
> クイックマスクモードで赤く半透明になっている部分は選択範囲外を示している。クイックマスクモードでは、ブラシツールで選択範囲外の部分を広げることができる。

⑧ 消しゴムツールを選ぶ。

⑨ [モード]に「ブラシ」、作業のしやすい大きさにブラシのサイズを設定し、[不透明度]、[流量]は必ず「100%」にする(例ではブラシサイズは「10px」)。

⑩ 犬の部分にかかっている赤の半透明のエリアを消していく。

> **Point**
> クイックマスクモードでは、消しゴムツールで、選択範囲外の赤の半透明の部分を消すことができる。選択対象物に半透明の赤がかかっている場合には消しゴムツールで選択範囲外の部分を消す。

> **Point**
> クイックマスクモードでは、正確に選択範囲を調整するために、ズームツールで作業がしやすく確認がしやすい大きさに拡大表示をしよう。

⑪ 犬の部分全体を正確にクイックマスクモードで設定する。

⑫ [画像描画モードで編集]をクリックする。

画像描画モードで編集

選択範囲 51

⑬ [画像描画モードで編集] で確認し、正確に選択できていないところは再度、[クイックマスクモードで編集] で補正をする（画像描画モードの状態）。

⑭ 移動ツールを選び、[Alt] キーを押しながら犬を次の部分に複製する。

⑮ 左上のハンドルをドラッグして縮小する。

⑯ 確定をし、移動ツールを選んで [Alt] キーを押しながら犬を次の部分に複製する。

⑰ [編集] → [変形] → [水平方向に反転] を選択する。

⑱ 選択範囲を解除する（完成画像参照）。

Short cut
選択を解除：[Ctrl] + [D]

Point
標準では、クイックマスクの色は赤の半透明であるが、ツールパネルの [クイックマスクモードで編集] をダブルクリックするとクイックマスクオプションのパネルが表示され、マスク色の変更が可能である。

練習問題

ダウンロードデータ：[Photoshop]→[c04]

問題 1

「蝶.jpg」のイラスト部分の選択範囲を設定・複製し、次のような16羽を入れた画像を作成しなさい。ただし、元のイラストの大きさは変えないようにすること。

Point
蝶のイラストを選択して[Alt]キーで複製しながら回転や方向を変えて配置していく。

元画像：「蝶.png」

完成画像：「蝶(完成).png」

問題 2

「犬2.jpg」を使用し、次のような3つの画像を作成しなさい（輪郭を10pixelぼかす）。

完成画像：「犬2(完成1).jpg」

完成画像：「犬2(完成2).jpg」

完成画像：「犬2(完成3).jpg」

Point
左から、■長方形選択ツール、◎楕円形選択ツール、☆なげなわツールで選択範囲を設定し、輪郭をぼかしている。

問題 3

「ペンギン.jpg」を使用し、次のような画像を作成しなさい。

Point
元画像の手前のペンギンを☆多角形選択ツールなどでおおまかに選択し、細かい部分はクイックマスクで正確に選択した後に2羽を複製して方向などを変更する。

完成画像：「ペンギン(完成).jpg」

Chapter 05 画像の補正

画像の大きさを変える方法、必要な部分を抽出する方法、写真や画像についたキズやシミなどを補正する方法、画像の一部の明るさなどを変更する方法について学ぼう。

1 画像解像度

▶ ダウンロードデータ：[Photoshop]→[c05]

画像解像度を変更して画像全体の拡大・縮小をする方法を説明する。ここでは画像の大きさを縦横半分にしてみよう。

1-① 画像を縮小する

①「愛犬.jpg」を開く。

②[イメージ]→[画像解像度]を選ぶ。
③[縦横比を固定]にする。

④[再サンプル]にチェックし、[幅]を「400pixel」にする（[高さ]は自動的に「600」になる）。

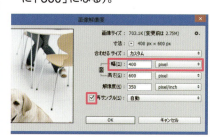

⑤[OK]をクリックする（小さくなる）。

Short cut
画像解像度：[Alt]+[Ctrl]+[I]

Point
同じように幅や高さを大きくすれば画像の拡大ができる。

1-② 縦・横の解像度を変更する

①ヒストリーパネルで開いた状態に戻す（「開く」の履歴をクリックする）。

②[イメージ]→[画像解像度]を選択する。
③[縦横比を制限しない]にする。

④[再サンプル]がチェックされている状態で、[高さ]を「1600pixel」にする。

Point
[合わせるサイズ]とは印刷したときの大きさを表している。

Point
[再サンプル]の方法は自動にすれば、適切な方式を自動で選んでくれるが、拡大・縮小の方法を選ぶこともできる。

⑤[OK]をクリックする。

2 カンバスサイズ

カンバスとは描画エリアのことである。カンバスサイズを変更してみよう。

2-① カンバスサイズを小さくする

① 「愛犬.jpg」を開いた状態に戻す。
② [イメージ]→[カンバスサイズ]を選択する。
③ [幅]を「40mm」、[高さ]を「50mm」、[基準位置]を中央下にする。

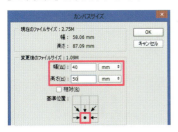

④ [OK]をクリックする。

Point
幅や高さの単位はmmのほかに%、pixel、inch、cm、point、pica、コラムで指定ができる。

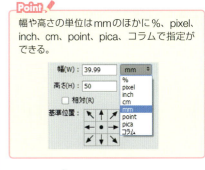

Short cut
カンバスサイズ：[Alt]+[Ctrl]+[C]

2-② 基準位置を変える

同じ[幅]が「40mm」、[高さ]が「50mm」のカンバスサイズでも、基準位置を変更すると次のような画像になる。

●左上が基準

●縦横とも中央が基準

●右下が基準

2-③ カンバスサイズを広げる

画像の周りに描画などをするにはカンバスサイズを広げる必要がある。カンバスサイズを広げてみよう。

① 「愛犬.jpg」を開いた状態に戻す。
② スウォッチパネルから「RGBグリーン」を選択する。

③ 描画色と背景色を入れ替える。

④ [イメージ]→[カンバスサイズ]を選択する。
⑤ [幅]を「900pixel」、[高さ]を「1300pixel」で、[基準位置]を縦横とも中央にする。

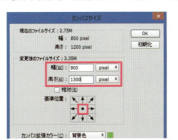

⑥ [OK]をクリックする。

画像の補正　55

3 画像の回転

ダウンロードデータ：[Photoshop]→[c05]

画像を回転させたり、向きを変えたりしてみよう。

3-❶ 画像を90°、180°単位に回転させる

①「愛犬.jpg」を[カンバスサイズ]で、[幅]を「40mm」、[高さ]を「50mm」、[基準位置]を中央下にし、元画像を作成する。
②[イメージ]→[画像の回転]→[180°]を選択する。

③ヒストリーで1つ前の状態に戻る。
④[イメージ]→[画像の回転]→[90°(時計回り)]を選択する。

⑤ヒストリーで1つ前の状態に戻る。
⑥[イメージ]→[画像の回転]→[90°(反時計回り)]を選択する。

3-❷ 画像の向きを水平、垂直方向に反転させる

①ヒストリーから1つ前の状態に戻る。
②[イメージ]→[画像の回転]→[カンバスを左右に反転]を選択する。

③ヒストリーから1つ前の状態に戻る。
④[イメージ]→[画像の回転]→[カンバスを上下に反転]を選択する。

Point
メニューのコマンドはキーボードからでも実行できる。例えば[カンバスを左右に回転]コマンドを実行するときは[Alt]キーを押しながら「I」キー、「G」キー、「H」キーの順に押す。

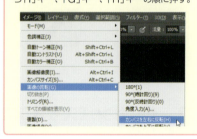

3-❸ カンバスを角度指定で回転する

30°時計回りに回転させてみる。
①ヒストリーから1つ前の状態に戻る。
②[イメージ]→[画像の回転]→[角度入力]を選択する。
③[角度]を「30」、[時計回り]にチェックし、[OK]をクリックする。

Point
回転して空いたスペースには背景色が設定される。

4 切り抜きツール（トリミング）

■ダウンロードデータ：[Photoshop]→[c05]

デジタルカメラやスキャナなどで取り込んだ画像は、その中の一部だけが必要になる場合が多い。必要な部分だけを抽出することをトリミングという。ここでは切り抜きツールによるトリミングを学ぼう。

4-① 切り抜きツールで必要な部分を抽出する

「愛犬.jpg」の犬の部分だけを抽出してみよう。

①「愛犬.jpg」を開く。
② 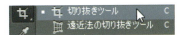切り抜きツールを選ぶ。

③オプションバーの入力フィールドが空でなければ［消去］をクリックする。

④犬の部分を囲むようにドラッグする。

⑤マウスボタンを離す。

Point
切り抜きツールで切り抜く範囲をドラッグしてマウスボタンを離すと、トリミングされる部分以外は暗くなり、トリミングの範囲の周りに8つのハンドルが現れる。これをドラッグするとトリミングの範囲をさらに変更できる。

⑥オプションバーの［確定］ボタンをクリックする。
　確定すると必要な部分だけが抽出され、画像も抽出された大きさになる。

Point
キーボードの［Enter］キーでも確定できる。

Point
切り抜きツールで画像をトリミングした後に、画像の明るい部分をドラッグするとトリミングする画像の位置を調整できる。

4-② トリミングと同時に回転する

①「愛犬.jpg」を開いた状態に戻す。
② 切り抜きツールを選ぶ。
③犬の部分をドラッグして囲む。
④トリミング範囲外の角のハンドル近くにマウスカーソルを持っていくと、カーソルの形が変わり、それをドラッグするとトリミングする範囲を回転できる。

Point
回転してカンバス外にはみ出した部分は背景色になる。

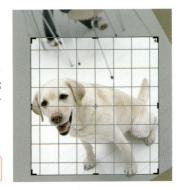

⑤目的の角度になったら確定する。

5 コピースタンプツール

📁 ダウンロードデータ：[Photoshop]→[c05]

コピースタンプツールは名前の通り、ある特定の場所を複写（コピー）し、その内容をスタンプを押すように貼り付けていくツールである。画像のキズの補正やいらないものを取り除くのによく使われる。キズや葉を補正してみよう。

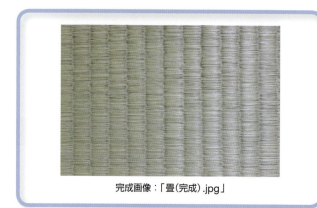
完成画像：「畳（完成）.jpg」

①「畳.jpg」を開く。

② 🖋 コピースタンプツールを選ぶ。
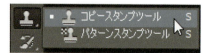

③ オプションバーの[調整あり]にチェックする。

④ オプションバーの[ブラシプリセットピッカー]から「ソフト円ブラシ」を選び、[直径]を「100px」にする。
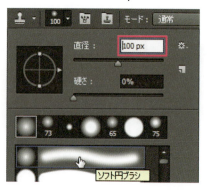

⑤ 次の場所で[Alt]キーを押しながらクリックする（コピー元が記憶される）。
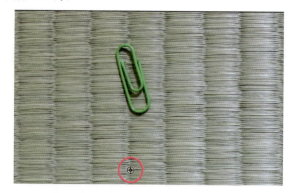

⑥ カーソルを「緑」のクリップの次の位置に移動する。
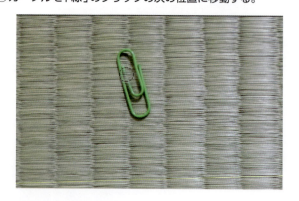

⑦ ドラッグして「緑」のクリップを消す。

⑧次のように「赤」のクリップの上の場所で、[Alt]キーを押しながらクリックする。

⑨カーソルを「赤」のクリップの次の位置に移動する。

⑩ドラッグして、「赤」のクリップを消す。

> **Point**
> この例では、周辺となじませるためにソフト円ブラシのように周りにぼかしが入ったブラシを使用したが、コントラスト（明暗の差）がはっきりした画像では、ぼかしがないブラシの方がきれいに補正できる場合もあるので、ブラシの種類は補正するものによって変更しよう。

> **Point**
> 「調整あり」にチェックすると、マウスボタンを離しても最初に補正をはじめた場所を記憶しているため、中断・再開してもサンプリングしたピクセルが連続的に適用される。「調整あり」のチェックが外れている場合は、中断した後、再開するたびにサンプリングした最初の場所のピクセルで補正される。

⑪他のクリップも同じ要領で消す（完成画像参照）。

> **Point**
> コピースタンプツールは必ず最初にコピー元の設定をしなければいけない。[Alt]キーを押しながらクリックするとコピー元が設定される。キズや不要なものを取り除くには、補正する場所に近い、自然に補正が可能な場所を設定する。コピー元の複製はドラッグまたはクリックで行う。ドラッグした場合には連続したピクセルで補正される。自然な補正を行う場合にはコピー元を変化させたり、キズや不要物の大きさに合わせてブラシサイズも変更するとより正確な補正ができる。

コラム　コピースタンプツールで複写

コピースタンプツールは名前の通り、コピー元を選び、それをスタンプするように複製するツールである。例えば「畳.jpg」を使うと、スタンプを押すようにクリップの部分を複製できる。
① コピースタンプツールを選ぶ。
② クリップの部分を[Alt]キーを押しながらクリックする。
③ クリップの画像を複製したい場所でクリップの大きさに合わせドラッグしていくとクリップが現れてくる。

[Alt]＋クリックでコピー元を設定

ドラッグしていくとクリップが現れる

> **Point**
> 「調整あり」を外しておくと、1つ複製した後、マウスボタンを離して、別の場所でドラッグすれば、再サンプルすることなく同じ画像を複製できる。

6 スポット修復ブラシツール

📁 ダウンロードデータ：[Photoshop]→[c05]

スポット修復ブラシツールは、細かい汚れやキズなどをワンタッチで取り除くツールである。じゃがいもの芽や白い部分を取り除いてみよう。

完成画像：「じゃがいも1(完成).jpg」

① 「じゃがいも1.jpg」を開く。

② 🖌スポット修復ブラシツールを選ぶ。

Point
修正するブラシの[直径]は補正する部分より少し大きいサイズに設定する。補正後にブラシの境界などが目立つ場合には[硬さ]を下げると自然に補正できる。

③ オプションバーの[ブラシプリセットピッカー]からブラシの[直径]を「40px」程度、[硬さ]を「50%」に設定し、[種類]を「コンテンツに応じる」にする。

④ 次の芽の場所でクリックする。

（じゃがいもの芽がなくなる）

Point
🖌スポット修復ブラシツールは、細かいキズやシミなどのように細かい汚れを簡単に修復することができる。しかし、🖌スポット修復ブラシツールは設定したブラシに近接した周りの画像を利用して補正をする。そのため、大きなサイズの修復や補正する場所の周りに物などが近接しているような場所や、画像の端の部分、キズなどの下地に模様があるような画像の補正には向かない。周りの画像にキズなどがない場合は、大きなキズの補正や長いキズなどの補正も可能である。

7 修復ブラシツール

📁 ダウンロードデータ：[Photoshop]→[c05]

修復ブラシツールは、キズや汚れを、きれいな場所をサンプリングし、そのサンプリング画像で整えることができるツールである。サンプリングした画像と、クリックやドラッグした場所を自動的になじませてくれるので、人の肌のような繊細な部分などの補正にも向いている。じゃがいもの大きなキズを補正してみよう。

完成画像：「じゃがいも2(完成).jpg」

7-❶ 修復ブラシツールでキズを補正する

①スポット修復ブラシで補正した画像または「じゃがいも2.jpg」を開く。

②🖌修復ブラシツールを選ぶ。

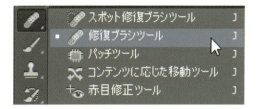

③オプションバーの[ブラシプリセットピッカー]で[直径]を「40px」程度、[硬さ]を「50%」、[間隔]を「25%」にする。

④[ソース]を「サンプル」、[調整あり]にチェックする。

Point
🖌修復ブラシツールで補正する場合は、ブラシの直径を修復するキズなどの幅より、少し大きめのサイズに設定する。

⑤次の場所でサンプリングする。

⑥次のようにキズに沿ってドラッグする。

ドラッグの始点

ドラッグの終点

⑦マウスボタンを離す（キズが補正される）。

画像の補正 61

7-❷ 選択範囲を設定して修復ブラシツールでキズを補正する

他のオブジェクトが隣接しているキズの修復には選択範囲を設定して補正をする。

① 多角形選択ツールなどで次の場所に選択範囲を設定する。

② 修復ブラシツールを選び、オプションバーの[ブラシプリセットピッカー]で[直径]を「32px」、[硬さ]を「50%」、[間隔]を「25%」にする。

③ [ソース]を「サンプル」にし、[調整あり]のチェックを外す。

Point
[調整あり]のチェックを外すと、再サンプルなしに前回のサンプリング位置の画像で修復できる。

④ 次の位置でクリックしてサンプリングする。

⑤ 次のようにキズの中心か割れ目に沿って左にドラッグする。

ドラッグの始点

ドラッグの終点

⑥ マウスボタンを離す。

⑦ 次のようにキズの右端から割れ目に沿って左にドラッグする。

ドラッグの始点

ドラッグの終点

⑧ マウスボタンを離し、選択範囲を解除する。

⑨ 他のキズなども補正をする(完成画像参照)。

 パターンで修復

修復ブラシツールでパターンで修復してみよう。
① 修復ブラシツールを選択する。
② オプションバーのソースを「パターン」にしてパターンピッカーから「赤い岩」を選ぶ。
③ 修復するキズなどに沿ってドラッグして修復する。

8 パッチツール

📁 ダウンロードデータ：[Photoshop]→[c05]

パッチツールは名前の通り継ぎ当てをするように画像のキズや画像の不要なものを除くのに便利なツールである。ここでは壁に設置された照明を消してみよう。

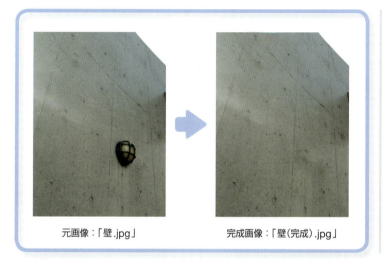

元画像：「壁.jpg」　　完成画像：「壁(完成).jpg」

8-① パッチツールで補正

① 「壁.jpg」を開く。
② ▦ パッチツールを選ぶ。

③ オプションバーの「ソース」を選択する。

④ 照明の部分をドラッグして囲み、補正する選択範囲を設定する。

⑤ 選択範囲の中にカーソルを入れ、次の場所までドラッグして離す。

Point
選択範囲の設定は、▭ 長方形選択ツールなどでも設定できる。

⑥ 選択範囲を解除する。

⑦ 壁の影の部分が残っている場合には ▨ 修復ブラシツールなどで補正する（完成画像参照）。

8-② 複製先で補正する

① 「壁.jpg」を開いた状態に戻す。
② ▭ 長方形選択ツールで次の位置に照明より少し大きい選択範囲を設定する。

③ ▦ パッチツールを選択し、オプションバーの「複製先」を選択する。

④ カーソルを選択範囲の中に入れて、選択範囲が照明を囲む位置まで移動する。

⑤ 選択範囲を解除する。
⑥ 自然な感じに補正できていない場合には ▨ 修復ブラシツールなどで補正をする（完成画像参照）。

Point
▦ パッチツールでもパターンでパッチ補正が可能である。パターンで補正するときは補正したい部分に選択範囲を設定し、オプションバーから補正するパターンを選んで、[パターンを使用]ボタンをクリックする。

9 赤目修正ツール

📁 ダウンロードデータ：[Photoshop]→[c05]

フラッシュを使用した撮影では、目の網膜にフラッシュが反射して目が赤く撮影されることがある。この赤目を修正するツールが赤目修正ツールである。写真の猫の目も少し赤味を帯びているので修正しよう。

元画像：「猫.jpg」　完成画像：「猫(赤目).jpg」

Photo by pakutaso.com

① 「猫.jpg」を開く。
② 目の周りをズームする。
③ 赤目修正ツールを選ぶ。

④ オプションバーの[瞳の大きさ]を「60%」、[暗くする量]を「50%」にする。

Point
思い通りに補正できないときは、オプションバーの瞳の大きさ、暗くする量を調整してやり直す。

⑤ 瞳の中心にカーソルを合わせクリックする。

⑥ 同様に反対側の瞳も補正する。

Point
赤目修正ツールを選択し、修正したい目を囲むようにドラッグすると、自動的に判断して赤目を補正してくれる。

10 ぼかしツール

📁 ダウンロードデータ：[Photoshop]→[c05]

ぼかしツールを使用し、赤目を補正した画像の猫の顔の部分をぼかしてみよう。

完成画像：「猫(ぼかし).jpg」

① ぼかしツールを選ぶ。

② オプションバーで[ブラシサイズ]を「300px」程度の大きいブラシにし、[強さ]を「50%」にする。

Point
ぼかしツールでぼかすことにより、やわらかい画像や、相対的にぼかさない部分を目立たせることができる。

③ 顔の部分をドラッグしてぼかす。

11 シャープツール

📁 ダウンロードデータ：[Photoshop]→[c05]

シャープツールは、ぼかしツールと反対に画像のエッジをはっきりさせるツールである。ぼかしツールで加工した画像の目の部分をシャープにしてみよう。

完成画像：「猫（シャープ）.jpg」

① △ シャープツールを選ぶ。

② シャープを適用する大きさに合わせてブラシサイズと強さを設定する（例は[ブラシサイズ]が「300px」、[強さ]が「50%」）。

③ 目の周辺をドラッグして目をはっきりさせる。

Point △ シャープツールを適用しすぎるとピクセルの色が置き換わってしまい、思い通りの画像にならないことがある。その場合は強さを調整してみよう。

12 指先ツール

📁 ダウンロードデータ：[Photoshop]→[c05]

指先ツールは、絵の具を指先で伸ばしたような効果を与えるツールである。シャープをかけた画像の猫の耳の部分を伸ばしてみよう。

完成画像：「猫（指先）.jpg」

① 👆 指先ツールを選ぶ。

② 指先で補正する大きさに合わせブラシサイズと強さを設定する（例は[ブラシサイズ]が「400px」、[強さ]が「50%」）。

③ カーソルに耳が入るよう位置を合わせて、やや左上にドラッグする。

ドラッグの始点

ドラッグの終点

④ 右側の耳も同様にやや右上に伸ばす（完成画像参照）。

Point 👆 指先ツールを選択すると、オプションバーのフィンガーペイントというオプションがある。これをチェックすると、描画色を指先で伸ばしたような効果で描画することができる。

13 ヒストリーブラシツール

📁 ダウンロードデータ：[Photoshop]→[c05]

ヒストリーブラシツールは画像に効果を与えたときに、効果をかけすぎたり、効果を与えたくない部分まで効果を与えてしまったときにドラッグすることで、その場所のピクセルを画像を開いた状態に戻すことができる。指先ツールで伸ばした左耳の部分を元の状態に戻してみよう。

完成画像：「猫（ヒストリー）.jpg」

① ヒストリーブラシツールを選ぶ。

② 補正する場所に合わせブラシサイズを設定し、[不透明度]を「100％」に設定する。

③ 左耳の部分をドラッグして元画像の状態にする。

Point
この例では、[不透明度]が「100％」なので、一度のドラッグで元画像に戻る。[不透明度]を「70％」にした場合、元画像が「70％」、加工後の状態が「30％」の画像ができる。効果をある程度残したい場合には不透明度の値を調整する。

コラム ヒストリーブラシツールと履歴とスナップショットを利用した補正

標準では、ヒストリーブラシツールでドラッグした場所のピクセルは画像ファイルを開いた状態に戻すことができる。ヒストリーパネルと連携すると、ピクセルを特定の履歴の状態や、作業の途中の画像結果（スナップショット）を撮ってあれば、ヒストリーブラシでスナップショットの状態に戻すことができるようになる。

●スナップショットの作成
スナップショットはヒストリーパネルから作成できる。

① スナップショットを撮りたいところでヒストリーパネルの[新規スナップショット]をクリックする。

新規スナップショット

作成されたスナップショット

●ヒストリーパネルを使ったヒストリーブラシでの補正
履歴やスナップショットを使ってヒストリーブラシツールで補正をするには、ヒストリーパネルの履歴やスナップショットのサムネールの横にある[ヒストリーブラシのソースを設定]をクリックしてソースを切り替える。例として、ぼかしで処理後のスナップショットで補正をしてみる。

① ヒストリーパネルの「スナップショット1」の[ヒストリーブラシのソースを設定]をクリックする。

② 指先ツールで補正後の画像を、ヒストリーブラシツールで目の部分をドラッグする。

（ヒストリーブラシでドラッグすると赤目補正をかけた状態になる）

14 アートヒストリーブラシツール

ダウンロードデータ：[Photoshop]→[c05]

アートヒストリーブラシツールは、画像やヒストリーの画像を使ってアーティスティック（芸術的）な画像を作成する機能である。ヒストリーブラシで補正した画像を使用してアートヒストリーブラシツールで芸術的な画像を作成しよう。

完成画像：「猫（アート）.jpg」

① アートヒストリーブラシツールを選択する。

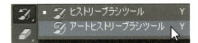

② オプションバーから[ブラシサイズ]を「20px」にし、[スタイル]に「ゆるく（中間）」を選択する。

③ 画像全体をドラッグし、アートヒストリーブラシ効果を与える。

Point
オプションバーのスタイルを変更すると、他にもいろいろな効果を与えられる。いろいろ試してみよう。また、不透明度、範囲、許容値を変えると、同じスタイルを使っても画像が変化する。

Point
ヒストリーブラシツールやアートヒストリーブラシは、元画像やスナップショットの画像を使用し、補正するツールである。画像解像度やカンバスサイズを変更して画像のビット数が変更されると、これらのツールは使用できない。

15 覆い焼きツール

ダウンロードデータ：[Photoshop]→[c05]

覆い焼きツールは画像の一部を明るくできるツールである。猫の部分を全体的に少し明るくしてみよう。

完成画像：「猫（覆い焼き）.jpg」

① ヒストリーパネルでアートヒストリーブラシの効果をかける前の状態に戻す。
② 覆い焼きツールを選択する。
③ 補正場所に合わせてブラシサイズを変更し、[露光量]を「50%」、[トーンを保護]にチェックする。

④ 猫の部分をドラッグして明るくする。特に影の部分などは明るくする。

Point
覆い焼きツールで自然に補正するには、[トーンを保護]にチェックをする。チェックがないとドラッグして明度を上げていくとピクセルが白くなり、不自然な画像になってしまう。

16 焼き込みツール

　　　　　　　　　　　　　　　　　📁 ダウンロードデータ：[Photoshop]→[c05]

焼き込みツールは、画像の一部を暗くすることができるツールである。焼き込みツールで猫の毛を暗くしてみよう。

完成画像：「猫(焼き込み).jpg」

① 🔲 焼き込みツールを選ぶ。

② 補正場所に合わせてブラシサイズを変更し、[露光量]を「50%」、[トーンを保護]にチェックする。

③ 猫の毛の部分をドラッグして暗くする。

Point
🔲 焼き込みツールで自然に補正するには、[トーンを保護]にチェックをする。チェックがないとドラッグして明度を下げていくとピクセルが黒くなり、不自然な画像になってしまう。

17 スポンジツール

　　　　　　　　　　　　　　　　　📁 ダウンロードデータ：[Photoshop]→[c05]

スポンジツールは、クリックやドラッグした部分の彩度を調整するツールである。猫の毛の彩度を上げてみよう。

完成画像：「猫(スポンジ).jpg」

① 🔲 スポンジツールを選ぶ。

② ブラシサイズを補正場所に合わせて変更し、[彩度]を「上げる」にする。

③ 猫の白い毛以外の毛の部分をドラッグして彩度を上げる。

Point
🔲 スポンジツールは、部分的に彩度を変更するツールである。例では色味を強めるために、[彩度]の「上げる」を選択している。逆に色味を弱めるには「下げる」を選択する。

Point
🔲 覆い焼きツールは、画像の明度を上げる。🔲 焼き込みツールは、画像の明度を下げる。🔲 スポンジツールは画像の彩度を上げたり、下げたりすることができる。これらのツールは画像の一部の色調を補正するツールである。画像全体を補正するときはChapter06で紹介する色調補正コマンドを使用しよう。

練習問題

▶ ダウンロードデータ：[Photoshop]→[c05]

問題 1

「標識.jpg」を補正し、[幅]が「10cm」、[高さ]が「10cm」の完成画像を作成しなさい。ただし、解像度の変更はしない。

元画像：「標識.jpg」

完成画像：「標識（完成）.jpg」

Point
傾きの補正をしてから、カンバスサイズを補正する。完成画像のようにするには、カンバスサイズを一度に変更できないので、複数回で適応して調整するか、長方形選択ツールで10cm×10cmの選択範囲を適用し、[イメージ]→[切り抜き]でサイズ調整をする。

問題 2

「砂.jpg」を補正し、完成画像を作成しなさい。

元画像：「砂.jpg」

完成画像：「砂（完成）.jpg」

Point
修復ブラシやスポット修復ブラシで修復する。

問題 3

「アヒル.jpg」の左下のアヒル以外を消し、左下のアヒルを複製して、完成画像を作成しなさい。

元画像：「アヒル.jpg」

完成画像：「アヒル（完成）.jpg」

Photo by pakutaso.com

Point
左下以外のアヒルを消し、その後、左下のアヒルをパッチツールなどで複製をする。アヒルの下の影の部分は焼き込みツールなどで暗くする。

Chapter 06 色調補正

カメラで撮影した画像は写真の撮り方や天候、取り込み方で自分のイメージしているものと違う色合いやコントラスト、明るさになることがある。Chapter06では、Photoshopで画像の色合い、コントラスト、明るさの補正の方法を学ぼう。

1 明るさ・コントラスト

ダウンロードデータ：[Photoshop]→[c06]

画像全体の明るさ、コントラスト（明暗の差）の調整を[明るさ・コントラスト]で行ってみよう。

1-❶ 明るさの調整をする

①「グミ.jpg」を開く。

Photo by pakutaso.com

②[イメージ]→[色調補正]→[明るさ・コントラスト]を選択する。

③[明るさ]に「50」を入力する。

④[OK]をクリックする（画像が明るくなる）。

Point
明るさやコントラストの調整はスライダーでも可能である。プレビューにチェックして実際に確認しながら調整をする。

1-❷ コントラストの調整をする

①「グミ.jpg」を元の状態に戻す。
②[イメージ]→[色調補正]→[明るさ・コントラスト]を選択する。
③[コントラスト]に「50」を入力する。

④[OK]をクリックする（はっきりとした画像になる）。

Point
コントラストとは明暗の差である。コントラストを強めると明るい部分がより明るくなり、暗い部分がより暗くなって、はっきりとした画像になる。コントラストを弱めると明暗の差がなくなり、画像がぼんやりとした感じになる。

2 レベル補正

[レベル補正]では、細かく明るさやコントラストを調整することができる。[レベル補正]で色調を補正してみよう。

2-❶ レベル補正で画像を明るくする

①「グミ.jpg」を元の状態に戻す。
②[イメージ]→[色調補正]→[レベル補正]を選択する。

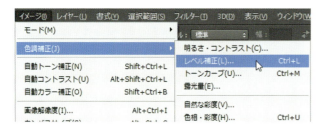

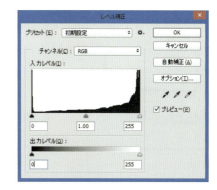

Point
[レベル補正]はヒストグラム(明暗の分布)を調整して明るさやコントラストの調整を行うコマンドである。

Short cut
レベル補正：[Ctrl]+[L]

③[出力レベル]の左側の入力フィールドに「50」を入力する。

④[OK]をクリックする(画像が明るくなる)。

2-❷ レベル補正で画像を暗くする

①「グミ.jpg」を元の状態に戻す。
②[イメージ]→[色調補正]→[レベル補正]を選択する。
③[入力レベル]の左側の入力フィールドに「50」を入力する。

④[OK]をクリックする(画像が暗くなる)。

2-❸ レベル補正でコントラストを強める

① 「グミ.jpg」を元の状態に戻す。
② [イメージ]→[色調補正]→[レベル補正]を選択する。
③ [入力レベル]の左側の入力フィールドに「30」、右側の入力フィールドに「225」を入力する。

④ [OK]をクリックする(明暗の差が広がり、はっきりとした画像になる)。

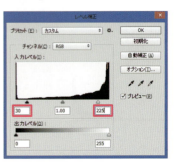

2-❹ レベル補正でコントラストを弱める

① 「グミ.jpg」を元の状態に戻す。
② [イメージ]→[色調補正]→[レベル補正]を選択する。
③ [出力レベル]の左側の入力フィールドに「30」、右側の入力フィールドに「225」を入力する。

④ [OK]をクリックする(明暗の差がなくなり、ぼんやりとした画像になる)。

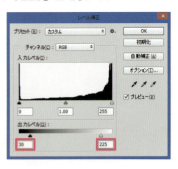

2-❺ レベル補正で色合いを調整する

レベル補正では、画像をRGBの成分に分けて調整が可能である。緑の成分を強めてみよう。

① 「グミ.jpg」を元の状態に戻す。
② [イメージ]→[色調補正]→[レベル補正]を選択する。
③ [チャンネル]を「グリーン」にする。
④ [出力レベル]の左側の入力フィールドに「50」を入力する。

⑤ [OK]をクリックする(画像の緑の成分が強くなる)。

3 トーンカーブ

[トーンカーブ]では、さらに細かく色調や明るさを調整することができる。トーンカーブで色調を補正する方法を説明する。

3-❶ トーンカーブで画像を明るくする

① 「グミ.jpg」を元の状態に戻す。
② [イメージ]→[色調補正]→[トーンカーブ]を選択する。

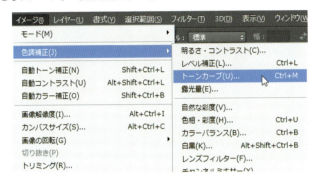

Short cut
トーンカーブ：[Ctrl]＋[M]

③ [ポイントを編集してトーンカーブを変更]を選択する。

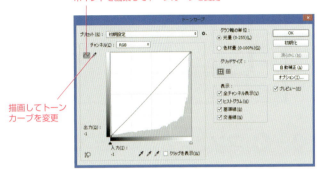

Point
[描画してトーンカーブを変更]を選択すると、手描き感覚でトーンカーブを変更できる。

④ 線の中心を上にドラッグし、次のように移動する。

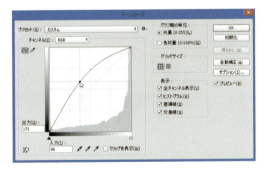

⑤ [OK]をクリックする（画像が明るくなる）。

3-❷ トーンカーブで画像を暗くする

① 「グミ.jpg」を元の状態に戻す。
② [イメージ]→[色調補正]→[トーンカーブ]を選択する。
③ 線の中心を下にドラッグし、次のように移動する。

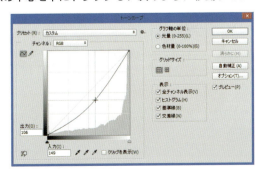

④ [OK]をクリックする（画像が暗くなる）。

色調補正 73

3-❸ コントラストをトーンカーブで強める

①「グミ.jpg」を元の状態に戻す。
②[イメージ]→[色調補正]→[トーンカーブ]を選択する。
③トーンカーブの線を次のようにする。

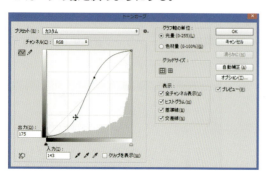

④[OK]をクリックする(明暗の差が広がり、はっきりとした画像になる)。

3-❹ コントラストをトーンカーブで弱める

①「グミ.jpg」を元の状態に戻す。
②[イメージ]→[色調補正]→[トーンカーブ]を選択する。
③次の2点を次のように移動する。

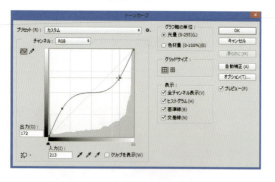

④[OK]をクリックする(明暗の差がなくなり、ぼんやりとした画像になる)。

3-❺ トーンカーブで色合いを変更する

トーンカーブで赤味を加えてみよう。
①「グミ.jpg」を元の状態に戻す。
②[イメージ]→[色調補正]→[トーンカーブ]を選択する。
③[チャンネル]を「レッド」にする。
④トーンカーブの線を次のようにする。

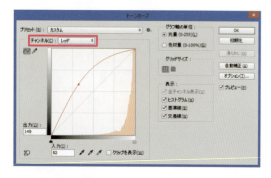

⑤[OK]をクリックする(赤味が強まり、相対的に青味や緑味が弱くなる)。

4 露光量

ダウンロードデータ：[Photoshop]→[c06]

露光とは、カメラなどでフイルムやCCDなどの撮像素子にレンズを通した光を当てることである。一般的にカメラではレンズのしぼり（F値）とシャッタースピードで決まる値である。[露光量]を変化させて画像の明るさを調整しよう。

完成画像：「マカロン（露光量）.jpg」

①「マカロン.jpg」を開く。

Photo by pakutaso.com

②[イメージ]→[色調補正]→[露光量]を選択する。

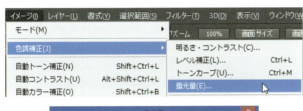

③[露光量]を「+1.0」にする（ハイライト部分が明るくなる）。

④[オフセット]を「-0.2」にする（中間値とシャドウ部分が暗くなる）。

⑤[ガンマ]を「1.2」にし、[OK]をクリックする（完成画像参照：中間値を中心に全体が明るくなる）。

Point

露光量は、画像の明るさを調整する機能である。各スライダーは次のような調整を行う。
露光量　　：ハイライトの明るさを中心に調整をする。
オフセット：シャドウの明るさを中心に調整をする。
ガンマ　　：中間値の明るさを中心に調整する。

5 自然な彩度

　ダウンロードデータ：[Photoshop]→[c06]

[自然な彩度]は、彩度の高いカラー部分の影響を抑えながら彩度の低い部分の彩度を調整し、自然な色合いの補正ができる。マカロンの彩度を上げてみよう。

完成画像：「マカロン（自然な彩度）.jpg」

①「マカロン.jpg」を開いた状態に戻す。
②[イメージ]→[色調補正]→[自然な彩度]を選択する。

③[自然な彩度]を「50」にし、[OK]をクリックする（完成画像参照）。

Point
自然な彩度には、[自然な彩度]と[彩度]のスライダーがあるが、2つの違いは、[自然な彩度]は彩度の高い部分の影響を抑えるが、[彩度]は均等に彩度を調整する。

6 色相・彩度

　ダウンロードデータ：[Photoshop]→[c06]

[色相・彩度]は、スライダーと数値だけで色合いを調整できる。また、単一の色相を持つ画像の作成にも便利なコマンドである。画像をセピア調の単色にしてみよう。

完成画像：「マカロン（色相・彩度）.jpg」

①「マカロン.jpg」を開いた状態に戻す。
②[イメージ]→[色調補正]→[色相・彩度]を選択する。

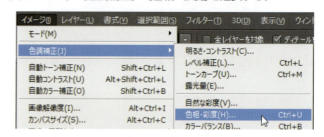

③[色彩の統一]にチェックし、[色相]を「32」にして[OK]をクリックする（完成画像参照）。

Point
色相・彩度コマンドは、色相だけでなく、彩度と明度の色の3属性の調整ができる。

Short cut
色相・彩度：[Ctrl]+[U]

7 カラーバランス

ダウンロードデータ：[Photoshop]→[c06]

[カラーバランス]は、画像の色合いを調整するツールである。画像に少し赤味を加えたい、黄色を取りたいなどの処理に使用すると便利である。カラーバランスを使って色合いの調整をしよう。

完成画像：「マカロン（カラーバランス）.jpg」

① 「マカロン.jpg」を開いた状態に戻す。
② [イメージ]→[色調補正]→[カラーバランス]を選択する。

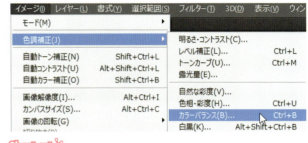

Short cut
カラーバランス：[Ctrl]+[B]

③ [階調のバランス]に「シャドウ」を選択し、イエロー・ブルーの値を「-50」にする。

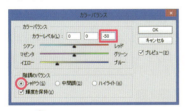

④ [階調のバランス]に「中間調」を選択し、シアン・レッドの値を「50」にする。

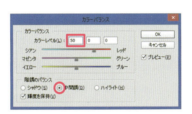

⑤ [階調のバランス]は「ハイライト」を選択し、マゼンタ・グリーンの値を「30」にして[OK]をクリックする（完成画像参照）。

Point
この例では、画像の暗い部分に黄味を、中間値に赤味を、ハイライトに緑味を加えたものである。カラーバランスは、このように色味を細かく調整ができるコマンドである。また、色味は3つのスライダーで調整されるが、赤味を加えるにはレッド方向にスライダーを動かし、逆に赤味を取りたいときはシアン方向にスライダーを動かす。

8 白黒

ダウンロードデータ：[Photoshop]→[c06]

[白黒]は、画像の色調ごとに白黒画像に変換ができる。レッド系の色の黒味を強くした白黒画像を作成しよう。

完成画像：「マカロン（白黒）.jpg」

① 「マカロン.jpg」を開いた状態に戻す。
② [イメージ]→[色調補正]→[白黒]を選択する。
③ [レッド系]を「-100%」にし、[OK]をクリックする。

Point
[白黒]は、色合いに応じて白黒の濃度を設定することができる。この例では、赤系の色合いの濃度を高めている。

Short cut
白黒：[Alt]+[Shift]+[Ctrl]+[B]

9　レンズフィルター

📁 ダウンロードデータ：[Photoshop]→[c06]

[レンズフィルター]は、カメラに色の付いたフィルターを付けて撮影したような効果を与える。暖色系のフィルターをかけてみよう。

完成画像：「マカロン（レンズフィルター）.jpg」

① 「マカロン.jpg」を開いた状態に戻す。
② [イメージ]→[色調補正]→[レンズフィルター]を選択する。
③ [フィルター]に[フィルター暖色系(85)]を選択し、[適用量]を「25％」にして[OK]をクリックする。

10　チャンネルミキサー

📁 ダウンロードデータ：[Photoshop]→[c06]

[チャンネルミキサー]は、光3原色であるR(赤)、G(緑)、B(青)の要素ごとに色合いを調整する機能である。カメラに色の付いたフィルターを付けて撮影したような効果を与える。暖色系のフィルターをかけてみよう。

完成画像：「マカロン（チャンネルミキサー）.jpg」

① 「マカロン.jpg」を開いた状態に戻す。
② [イメージ]→[色調補正]→[チャンネルミキサー]を選択する。
③ [出力先チャンネル]を「レッド」にし、[グリーン]の値を「+100％」にして[OK]をクリックする。

Point　この例では、出力先を「レッド」で、グリーンを「+100％」にしているため、レッドとグリーンを混ぜた黄色系以外の色が変化している。

11　カラールックアップ

📁 ダウンロードデータ：[Photoshop]→[c06]

[カラールックアップ]は、標準の色補正をするためのカラー情報を変える機能である。月明かりで撮影したような画像を作成してみよう。

完成画像：「マカロン（カラールックアップ）.jpg」

① 「マカロン.jpg」を開いた状態に戻す。
② [イメージ]→[色調補正]→[カラールックアップ]を選択する。
③ [3D LUTファイル]にチェックし、「NightFromDay.CUBE」を選択して[OK]をクリックする。

12 階調の反転

📁 ダウンロードデータ：[Photoshop]→[c06]

[階調の反転]コマンドを使うとネガフィルムのような画像を作成できる。

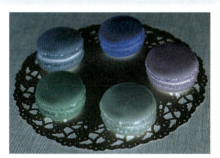

完成画像：「マカロン(階調の反転).jpg」

① 「マカロン.jpg」を開いた状態に戻す。
② [イメージ]→[色調補正]→[階調の反転]を選択する

Short cut
階調の反転：[Ctrl]+[I]

Point
[階調の反転]をすると、フィルムのネガのような画像を作成できる。

13 ポスタリゼーション

📁 ダウンロードデータ：[Photoshop]→[c06]

[ポスタリゼーション]では、画像の色数を減色できる。8階調の画像を作成しよう。

完成画像：「マカロン(ポスタリゼーション).jpg」

① 「マカロン.jpg」を開いた状態に戻す。
② [イメージ]→[色調補正]→[ポスタリゼーション]を選択する。
③ [階調数]を「8」にし、[OK]をクリックする。

Point
階調数とは、使用している色数のことである。この例では、画像の色数が8色に減色される。

14 2階調化

📁 ダウンロードデータ：[Photoshop]→[c06]

[2階調化]では、完全に白と黒だけの画像を作成できる。

完成画像：「マカロン(2階調化).jpg」

① 「マカロン.jpg」を開いた状態に戻す。
② [イメージ]→[色調補正]→[2階調化]を選択する。
③ [2階調化する境界のしきい値]を「180」にし、[OK]をクリックする。

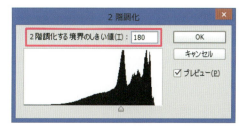

15 グラデーションマップ

ダウンロードデータ：[Photoshop]→[c06]

[グラデーションマップ]は、画像の濃淡によりグラデーションで色を設定するコマンドである。

完成画像：「マカロン(グラデーションマップ).jpg」

① 「マカロン.jpg」を開いた状態に戻す。
② [イメージ]→[色調補正]→[グラデーションマップ]を選択する。
③ グラデーションの部分をクリックする(グラデーションエディターが開く)。

④ プリセットから「紫・緑・オレンジ」を選択し、[OK]をクリックする。
⑤ [グラデーションマップ]の[OK]をクリックする。

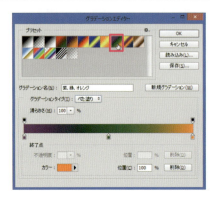

Point
この例では、元画像の暗い部分を「紫」、中間値を「緑」、明るい部分を「オレンジ」になるように設定している。この例ではプリセットを使用したが、自分で制作したグラデーションも設定できる。

16 特定色域の選択

ダウンロードデータ：[Photoshop]→[c06]

[特定色域の選択]は、特定の色系の色のみを変化させることができるコマンドである。奥の黄のマカロンを中心に色を変えてみよう。

完成画像：「マカロン(特定色域).jpg」

① 「マカロン.jpg」を開いた状態に戻す。
② [イメージ]→[色調補正]→[特定色域の選択]を選択する。
③ [カラー]を「イエロー系」、[選択方式]を「絶対値」、[シアン]を「50%」、[ブラック]を「20%」、[マゼンタ]と[イエロー]は「0%」にし、[OK]をクリックする。

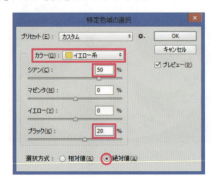

Point
変化させたい色系を[カラー]で選ぶ。今回は黄のマカロンを変化させたいので「イエロー系」を選択した。

17 彩度を下げる

ダウンロードデータ：[Photoshop]→[c06]

[彩度を下げる]は彩度を下げて色味のないグレースケールの画像を作成することができる。

完成画像：「マカロン（彩度を下げる）.jpg」

①「マカロン.jpg」を開いた状態に戻す。
②[イメージ]→[色調補正]→[彩度を下げる]を選択する。

Short cut
彩度を下げる：[Shift]+[Ctrl]+[U]

18 シャドウ・ハイライト

ダウンロードデータ：[Photoshop]→[c06]

[シャドウ・ハイライト]は、暗い部分だけ明るくしたい、明るい部分だけ暗くしたいといった場合に使用するコマンドである。明るい部分を少し暗くしてみよう。

完成画像：「マカロン（シャドウ・ハイライト）.jpg」

①「マカロン.jpg」を開いた状態に戻す。
②[イメージ]→[色調補正]→[シャドウ・ハイライト]を選択する。
③[ハイライト]を「20%」にし、[OK]をクリックする。

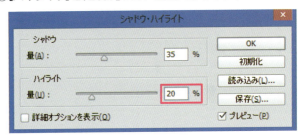

19 平均化（イコライズ）

ダウンロードデータ：[Photoshop]→[c06]

[平均化]で明るさを均一にした画像を作ろう。

完成画像：「マカロン（平均化）.jpg」

①「マカロン.jpg」を開いた状態に戻す。
②[イメージ]→[色調補正]→[平均化（イコライズ）]を選択する。

Point
イコライズは、画像全体の明るさを均一化するものである。全体がハイライト（明るい部分）やシャドウ（暗い部分）に偏っている場合に、明るさの分布を均一にするコマンドである。

20 特定の範囲の色調を補正する

📁 ダウンロードデータ：[Photoshop]→[c06]

今までの色調補正は、画像全体の補正をしたが、特定部分だけの色調補正をしたい場合も多い。特定のマカロンの色を補正してみよう。

完成画像：「マカロン（特定範囲）.jpg」

① 「マカロン.jpg」を開いた状態に戻す。
② 左下のピンクのマカロンに選択範囲を設定する。

③ [イメージ]→[色調補正]→[色相・彩度]を選択する。
④ [色相]を「+42」、[彩度]を「+15」にする。

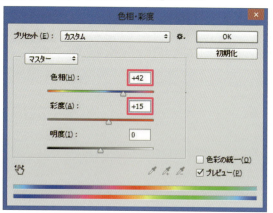

⑤ [OK]をクリックする。

⑥ 選択を解除し、緑のマカロンに選択範囲を設定する。

⑦ [イメージ]→[色調補正]→[色相・彩度]を選択し、[色相]を「-60」、[彩度]を「+10」にして[OK]をクリックする。

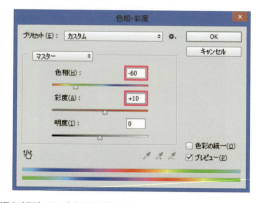

⑧ 選択を解除する（完成画像参照）。

練習問題

■ ダウンロードデータ：[Photoshop]→[c06]

問題 1

「森.jpg」に色調補正を行い、完成画像と同じような画像を作成しなさい。

Point
元画像は青味が強くなっており、明度とコントラストが低い画像になっている。

元画像：「森.jpg」　　完成画像：「森(補正後).jpg」

問題 2

「観覧車.jpg」を色調補正して、グレースケールとセピア調の画像を作成しなさい。

元画像：「観覧車.jpg」　　完成画像：「観覧車(グレー).jpg」　　完成画像：「観覧車(セピア).jpg」

Point
元画像のコントラストをやや強めてから補正をしている。

問題 3

「糸.jpg」を補正し、完成画像のような赤味のある画像を作成しなさい。

Point
完成画像にこだわらず、いろいろな色に変えてみよう。補正する糸の部分1つ1つに選択範囲を設定して補正する。この例では、[色相・彩度][カラーバランス][トーンカーブ]などで補正している。

元画像：「糸.jpg」　　完成画像：「糸(完成).jpg」

Chapter 07 画像の合成

Chapter07では、レイヤー機能を使い複数の画像を合成し、新しい雰囲気の画像を作成する方法を紹介する。また、印刷をイメージした高解像度の画像の編集の仕方を学ぼう。

1 レイヤー合成

📁 ダウンロードデータ：[Photoshop]→[c07]

Photoshopでは、合成する複数の画像はレイヤーと呼ばれる透明のシートに描画や配置し、それを複数重ねて合成画像を作成する。レイヤー機能を使いCDのジャケットサイズの画像を作ろう。

1-❶ 画像を合成する

① 「背景1.jpg」を開く。

完成画像：「自然の笑顔(完成1).psd」

② 「女性1.jpg」を開く。

③ 女性の部分に選択範囲を設定する。

Point
合成を綺麗に行うためには、元画像の必要な部分にどれだけ正確に選択範囲を設定できるかということが重要である。しかし、人の輪郭のように複雑な形状を正確に選択範囲に設定するのは難しい。このようなときは、🧲マグネット選択ツールや✨クイック選択ツールでおおまかに選択し、その後、クイックマスクモードに切り替え、細かい部分は🔍ズームツールなどで拡大して🖌ブラシツールや🧽消しゴムツールで選択範囲を調整する。

④[編集]→[コピー]を選択する。

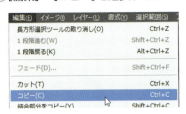

Short cut
コピー：[Ctrl]＋[C]

⑤「背景1.jpg」をアクティブにし、[編集]→[ペースト]を選択する。

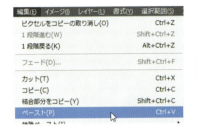

Short cut
ペースト：[Ctrl]＋[V]

⑥レイヤーパネルの「レイヤー1」が選択されていることを確認し、[レイヤー]→[レイヤー名の変更]を選択する。

⑦レイヤーパネルの名前を「女性1」に変更する。

Point
レイヤー名の変更は、レイヤーパネルのレイヤー名の文字をダブルクリックしても変更できる。

⑧[編集]→[変形]→[回転]を選択してオプションバーの[回転を設定]を「-45°」にし、[Enter]を押して確定し、次の位置に移動する。

⑨「女性1」レイヤーをアクティブにし、[レイヤー]→[レイヤーを複製]を選択する。

⑩[新規名称]を「女性2」にし、[OK]をクリックする。

⑪[編集]→[変形]→[水平方向に反転]を選択する。

⑫ 移動ツールを選び、次の位置に移動する。

画像の合成

⑬同じように、「女性2」レイヤーを複製し、複製したレイヤー名を「女性3」として［編集］→［変形］→［垂直方向に反転］を選択し、次の位置に移動する。

⑭同じように「女性3」レイヤーを複製し、複製したレイヤー名を「女性4」として［水平方向に反転］を行い、次の位置に移動する。

1-❷ グリッド

レイヤーに配置した女性の画像は、目測で配置をした。グリッドを使い、画像を正確に配置しよう。グリッドとは、配置をする際に目安となる格子の補助線である。

①［表示］→［表示・非表示］→［グリッド］を選択する。

グリッド：[Ctrl] + [@]

②［編集］→［環境設定］→［ガイド・グリッド・スライス］を選択する。

③［グリッド］の［スタイル］を「実線」、［グリッド線］を「10mm」、［分割数］を「2」にし、［OK］をクリックする。

④ 移動ツールを選ぶ。

⑤「女性1」レイヤーをアクティブにし、グリッド線を目安にして次の位置に配置する。

Point
細かい移動はキーボードの矢印キー（→、↑、↓、←）を使用すると1ピクセル単位の移動ができる。

⑥ 同様に、「女性2」から「女性4」レイヤーの画像も次のように配置する。

1-❸ 文字レイヤー

ベースの画像が完成したので、タイトル文字を入れてみよう。

① [描画色]を「白」にする。
② 横書き文字ツールを選ぶ。
③ オプションバーの[フォントファミリーを設定]を「Impact Regular」、[フォントサイズを設定]を「60pt」、[アンチエイリアスの種類の設定]を「鮮明」にする。

Point
フォントがない場合は、イメージの近い他のフォントを選択する。設定もイメージに合わせて変更する。

フォントファミリーを設定　　フォントサイズを設定　　テキストカラーを設定

フォントスタイルを設定　　アンチエイリアスの種類の設定

④ カーソルをドキュメントウィンドウ内に入れ、中央、左端をクリックし、「Natural Smile」と入力する。

⑤ オプションバーの[現在の編集をすべて確定]をクリックする。

Point
横書き文字ツールで文字を入力すると自動的にテキストレイヤーが作成される。

テキストレイヤー

1-❹ ガイド

グリッドの他に画像や文字を配置する目安になる機能としてガイドがある。ガイドを使って文字の大きさや位置を調整しよう。ガイドはグリッドと違い、必要な部分にだけ補助線を引くことができる。

①［表示］→［表示・非表示］→［グリッド］を選択する（グリッドが非表示になる）。

②［表示］→［定規］を選択する。

③［編集］→［環境設定］→［単位・定規］を選択し、定規を「cm」にして［OK］をクリックする。

定規の表示・非表示：［Ctrl］+［R］

④定規の目盛の部分をドラッグすると、ガイド線が出てくるので、左から「1cm」の所に設定する。

⑤同じように、左から「11cm」の所と、上の定規の部分をドラッグし、上から「5cm」と「7cm」の所にガイドを設定する。

⑥ 横書き文字ツールを選び、テキスト全体を選択する。

⑦［文字パネルと段落パネルの切り替え］をクリックする。

⑧［垂直比率］を「120％」、［選択した文字にツメを設定］を「20％」、［選択した文字のトラッキングを設定］を「-50」にする。

⑨編集を確定し、左側ガイドに合わせテキストを移動する。

⑩自由変形などでガイドに合わせて変形する。

⑪［表示］→［表示・非表示］→［ガイド］を選択し、ガイドを非表示にする。

ガイドの表示・非表示：［Ctrl］+［;］

2 レイヤースタイル

📁 ダウンロードデータ：[Photoshop]→[c07]

レイヤースタイルは、レイヤーの内容を変更することなく特殊効果を適用する機能である。前節で作成した完成画像のタイトルや女性のレイヤーに効果を適用しよう。

完成画像：「自然の笑顔（完成2）.psd」

2-❶ ドロップシャドウ

① 文字レイヤーをアクティブにする。
② [レイヤー]→[レイヤースタイル]→[ドロップシャドウ]を選択する。

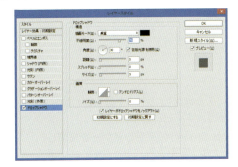

③ [構造]の[不透明度]を「50%」、[角度]を「120°」、[距離]を「30px」、[サイズ]を「10px」にし、[OK]をクリックする。

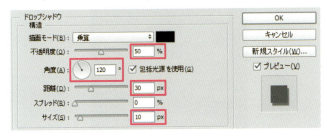

2-❷ ベベルとエンボス

① [レイヤー]→[レイヤースタイル]→[ベベルとエンボス]を選択する。
② [構造]の[スタイル]を「ベベル(内側)」、[テクニック]を「滑らかに」、[サイズ]を「10px」、[陰影]の[シャドウのモード]の[不透明度]を「50%」にし、[OK]をクリックする。

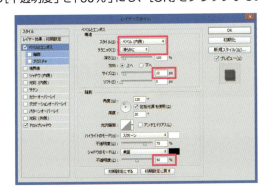

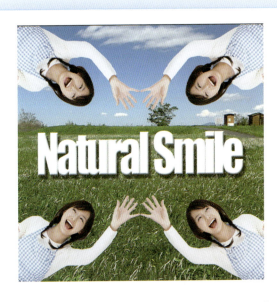

2-❸ 光彩

① 「女性1」レイヤーをアクティブにする。
② [レイヤー]→[レイヤースタイル]→[光彩(外側)]を選択する。
③ [エレメント]の[サイズ]を「100px」にし、[OK]をクリックする。

④ 「女性2」「女性3」「女性4」にも同じ設定で「光彩(外側)」の効果を適用する(完成画像参照)。
⑤ 「Natural Smile」の文字レイヤーを複製し、[レイヤー名]を「タイトル」にする。
⑥ 「タイトル」レイヤーをアクティブにし、[レイヤー]→[ラスタライズ]→[テキスト]を選択する。
⑦ 左側の目のアイコンをクリックし、文字レイヤーを非表示にする。

> **Point**
> レイヤースタイルについてはChapter09でも詳細に説明する。

> **Point**
> テキストをラスタライズしないと、使用フォントがないコンピュータでは違うフォントで表示されてしまう。また、テキストレイヤーを複製したのは、テキストをラスタライズすると文字が画像に変換され、修正などが難しくなるためである。制作をするときは、修正などのメンテナンス性も考えて作業しよう。

完成のレイヤーパネル

コラム その他のレイヤースタイル

ドロップシャドウ、ベベルとエンボス、光彩(外側)以外のスタイル効果を見てみよう。画像は、描画色にパステル調のマゼンタを「Photoshop」のテキストレイヤーに初期値設定のスタイルで適用したものである(光彩はわかりやすくするために背景を黒に変更している)。

3 描画モード

　　　　　　　　　　　　　　　　📁 ダウンロードデータ：[Photoshop]→[c07]

レイヤーは、描画モードを変更することにより、現在のレイヤーと下のレイヤーと組み合わせたいろいろな表現が可能になる。レイヤーに描画モードを適用し、幻想的なイメージのCDジャケットサイズの画像を作ろう。

完成画像：「光の世界（完成）.psd」

3-❶ 描画モード

①「木.jpg」を開く。

②[イメージ]→[色調補正]→[明るさ・コントラスト]を選択する。
③[明るさ]を「-150」、[コントラスト]を「100」にし、[OK]をクリックする。

④「光1.jpg」を開く。

⑤[選択範囲]→[すべてを選択]を選択し、[編集]→[コピー]を選択する。
⑥「木.jpg」に切り替えて、[編集]→[ペースト]を選択する。
⑦レイヤーパネルの「背景」を選択し、[レイヤー]→[新規]→[背景からレイヤーへ]を選択してレイヤー名を「木」にし、[OK]をクリックする。
⑧[ペースト]したレイヤー名を「光1」に変更する。

⑨レイヤーパネルの描画モードに「スクリーン」を選択する。

Point 描画モードを「スクリーン」にすると、画像を重ねるほど明るくなる。

3-❷ 選択範囲の保存

①「女性2.jpg」を開く。

②女性の部分を🖱クイック選択ツールなどで、大まかに選択する。

③［クイックマスクモード］に切り替え、正確に選択をする。

④選択範囲の設定の調整が終わったら、［画像描画モード］に戻し、選択範囲の状態にする。

⑤［選択範囲］→［選択範囲を保存］を選択する。

⑥［名前］に「女性」と入力し、［OK］をクリックする。

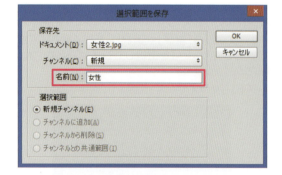

⑦［ファイル］→［別名で保存］を選択する。

⑧［ファイル名］を「女性2」、ファイル種類を「Targa」にし、［アルファチャンネル］にチェックして［保存］をクリックする。

⑨［色数］を「32bits/pixel」、［圧縮］にチェックし、［OK］をクリックする。

アルファチャンネル

今回の例題のように印刷品質の画像から女性の部分だけ選択するのは非常に時間がかかる。このような場合は選択範囲を保存しよう。選択範囲が保存してあれば、作業をやり直すときなどに、再度、選択範囲を設定する必要がなくなる。保存してある選択範囲を読み込むには、[選択範囲]→[選択範囲を読み込む]を選択する。
また、ファイルの中には、今回保存したTargaファイルのように、選択範囲も一緒に保存できるファイル形式がある。このようなファイル形式を利用すれば、一度設定した選択範囲を何回でも利用可能になる。選択範囲はファイルの保存時にはアルファチャンネルという名前で扱われる。
保存した、「女性2.tga」を開き、チャンネルパネルで確認すると、選択範囲がアルファチャンネルで保存されていることがわかる。

3-③ 描画モードによる合成

① 「女性2」の画像に選択範囲が設定されている状態で、[編集]→[コピー]を選択する。

② 「木.jpg」の画像に切り替え、[編集]→[ペースト]を選択する。

③ [編集]→[自由変形]を選択する。

Short cut
自由変形：[Ctrl]+[T]

④ オプションバーの[縦横比固定]を選択し、[W]を「55%」にする。

Point
人物などの画像の縮小などをする場合は、できるだけ縦横比を保ったまま変形するように心がけよう。目分量ではなく、数値で変形することも不自然な合成画像にならないポイントである。

⑤ 移動ツールで、次の位置に移動する。

⑥ 女性の輪郭などで不自然なところがあれば、補正する。

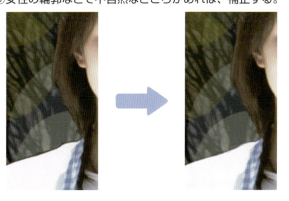

Point
人物の輪郭などの補正は、背景により、輪郭などがきれいに合成されない場合が多い。その場合には消しゴムツールでソフト円ブラシのように少し輪郭がぼけたブラシで輪郭を背景になじませるように補正する。

⑦レイヤー名を「女性」に変更する。
⑧「光2.jpg」を開く。

⑨［選択範囲］→［すべてを選択］を選択する。
⑩［編集］→［コピー］を選択する。
⑪「木.jpg」の画像に切り替えて、［編集］→［ペースト］を選択する。
⑫レイヤーパネルの［描画モード］を「覆い焼きカラー」にする。
⑬レイヤー名を「光2」に変更する。

⑭顔の部分などに強い光などがある場合には、「光2」の画像を
ブラシツールで［描画色］を「黒」、［不透明度］を「20％」ぐらい
にし、ドラッグして補正する。

Point
［描画モード］の「覆い焼きカラー」は、「光2」の画像の明るい部分と重なった色の明度を上げる。黒やグレー系の色で補正することで、［描画モード］でできたハイライトの部分を補正できる。

⑮ 縦書き文字ツールで太字のフォントを選び、明るい黄色で「光の世界」と入力する。フォントサイズは雰囲気やバランスを考えて設定する。

⑯ テキストレイヤーを2回複製し、上から名前を「タイトル」「タイトル1」にする。

⑰「タイトル」と「タイトル1」のレイヤーをラスタライズする。

⑱「タイトル1」のレイヤーをやや斜め下に移動し、レイヤーの[不透明度]を「40%」にする。

⑲[レイヤー]→[レイヤースタイル]→[光彩(外側)]を選択する。

⑳[エレメント]の[サイズ]を「20px」にし、[OK]をクリックする(完成画像参照)。

コラム レイヤーパネルのアイコン

例題では、ほとんどの操作をメニューから行ったが、例題などで使用したレイヤースタイルの追加、新規のレイヤーの作成やレイヤーの削除などのほとんどの操作は、パネルの下部のアイコンからでも呼び出しや操作が可能である。レイヤーパネルのアイコンを説明する。

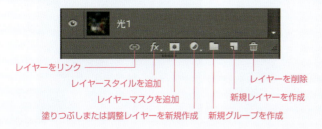

[グループを作成]は、複数のレイヤーをフォルダーにまとめる機能である。[レイヤーマスクを追加]や[塗りつぶしまたは調整レイヤーを新規作成]、[グループを作成]などは次の例題で説明する。

 描画モード

例題では「スクリーン」を紹介したが、他にも多くのモードがある。効果を見てみよう。
画像は例題の「光1.jpg」の上に「女性2.jpg」を合成したものである。

●通常

●ディザ合成

●比較(暗)

●乗算

●焼き込みカラー

●焼き込み(リニア)

●カラー比較(暗)

●比較(明)

●スクリーン

●覆い焼きカラー

●覆い焼き(リニア)－加算

●カラー比較(明)

●オーバーレイ

●ソフトライト

●ハードライト

●ビビッドライト　　●リニアライト　　●ピンライト

●ハードミックス　　●差の絶対値　　●除外

●減算　　●除算　　●色相

●彩度　　●カラー　　●輝度

> **Point**
> [描画モード]をすべて理解するのは難しいが、例えば「比較(明)」のモードでは重ねられた画像の明るい部分が表示される。反対に「比較(暗)」では暗い部分が表示される。また、乗算は画像の明るさの最大値を1.0と考え、例えば0.5の明るさの画像2つを乗算で合成した場合、0.5×0.5=0.25となり結果は暗くなる。実際には合成する画像により結果は変わるのでいろいろ試してみよう。

> **Point**
> [描画モード]はレイヤーだけに適用されるものではなく、ブラシツール、グラデーションツール、塗りつぶしツールなどで描画する場合にも設定できる。例えば、グラデーションツールでは、オプションバーの[モード]から描画モードが設定できる。

画像の合成

4 レイヤーマスクと調整レイヤー

📁 ダウンロードデータ：[Photoshop]→[c07]

レイヤーマスクでは、画像を直接編集することなく、いろいろな合成を行うことができる。また、調整レイヤーも画像を直接変更することなく、色調補正ができる。この2つの機能を使用し、CDジャケットサイズの画像を作ろう。

完成画像：「夏の休暇.psd」

4-❶ 調整レイヤーによる色調補正

①「女性3.jpg」を開く。

②[イメージ]→[カンバスサイズ]を選択し、[幅]と[高さ]を「12cm」、[基準位置]を縦横とも中央にして[OK]をクリックする。

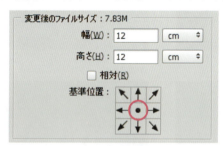

③[レイヤー]→[新規調整レイヤー]→[自然な彩度]を選択し、[レイヤー名]を「女性彩度」にして[OK]をクリックする。

④属性パネルの[自然な彩度]を「+80」にする。

⑤[レイヤー]→[新規調整レイヤー]→[明るさ・コントラスト]を選択して、レイヤー名を「女性コントラスト」にし、[OK]をクリックする。
⑥属性パネルの[明るさ]を「-10」、[コントラスト]を「30」にする。

調整レイヤー

調整レイヤーでは、例題で紹介した以外にも左の画像のように多くの色調補正をすることができる。調整レイヤーを使用した色調補正は、画像に直接変更をしないので、調整レイヤーを非表示にしたり削除すれば、いつでも元の画像の状態に戻せる。[イメージ]→[色調補正]関係コマンドで直接的に画像に色調補正を適用するより、調整レイヤーで補正をしよう。また、後から色調補正のパラメータを変更することができる。調整レイヤーで色調補正をしたパラメータを変更する場合には、レイヤーパネルから変更したいレイヤーをアクティブにすると、色調補正パネルに適応したパラメータが変更されるので、その値を変更することにより、再度調整が可能になる。

塗りつぶしレイヤー

また、同じような機能で「塗りつぶしレイヤー」という機能がある。塗りつぶしレイヤーも画像に直接塗りつぶしを行うのではなく、新規レイヤーを作成し、べた塗り、グラデーションを行う。例えば、「白」で不透明度「60%」で例題の画像を塗りつぶす場合は次のようにする。

①描画色を白にする。
②[レイヤー]→[新規塗りつぶしレイヤー]→[べた塗り]を選択する。

③レイヤーパネルから不透明度を「60%」にする。

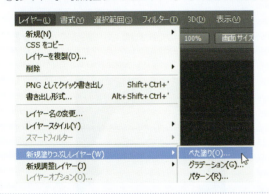

画像の合成　99

4-❷ レイヤーマスクによる合成

①レイヤーパネルの背景をアクティブにし、[レイヤー]→[新規]→[背景からレイヤー]を選択する。
②[レイヤー名]を「女性」にし、[OK]をクリックする。

③「森.jpg」を開く。

④[選択範囲]→[すべてを選択]を選択する。
⑤[編集]→[コピー]を選択する。
⑥「女性3.jpg」のドキュメントをアクティブにし、[編集]→[ペースト]を選択する。
⑦ペーストしたレイヤー名を「森」にし、「女性」レイヤーの下に移動する。

⑧「女性」レイヤーをアクティブにし、[レイヤー]→[レイヤーマスク]→[すべての領域を表示]を選択する。

⑨[描画色]を「黒」にしてブラシツールを選択し、ぼかしのある大きめのブラシを選択して「女性」レイヤーの空の部分をドラッグし、森の画像が見えるようにする(日傘の部分の周りを少し残すようにする)。

Point
レイヤーマスクは、レイヤーの不透明度を部分的に調整することができる。レイヤーマスクでは、白の部分は不透明度が「100%」で下の画像は見えないが、黒の部分は不透明度が「0%」になり、下の画像が見えるようになる。また、グレーの部分は濃度に応じ不透明度が変化する。レイヤーマスクを[Alt]キーを押しながらクリックすると、マスク画像の確認ができる。例題のレイヤーマスク画像は次のようになっている。

4-❸ 調整レイヤーをレイヤーマスクで調整する

①　横書き文字ツールで左上に「夏の休暇」と入力配置する（フォントや文字の大きさは雰囲気に合わせて決める）。

②テキストレイヤーがアクティブな状態で、［レイヤー］→［ラスタライズ］→［テキスト］を選択する。

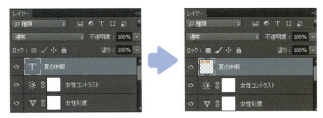

Point
データを他のPCで見たときに、使用したフォントがなかった場合は文字がイメージ通りに表示されない。そのようなことがないように文字は必ずラスタライズする。

③［Ctrl］キーを押しながら、「夏の休暇」レイヤーのサムネールをクリックする（文字部分だけが選択される）。

④［編集］→［境界線を描く］を選択する。
⑤［幅］を「5px」、［カラー］を「黄色」、［位置］を「外側」にし、［OK］をクリックする。

⑥［選択範囲］→［選択範囲を解除］を選択する（完成画像参照）。

Point
［Ctrl］キーを押しながらレイヤーのサムネールをクリックすると、レイヤーの描画部分だけが選択範囲に設定できる。

コラム　色調補正パネル

例題では、調整レイヤーはメニューコマンドから適用したが、色調補正パネルから適用することもできる。標準では色調補正パネルは表示されないが、［ウィンドウ］→［色調補正］を選択することにより表示できる。

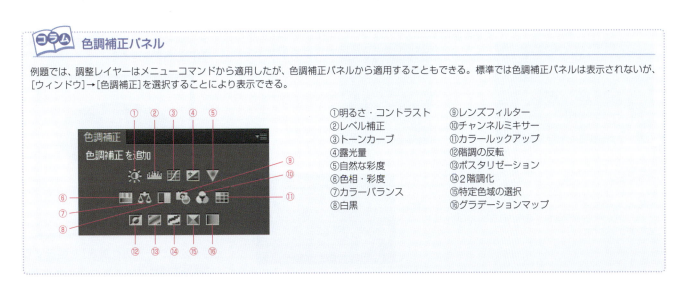

①明るさ・コントラスト　⑨レンズフィルター
②レベル補正　⑩チャンネルミキサー
③トーンカーブ　⑪カラールックアップ
④露光量　⑫階調の反転
⑤自然な彩度　⑬ポスタリゼーション
⑥色相・彩度　⑭2階調化
⑦カラーバランス　⑮特定色域の選択
⑧白黒　⑯グラデーションマップ

5 クリッピングマスク

📁 ダウンロードデータ：[Photoshop]→[c07]

クリッピングマスクは、レイヤーの透明部分を使用し、その上のレイヤーにマスクを適用する機能である。クリッピングマスクを適用すると、画像を加工することなく下の切り抜きレイヤー（背面のレイヤー）の透明ピクセルが、上のレイヤーに対してマスクとして機能し、背面のレイヤーの画像を切り抜いたように見せることができる。

完成画像：「切り抜き.psd」

① 「女性4.jpg」を開く。

② [レイヤー]→[新規]→[背景からレイヤーへ]を選択し、レイヤー名を「女性」にする。

③ カスタムシェイプツールを選ぶ。

④ シェイプに「吹き出し1」を選択する。

⑤ 次のように吹き出しのシェイプを描く（塗りの色は適当でよい）。

⑥ シェイプのレイヤー名を「切り抜き」にし、「女性」レイヤーの下に移動する。

⑦ 「女性」レイヤーの上で右クリックをし、[クリッピングマスクを作成]を選択する。

⑧ 長方形選択ツールを選び、[スタイル]を[固定]、[幅]を[700px]、[高さ]を[500px]に設定して次のように選択範囲を設定する。

Point
クリッピングマスクは、切り抜きたい画像（ベースレイヤー）のレイヤーのすぐ下に切り抜く形を設定したレイヤーを設定して、ベースレイヤーに[クリッピングマスクを作成]を適用する。クリッピングマスクが適用されるとレイヤーパネルは右のようになる。

⑨ [イメージ]→[切り抜き]を選択する（完成画像参照）。

▶ ダウンロードデータ：[Photoshop]→[c07]

「つなぐ.jpg」と他の画像などを合成し、次のような4つのイメージの画像を作成しなさい。タイトルの文字などは自分で変えてもかまわないので、画像の雰囲気に合わせてタイトルを付けよう。

(1)「菜の花.jpg」と合成する。

完成画像：「春.psd」

Photo by pakutaso.com

Point
この例では「菜の花.jpg」を背景にし、「つなぐ.jpg」に選択範囲を設定してコピー&ペーストで合成している。

(2)「レンガ.jpg」と[描画モード]を使用して合成する。

完成画像：「昔.psd」

Photo by pakutaso.com

Point
この例では「つなぐ.jpg」上に「レンガ.jpg」を重ね、描画モードを設定している。

(3)「街.jpg」「光3.jpg」「光4.jpg」をレイヤーマスクを使用して合成する。

完成画像：「現.psd」

Photo by pakutaso.com

Point
「街.jpg」にレイヤーマスクで「つなぐ.jpg」を合成、「光3.jpg」と「光4.jpg」は[描画モード]を設定している。

(4)「紅葉.jpg」と合成をし、調整レイヤーを使用して色調補正する。

完成画像：「秋.psd」

Photo by pakutaso.com

Point
背景の「紅葉.jpg」は、調整レイヤーで色合いを補正する。また、完成画像全体にも色調レイヤーでコントラストなどを補正する。

Chapter 08 フィルター

フィルターは画像に特殊効果を与える機能である。Photoshopには標準で100種類以上のフィルターが用意されている。ここではフィルターの基本的な使い方や種類、フィルターを使った画像の加工などについて学ぼう。

1 フィルターをかける

📁 ダウンロードデータ：[Photoshop]→[c08]

フィルターの基本的な使い方を説明する。画像に2つのフィルターをかけてみよう。

1-❶ モザイクフィルターをかける

①「ハイビスカス.jpg」を開く。

②[フィルター]→[ピクセレート]→[モザイク]を選択する。

③[セルの大きさ]を「20」にする。

④[OK]をクリックする。

1-❷ 水彩画フィルターをかける

フィルターギャラリーでは、画像の変化を確認しながらフィルターを適用できる。[水彩画]のフィルターをフィルターギャラリーから適用してみよう。

①「ハイビスカス.jpg」を開いた状態に戻す。

②[フィルター]→[フィルターギャラリー]を選択する（フィルターギャラリーが開く）。

③フィルターギャラリーのメニューから[アーティスティック]→[水彩画]を選択する。

④[ブラシの細かさ]を「5」、[シャドウ]を「3」、[テクスチャ]を「2」にする。

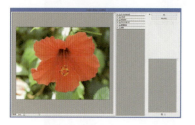

⑤[OK]をクリックする。

Point
フィルターは画像に適用できるものであり、テキストや図形（シェイプ）などのベクタ形式のデータには適応できない。

Point
フィルターは、多くのパラメータを持っているものが多い。パラメータを変更することにより、効果の調整ができる。

Shortcut
フィルターギャラリー：[Ctrl]+[F]

2 フィルターギャラリーで複数のフィルターをかける　■ダウンロードデータ：[Photoshop]→[c08]

フィルターギャラリーでは複数のフィルターを一度の処理で視覚的に効果を確認しながら適用できる。「ハイビスカス.jpg」に複数のフィルターを適用し、油絵風にしよう。

完成画像：「油絵.psd」

2-❶ スマートフィルター用に変換する

①「ハイビスカス.jpg」を開いた状態に戻す。
②[フィルター]→[スマートフィルター用に変換]を選択する。

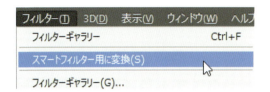

Point
一般の画像などはフィルターを適用して保存をすると、フィルターの効果を取り消すことができないが、スマートフィルターに変換すると、保存した後でも効果の取り消しができる。

③[スマートフィルター用に変換]の確認のダイアログボックスが出てきたら、[OK]をクリックする。

（背景がレイヤーに変換され、サムネールが変化する）

2-❷ フィルターギャラリーでストローク（スプレー）の効果をかける

①[フィルター]→[フィルターギャラリー]を選択する。
②[ブラシストローク]→[ストローク（スプレー）]を選択する。

③[ストロークの長さ]を「16」、[スプレー半径]を「10」にする。

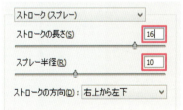

Point
フィルターギャラリーは、すべてのフィルターを適用できるわけではない。フィルターグループの[アーティスティック][スケッチ][テクスチャ][ブラシストローク][表現手法][変形]のグループ以外の[シャープ][ぼかし][ノイズ]などのフィルターは適用できない。また、上記のグループでも、フィルターギャラリーから適用できないものもある。その場合は[フィルター]メニューから適用する。

2-❸ ドライブラシの効果を追加する

①フィルターギャラリー右下の[新しいエフェクトレイヤー]をクリックする。

②[アーティスティック]→[ドライブラシ]を選択する。
③[ブラシサイズ]を「6」、[ブラシの細かさ]を「2」、[テクスチャ]を「2」にする。

2-❹ テクスチャライザー効果を追加する

①フィルターギャラリー右下の[新しいエフェクトレイヤー]をクリックする。
②[テクスチャ]→[テクスチャライザー]を選択する。

③[テクスチャ]に「カンバス」、[拡大・縮小]を「100%」、[レリーフ]を「6」にし、[OK]をクリックする。

2-❺ ぼかしのフィルターを追加する

①[フィルター]→[ぼかし]→[ぼかし(ガウス)]を選択する。
②[半径]を「1.0pixel」にし、[OK]をクリックする(完成画像参照)。

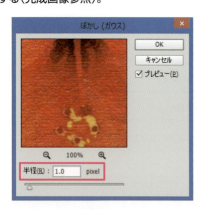

Point

スマートフィルターを使用すると、適用したフィルターのパラメータの変更や削除ができる。

(1)ぼかし(ガウス)フィルターの内容を変更する場合
①変更したいフィルターをダブルクリックする。
②フィルターのパネルが表示されるのでパラメータを変更する。

ダブルクリック

(2)ぼかし(ガウス)フィルターを削除する場合
①削除したいフィルター名の上で右クリックをする。
②[スマートフィルターを削除]を選択する。

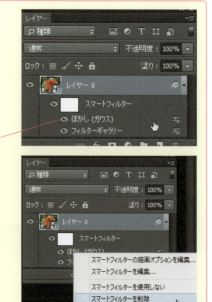

3 水面を作る

ダウンロードデータ：[Photoshop]→[c08]

複数のフィルターや他の機能を組み合わせて、水面のイメージを、何もない状態から作成してみよう。

完成画像：「水面.psd」

3-❶ 水面の質感を作る

①[ファイル]→[新規]を選択し、[幅]を「800pixel」、[高さ]を「600pixel」、[解像度]を「72pixel/inch」、[カンバスカラー]を「透明」のドキュメントを作成する。

②描画色に「シアン（明）」を選択する。

③塗りつぶしツールを選び、ドキュメント内で塗りつぶす。

④レイヤー名を「水面」に変更する。

⑤新規レイヤーを作成し、レイヤー名を「水面1」にする。

⑥[描画色]を「シアン（暗）」にし、[背景色]を「白」にして[フィルター]→[描画]→[雲模様1]を選択する。

⑦[フィルター]→[描画]→[雲模様2]を選択する。

⑧再度、[雲模様2]フィルターを適用する。

Point
雲模様1、2はランダムにイメージが生成される。自分のイメージと違う場合は、何回かフィルターを適用して自分のイメージに近い状態にする。

Short cut
同じフィルターを適用：[Ctrl]+[F]

⑨[イメージ]→[画像の回転]→[90°（時計回り）]を選択する。

⑩[フィルター]→[変形]→[極座標]を選択し、[極座標を直交座標に]をチェックする。

⑪[OK]をクリックする。

⑫[編集]→[自由変形]を選択し、次のように変形する。

⑬変形を確定させて[イメージ]→[画像の回転]→[90°(反時計回り)]を選択する。

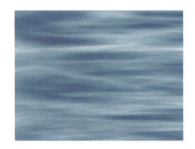

Short cut
自由変形：[Ctrl]＋[T]

⑭レイヤーパネルの[描画モード]を「乗算」にする。

3-❷ 水面の質感の調整をする

①「水面1」レイヤーにレイヤーマスクを追加する。

②[描画色]を「白」、[背景色]を「50%グレー」にする。

③ グラデーションツールを選択し、線形グラデーションの[描画色から背景色へ]を選択する。

④上から下にグラデーションをかける。

⑤レイヤーパネルの[塗りつぶしまたは調整レイヤーを新規作成]から[明るさ・コントラスト]を選択する。

⑥明るさを下げ、コントラストを上げてイメージを調整する(完成画像参照)。

完成のレイヤーパネル

Point
必要に応じ、色相・彩度などの調整レイヤーで調整をする。

4 レンガのテクスチャの作成

ダウンロードデータ：[Photoshop]→[c08]

フィルターを使い、何もない状態からレンガのテクスチャを作成してみよう。

完成画像：「レンガ.psd」

4-❶ レンガの質感を作る

①[ファイル]→[新規]を選択し、[幅]を「9cm」、[高さ]を「6cm」、[解像度]を「350pixel/inch」、[カンバスカラー]を「透明」のドキュメントを作成する。

②塗りつぶしツールを選び、描画色に「レッド（より暗い）」を選択する。

③ドキュメント内でクリックする。

④[フィルター]→[フィルターギャラリー]を選択し、[テクスチャ]→[テクスチャライザー]を選択する。

⑤[テクスチャ]を「砂岩」、[拡大・縮小]を「100%」、[レリーフ]を「5」、[照射方向]を「左上へ」にする。

⑥[OK]をクリックする。

⑦[レイヤー]→[新規塗りつぶしレイヤー]→[べた塗り]を選択する。

⑧新規レイヤーのダイアログボックスの[OK]をクリックする。

⑨カラーピッカーが表示されるので、[R]を「180」、[G]を「0」、[B]を「0」にして、[OK]をクリックする。

⑩「べた塗り1」レイヤーのレイヤーマスクのサムネールをクリックする。

クリック

⑪[フィルター]→[描画]→[雲模様1]を選択する。

⑫[フィルター]→[ピクセレート]→[メゾティント]を選択する。
⑬[種類]に「粗いドット（強）」を選択し、[OK]をクリックする。

⑭[レイヤー]→[新規塗りつぶしレイヤー]→[べた塗り]を選択し、[R]を「180」、[G]を「0」、[B]を「0」にして塗りつぶす。
⑮「べた塗り2」レイヤーのレイヤーマスクのサムネールをクリックする。
⑯[フィルター]→[描画]→[雲模様1]を選択する。
⑰[フィルター]→[ピクセレート]→[メゾティント]を選択し、種類に「標準ドット」を適用する。
⑱[レイヤー]→[表示レイヤーを結合]を選択する。

4-❷ 仕切りを作る

①レイヤー名を「レンガ」に変更し、[マスクを追加]をクリックする。

②[表示]→[表示・非表示]→[グリッド]を選択する。
③[編集]→[環境設定]→[ガイド・グリッド・スライス]を選択し、[グリッド線]を「1cm」、[分割数]を「1」にして[OK]をクリックする。

④[描画色]を「黒」にし、ブラシツールを選択してハード円ブラシで太さを「10px」にする。

⑤「レンガ」レイヤーのレイヤーマスクサムネールを[Alt]キーを押しながらクリックする(マスクだけが表示される)。

⑥下の図のように仕切り線を引く。

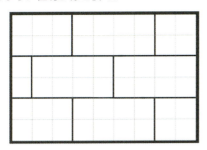

⑦[フィルター]→[ノイズ]→[明るさの中間値]を選択し、[半径]を「6pixel」にして[OK]をクリックする。

⑧レイヤーのサムネールをクリックする。

⑨[表示]→[表示・非表示]→[グリッド]を選択する。

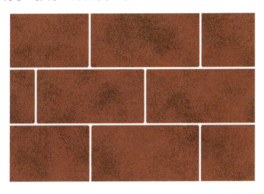

⑩「レンガ背景」という新規レイヤーを作成する。50%グレーで「レンガ背景」レイヤーを塗りつぶす。

⑪[フィルター]→[フィルターギャラリー]→[テクスチャ]→[テクスチャライザー]を選択する。

⑫[テクスチャ]を「砂岩」、[拡大・縮小]を「100%」、[レリーフ]を「2」、[照射方向]を「左上へ」にする。[OK]をクリックする。

⑬[OK]をクリックする。

⑭「レンガ背景」レイヤーを「レンガ」レイヤーの下に移動する。

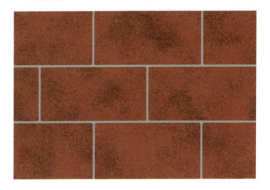

⑮「レンガ」レイヤーを選択し、[レイヤー]→[レイヤースタイル]→[ベベルとエンボス]を選択して[サイズ]を「16px」にする。

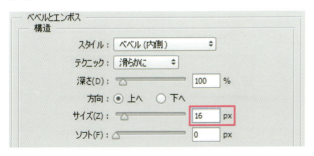

⑯効果を[ドロップシャドウ]に切り替え、[距離]を「5px」、[サイズ]を「6px」、[ノイズ]を「30%」にする。

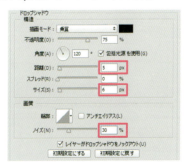

⑰[OK]をクリックする。

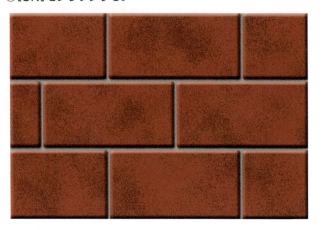

⑱[レイヤー]→[新規調整レイヤー]→[色相・彩度]を選択する。
⑲[色相]を「+16」、[彩度]を「-24」にする(完成画像参照)。

5 広角補正

ダウンロードデータ：[Photoshop]→[c08]

カメラで広角レンズで撮るとゆがみが生じることがある。広角補正では、レンズの焦点距離などを補正してゆがみなどを補正する機能である。

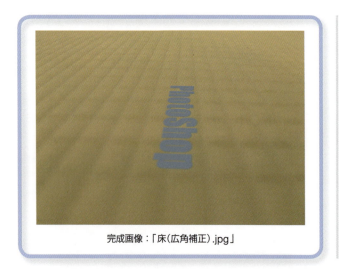

完成画像：「床(広角補正).jpg」

①「床.jpg」を開く。

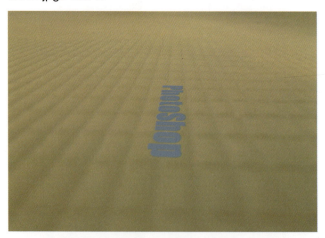

②[フィルター]→[広角補正]を選択する。

Short cut
広角補正：[Alt]+[Shift]+[Ctrl]+[A]

③[補正]を「遠近法」、[拡大・縮小]を「120%」、[レンズ焦点距離]を「35.00mm」にし、[OK]をクリックする(完成画像参照)。

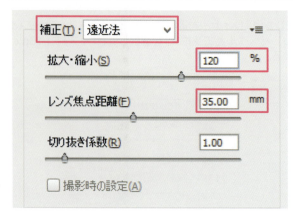

6　Camera Rawフィルター

　　　　　　　　　　　　　　　　　　　ダウンロードデータ：[Photoshop]→[c08]

Camera Rawフィルターは、カメラで撮影した写真のほとんどの補正ができる。ここではホワイトバランスの補正をしよう。

①「床.jpg」を開く。

②[フィルター]→[Camera Rawフィルター]を選択する。

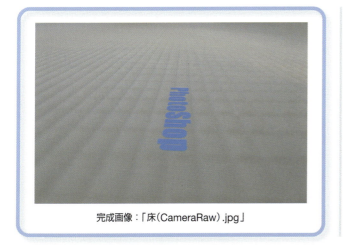

完成画像：「床（CameraRaw）.jpg」

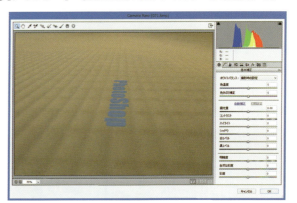

③[ホワイトバランス]を「自動」にし、[OK]をクリックする。

Short cut
Camera Rawフィルター：
[Shift]+[Ctrl]+[A]

CS6 Memo
Camera Rawフィルターは、CCから搭載された機能である。

Point
Camera Rawフィルターは、主な写真補正がほとんどできる便利なフィルターである。いろいろな補正をしてみよう。

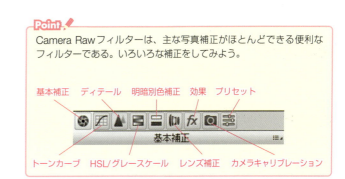

7　レンズ補正

　　　　　　　　　　　　　　　　　　　ダウンロードデータ：[Photoshop]→[c08]

同じ焦点距離で撮影しても、カメラのメーカー、種類、レンズなどによって写り方が変わってくる。レンズ補正は、メーカーやカメラの種類などによる補正やレンズによるゆがみの補正などに使用する。今回は角度補正をしてみよう。

①「遊具.jpg」を開く。

完成画像：「遊具（レンズ補正）.jpg」

フィルター　113

②[フィルター]→[レンズ補正]を選択する。

③ 角度補正ツールを選択する。

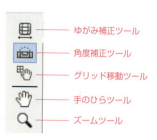

- ゆがみ補正ツール
- 角度補正ツール
- グリッド移動ツール
- 手のひらツール
- ズームツール

④青のポールの角度に合わせて次のようにドラッグする。

⑤マウスボタンを離す(完成画像参照)。

Point
今回は傾きの補正を行ったが、レンズ補正フィルターには、カメラのメーカーや機種によるレンズのゆがみを自動で直す機能がある。

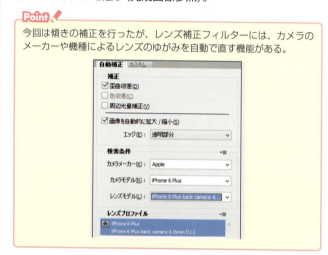

8 ゆがみ

📁 ダウンロードデータ：[Photoshop]→[c08]

ゆがみフィルターは、画像を意識的にゆがませたり、ゆがんでいる部分をブラシで描くようにして補正できるツールである。動物の胴体を補正してみよう。

完成画像：「いたち(ゆがみ).jpg」

①「いたち.jpg」を開く。

②[フィルター]→[ゆがみ]を選択する。

Short cut
ゆがみ：[Shift]+[Ctrl]+[X]

③ 前方ワープツールを選ぶ。

― 前方ワープツール
― 再構築ツール
― 縮小ツール
― 膨張ツール
― ピクセル移動ツール
― 手のひらツール
― ズームツール

④ブラシサイズを「800」程度にし、背中の高くなっている部分を下げるようにドラッグする。

⑤一度のドラッグではうまく変形ができないので、小刻みにドラッグしながら形を整えていく。

⑥ブラシサイズを「600」程度にし、おなかの部分をドラッグしてまるみを与える。

⑦[OK]をクリックする（完成画像参照）。

Point
うまく変形ができない場合は、[すべてを復元]をクリックすれば、元画像の状態に戻すことができる。

再構築オプション
すべてを復元(A)

また、再構築ツールを選択し、戻したい場所をドラッグすれば、ドラッグされた場所だけ元の状態に戻すことができる。

Point
縮小ツールを使用するとブラシの部分を縮小ができ、膨張ツールを使用するとブラシの部分を拡大できる。いろいろ変形してみよう。

9 すべてのフィルター

📁 ダウンロードデータ：[Photoshop]→[c08]

紹介した以外のフィルターも見てみよう。この例では、一部は効果がわかりやすいようにパラメータを変更したものもあるが、ほとんどは標準のフィルターを適用した例である。フィルターには描画色や背景色が影響を与えるものもある。ここでは描画色を黒、背景色を白にしている。細かくパラメータを変更していろいろ試してみよう。

元画像：「ハンバーガー.jpg」

●エッジのポスタリゼーション

●カットアウト

●こする

●スポンジ

●ドライブラシ

●ネオン光彩
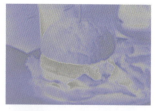

●パレットナイフ

●フレスコ

●ラップ

●色鉛筆

●水彩画

●粗いパステル画

●粗描き

●塗料

●粒状フィルム

●ウォーターペーパー

●ぎざぎざのエッジ

●グラフィックペン

●クレヨンのコンテ画

●クロム

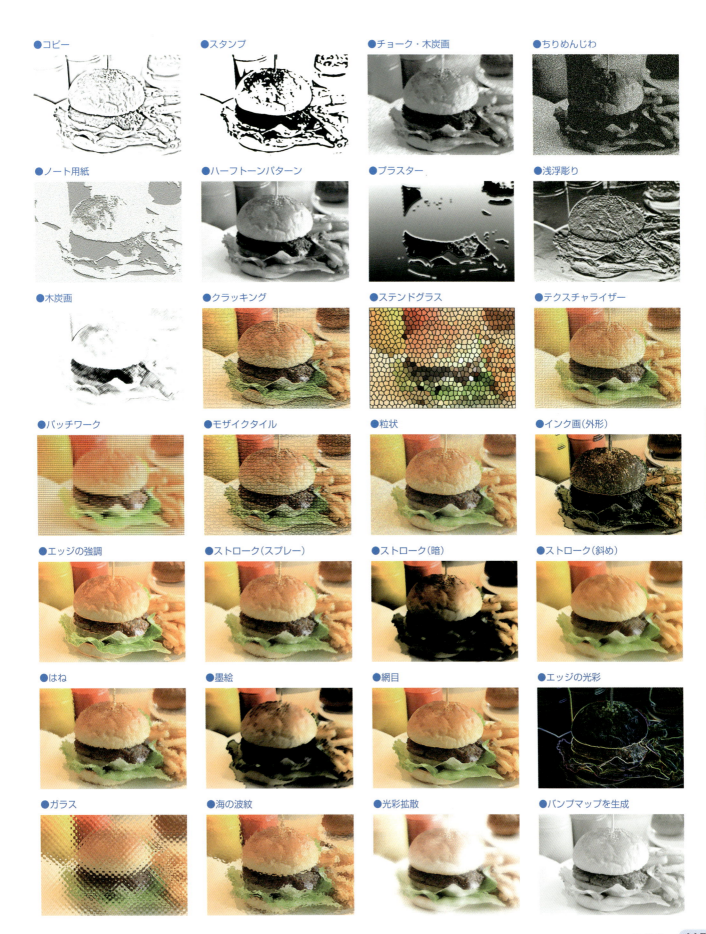

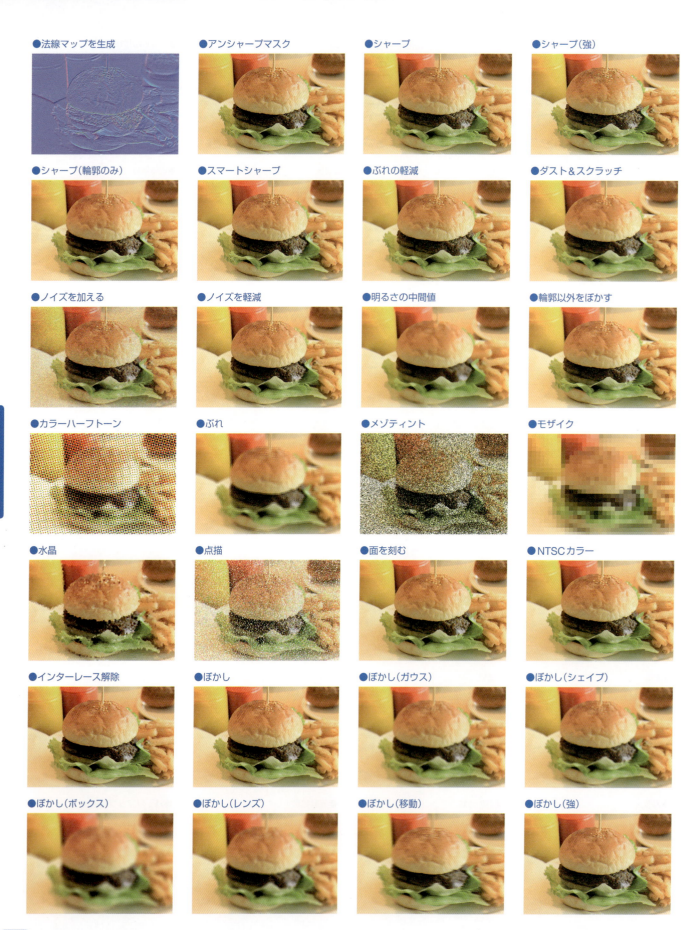

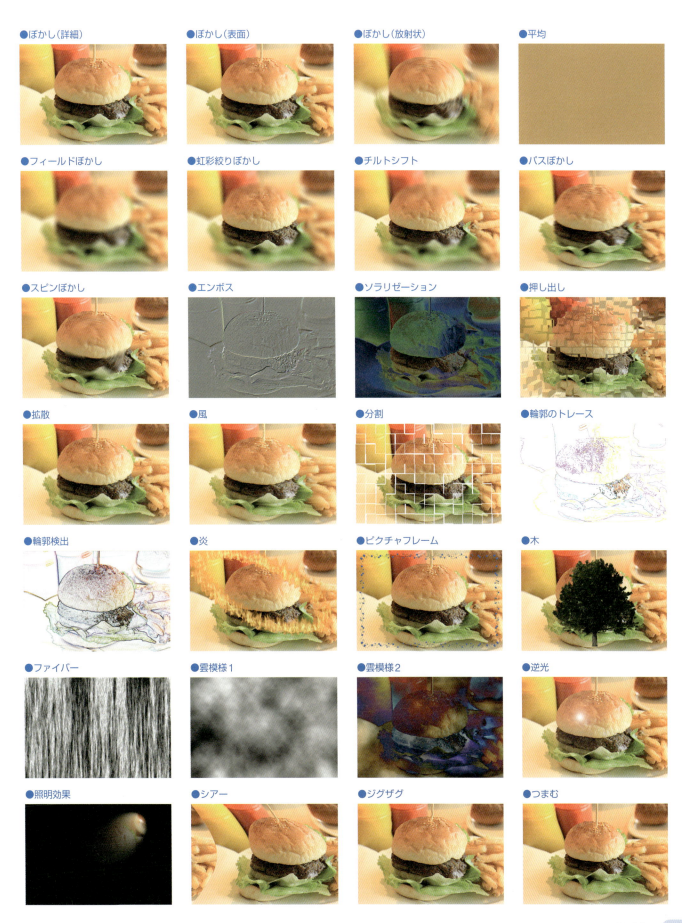

> **Point**
> Photoshopのフィルターはプラグイン（追加できる機能）になっており、インターネットなどからいろいろなフィルターを手に入れることができる。中には無償のものもあるのでインターネットで探してみよう。

コラム　Vanishing Point

Vanishing Pointフィルターは遠近感を自動的に調整ができるフィルターである。下記の例はVanishing Pointで遠近感がある面を作成し、テキスト画像を貼り付けた例である。他にも遠近感がある  コピースタンプツールなどの補正が可能である。

Short cut
Vanishing Point：[Alt]＋[Ctrl]＋[V]

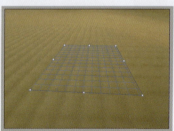 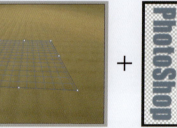 

Vanishing Pointで面を設定　　テキスト画像　　［完成画像］

練習問題

■ ダウンロードデータ：[Photoshop]→[c08]

問題1

「観覧車.jpg」をスマートフィルター用に変換し、次のような画像を作成しなさい。

完成画像：「観覧車(完成).psd」

Point
スマートフィルターに変換し、標準のフィルターを1つ適用している。

問題2

「トマト.jpg」をスマートフィルター用に変換し、2つのフィルターを適用して次のような画像を作成しなさい。

完成画像：「トマト(完成).psd」

Point
スマートフィルターに変換し、1つは[点描]を適用している。

問題3

フィルターを使用し、次のような幅「600pixel」、高さ「450pixel」の木目のイメージの画像を作成しなさい。

完成画像：「板(完成).psd」

Point
2つのレイヤーを作成し、上のレイヤーにレイヤーマスクを設定して[点描]と[ぼかし(移動)]を適用している。

問題4

「靴.jpg」を使用し、次のような画像を作成しなさい。

完成画像：「靴レンガ(完成).psd」

Point
レンガの例題を参考に制作をしよう。レイヤーを2つ使用しており、下の背景部分は元画像をそのまま使用している。上の画像には[テクスチャライザー]のフィルターを適用している。

Chapter 09 ロゴの作成

Chapter09では、印刷物やWebページに使用できるような効果的なタイトルロゴの作成を行いながら、いままでの復習やこれまで説明ができなかったPhotoshopの主な機能やテクニックを学ぼう。

1 複数のレイヤースタイル

ダウンロードデータ：[Photoshop]→[c09]

レイヤースタイルはChapter07でも説明をしているが、より細かな説明をしながらチョコレートイメージのロゴ制作を行う。

完成画像：「Logo91.psd」

Point ベースの色は最終的に制作するものに近い色を描画色に選択する。

1-❶ ベースの文字を入力する

①ファイル名を「Logo1」、[幅]を「9cm」、[高さ]を「3cm」、[解像度]を「200pixel/inch」、[カラーモード]を「RGBカラー」、[カンバスカラー]を「白」のドキュメントを作成する。
②[描画色]に「寒色系のブラウン(暗)」を選択する。

③ 横書き文字ツールを選び、フォントを「Impact Regular」、サイズを「54pt」を選んで、「Chocolate」と入力する。

④ 横書き文字ツールを選び、入力した文字を選択する。

⑤文字パネルを選び、[垂直比率]を「150%」、[選択した文字のトラッキングを設定]を「-25」、[太字]を選択する。

⑥ 移動ツールを選び、ドキュメントの中央に入力した文字を配置する。

⑦後から使用するので、Photoshop形式でファイル名を「Logo1.psd」として保存する。

1-❷ ベベルとエンボスで立体的にする

①テキストレイヤーを選択する。

②[レイヤー]→[レイヤースタイル]→[ベベルとエンボス]を選択する。

③[構造]の[スタイル]を「ベベル(内側)」、[テクニック]を「ジゼルハード」、[サイズ]を「12px」、[ソフト]を「6px」にする。

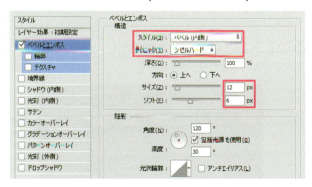

Point レイヤースタイルの設定は、レイヤースタイルパネルのプレビューをチェックすると、ドキュメントウィンドウにも反映されるので確認しながら作業を進めよう。

1-❸ ドロップシャドウを加える

①スタイルのドロップシャドウを選択する。

②[不透明度]を「50%」、[距離]を「5px」、[サイズ]を「10px」にする。

③[OK]をクリックする。

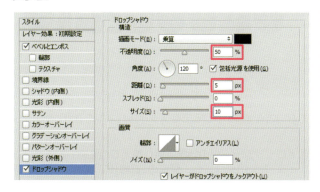

1-❹ 土台を作る

①文字レイヤーの下に新規レイヤーを作成し、レイヤー名を「土台」にする。

②塗りつぶしツールを選び、「寒色系ブラウン(暗)」で塗る。

③[レイヤー]→[レイヤースタイル]→[ベベルとエンボス]を選択する。

④[構造]の[スタイル]を「ベベル(内側)」、[テクニック]を「ジゼルハード」、[サイズ]を「10px」にし、[OK]をクリックする。(完成画像参照)。

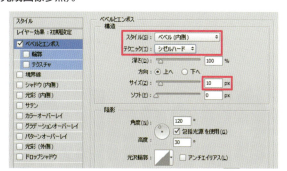

2 スタイルパネルの効果

📁 ダウンロードデータ：[Photoshop]→[c09]

Photoshopには、効果的なスタイルが数多くスタイルパネルに登録されている。メニューからスタイルを適用する方法のほかに、スタイルパネルをクリックするだけで登録されているスタイルを簡単に適用できる。ここでは「Logo1.psd」に「ブルーグラス」のスタイルを適応する。

完成画像：「Logo92.psd」

2-❶ スタイルパネルから効果を与える

①「Logo1.psd」を開いた状態に戻す。
②スタイルパネルから「ブルーグラス（ボタン）」をクリックする。

Point
スタイルパネルが標準の状態になっていない場合は、パネルメニューから[スタイルの初期化]を選択する。

2-❷ スタイルパネルで適用したスタイルを調整する

単にテキストなどにスタイルを適用してもイメージしている結果が得られないことが多い。ここではスタイルパネルで適用したスタイルを調整する。

①[レイヤー]→[レイヤースタイル]→[ベベルとエンボス]を選択する。
②[深さ]を「500%」、[サイズ]を「12px」、[ソフト]を「2px」にする。

③ドロップシャドウの効果に切り替えて、[距離]を「5px」、[サイズ]を「10px」にし、画質の[輪郭]に「円錐-反転」を選択して[OK]をクリックする（完成画像参照）。

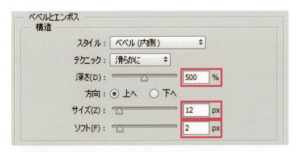

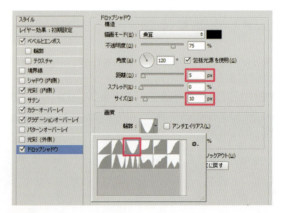

Point
スタイルパネルで適用した効果は[レイヤー]→[レイヤースタイル]から調整できる。

2-❸ 他のスタイルを適用する

他にもスタイルパネルにはいろいろなスタイルが登録されている。初期値に設定されている以外のスタイルを適用しよう。[テキスト効果2]スタイルに登録されている[ゼリー]効果を「Logo1.psd」に適用する。

①「Logo1.psd」を開く。
②スタイルパネルのパネルメニューから[テキスト効果2]を選択する。

③次のダイアログボックスが出てきたら[OK]をクリックする。

④「ベベル-赤(暗)」をクリックする。

2-❹ いろいろなスタイルを適用する

スタイルパネルに登録されているスタイルをいくつか紹介する。

● 銅(ボタン)

● ホットバースト(テキスト効果)

● 2pt黒の塗りつぶし(点線)

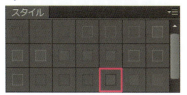 

3 ワープテキスト

📁 ダウンロードデータ：[Photoshop]→[c09]

テキストに、いろいろな変形機能を与えるワープテキストでロゴを作ってみよう。

完成画像：「Logo93.psd」

3 - ❶ 波形のワープテキスト

①「Logo1.psd」を開く。

②[イメージ]→[カンバスサイズ]を選択し、[高さ]を「4cm」に変更して[基準位置]を縦横とも中央に設定し、[OK]をクリックする。

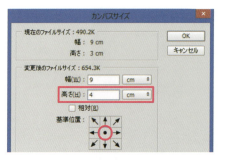

③ 横書き文字ツールを選択し、文字の部分を選択する。

④ 文字パネルを表示し、[太字]を解除する。

⑤ オプションバーから[ワープテキストを作成]をクリックする（ワープテキストのダイアログボックスが開く）。

ワープテキスト

Point テキストに太字や斜体などの装飾がされているとワープテキストは適用できない。

⑥[スタイル]に「魚形」を選択する。

⑦[カーブ]を「+30%」にし、[OK]をクリックする。

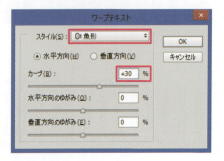

⑧スタイルパネルのパネルメニューから[ボタン]に切り替え、「ベベル(標準)」を適用する。

⑨[レイヤー]→[レイヤースタイル]→[境界線]を選択する。
⑩[サイズ]を「4px」、[位置]を「外側」にし、[カラー]に黒を選択して[OK]をクリックする(完成画像参照)。

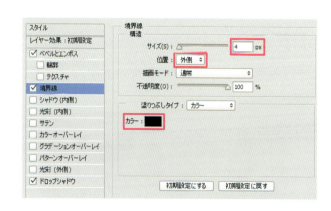

3-❷ 他のワープスタイルを確認する

ここでは魚形のワープテキストを適用したが、Photoshopには15種類のワープテキストが用意されている。他のワープテキスト効果を見てみよう。

●円弧

●下弦

●上弦

●アーチ

●でこぼこ

●貝殻(下向き)

●貝殻(上向き)

●旗

●波形

●上昇

●魚眼レンズ

●膨張

●絞り込み

●ねじり

Point
各ワープテキストのパラメータを変更するとさらに変化のある変形ができる。

4 フィルターでかわいいロゴを作る

ダウンロードデータ：[Photoshop]→[c09]

パソコンで使われる多くの文字は、アウトラインの情報で構成されるベクタ型のデータである。Photoshopではベクタ型データに直接、フィルターなどの効果を与えることができない。この場合はベクタ型のデータを画像と同じようなビットマップのデータに変換する。この操作をラスタライズという。文字をラスタライズしてロゴを作成する。

完成画像：「Logo94.psd」

4-1 文字をラスタライズする

① 「Logo1.psd」を開く。
② [レイヤー]→[ラスタライズ]→[テキスト]を選択する。ドキュメントの見た目に変化はないが、文字はラスタライズされ、レイヤーパネルのテキストレイヤーは、次のように変わる。

③ 塗りつぶしツールを選択する。
④ 各文字を違う明るい色で塗りつぶす。

⑤ [フィルター]→[フィルターギャラリー]を選択する。
⑥ [テクスチャ]→[テクスチャライザー]を選択する。
⑦ [テクスチャ]を「砂岩」、[拡大・縮小]を「100%」、[レリーフ]を「5」にし、[OK]をクリックする。

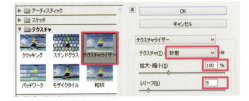

4-2 スタイル効果で立体感を与える

① [レイヤー]→[レイヤースタイル]→[ドロップシャドウ]を選択し、[サイズ]を「8px」にする。

② [光彩(内側)]の効果を選択し、[サイズ]を「8px」にして[輪郭]に「リンク-二重」を選択し、[OK]をクリックする（完成画像参照）。

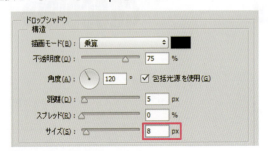

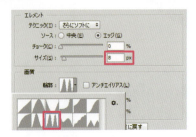

5 | 文字マスクツールで画像を使ったロゴを作る　　■ダウンロードデータ：［Photoshop］→［c09］

テキストの形状を選択範囲にする。横書き文字マスクツールや縦書き文字マスクツールがある。文字の選択範囲をベクトルマスクに適用して画像を使用したロゴを作成する。

完成画像：「Logo95.psd」

①「苺.jpg」を開く。

②［レイヤー］→［新規］→［背景からレイヤーへ］を選択する。
③レイヤー名を「苺1ロゴ」とし、［OK］をクリックする。
④［レイヤー］→［新規］→［レイヤー］を選択する。
⑤レイヤー名を「ロゴ背景」にし、［OK］をクリックする。
⑥描画色を「白」にし、塗りつぶしツールを選んで「ロゴ背景」レイヤーを塗りつぶす。
⑦「ロゴ背景」レイヤーを「苺1ロゴ」レイヤーの下に移動する。

⑧「苺1ロゴ」レイヤーを選択する。
⑨横書き文字マスクツールを選ぶ。
⑩文字パネルを表示し、［フォント］に「Impact Regular」、［サイズ］を「54pt」、［垂直比率］を「150%」、［選択した文字のトラッキングを設定］を「-25」にして［太字］を選択する。

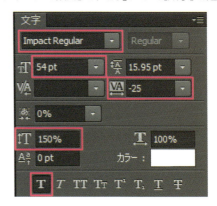

⑪画像の上で「Strawberry」と入力する。

⑫長方形選択ツールを選び、選択範囲をロゴのイメージに合わせ移動する。

⑬［レイヤー］→［レイヤーマスク］→［選択範囲外をマスク］を選択する。

⑭長方形選択ツールを選び、［スタイル］を「固定」、［幅］を「10cm」、［高さ］を「3cm」にしてロゴ部分が中心になるよう選択範囲を設定し、［イメージ］→［切り抜き］を選択する。

⑮［レイヤー］→［レイヤースタイル］→［ドロップシャドウ］を選択し、［不透明度］を「75％」、［距離］と［サイズ］を「10px」にする。

⑯スタイル効果を［光彩（内側）］に変更し、［チョーク］と［サイズ］を「10px」にして［OK］をクリックする（完成画像参照）。

Point　この例題では横書きのロゴを制作したので横書き文字マスクツールを使用したが、縦書きのロゴでは、縦書き文字マスクツールを使用する。

コラム　パターン登録とパターンオーバーレイ

例題ではレイヤーマスクを使用して画像をベースとしたロゴを制作したが、塗りつぶしパターンを登録し、レイヤースタイルのパターンオーバーレイを使用した作成の例を紹介する。

［完成画像］

（1）パターンを登録
①パターンの元になる画像を作成する。
②［選択範囲］→［すべてを選択］を選択する。
③［編集］→［パターンを定義］を選択する。
④パターン名を「コスモス」にし、［OK］をクリックする（パターンパネルに登録される）。

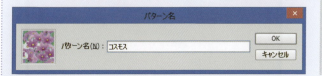

（2）レイヤースタイルのパターンオーバーレイでロゴ制作
①ロゴのベースになる文字をレイヤーで作成する。

②文字のレイヤーをアクティブにし、［レイヤー］→［レイヤースタイル］→［パターンオーバーレイ］を選択する。

③パターンに登録した「コスモス」を選択し、［OK］をクリックする。

6 ブラシとパスでクッキーのロゴを作る

📁 ダウンロードデータ：[Photoshop]→[c09]

ここでは、ブラシとパスを連携させて、クッキーのような質感のロゴの作成をする。

完成画像：「Logo96.psd」

6-❶ ロゴのベースを作る

①[ファイル名]を「Logo2」、[幅]を「8cm」、[高さ]を「3cm」、[解像度]を「200pixel/inch」、[カラーモード]を「RGBカラー」、[カンバスカラー]を「白」のドキュメントを作成する。

② 横書き文字ツールを選び、[フォント]を「Impact Regular」、[サイズ]を「72pt」、[垂直比率]を「100%」、[文字のトラッキングを設定]を「-25」、「太字」を選択する。

③描画色に明るい茶色を選択し、「Cookie」と入力する。

④[レイヤー]→[レイヤーを複製]を選択する。
⑤[新規名称]を「ロゴ」にし、[OK]をクリックする。

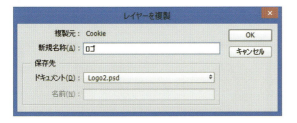

⑥[レイヤー]→[ラスタライズ]→[テキスト]を選択する。
⑦テキストレイヤーを非表示にする。

⑧[レイヤー]→[レイヤースタイル]→[ドロップシャドウ]を選択する。
⑨[不透明度]を「60%」、[距離]を「5px」、[サイズ]を「10px」に設定する。

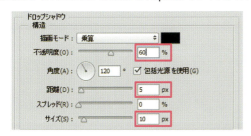

⑩ベベルとエンボスに切り替え、[サイズ]を「10px」、[ソフト]を「4px」、ハイライトモードの[不透明度]を「60%」、シャドウモードの[不透明度]を「30%」に設定する。

⑪ベベルとエンボスのテクスチャを選択する。

⑫[パターン]に「テクスチャ」の「麻布」を選択し、[比率]を「80%」、[深さ]を「-20%」に設定して[OK]をクリックする。

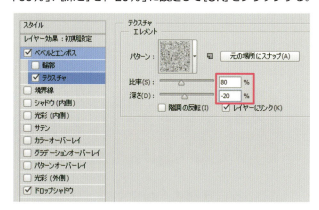

6-❷ 質感を調整する

①[Ctrl]キーを押しながら、ロゴレイヤーのサムネールをクリックする。

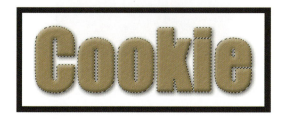

②[選択範囲]→[選択範囲を変更]→[縮小]を選択する。
③[縮小量]を「8pixel」にし、[OK]をクリックする。

④[選択範囲]→[選択範囲を変更]→[境界をぼかす]を選択して、[ぼかしの半径]を「5pixel」にし、[OK]をクリックする。

⑤新規のレイヤーを作り、レイヤー名を「ハイライト」とする。

⑥描画色にベースの色よりやや明るい茶系の色を設定する。

⑦[編集]→[塗りつぶし]を選択し、[内容]を「描画色」、[透明部分の保持]のチェックを外して[OK]をクリックする。

⑧ハイライトレイヤーの描画モードを「スクリーン」にする。

6-❸ 装飾をする

①新規レイヤーを作成し、レイヤー名を「装飾」にする。

②パスパネルを表示し、パネルメニューから[作業用パスを作成]を選択する。

③[許容値]を「1.0pixel」にし、[OK]をクリックする。

④ ブラシツールを選び、[ウィンドウ]→[ブラシ]を選択する（ブラシパネルが表示される）。

⑤[ブラシ先端のシェイプ]を選択し、[直径]を「4px」、[間隔]を「400%」に設定する。

Short cut
ブラシ：[F5]

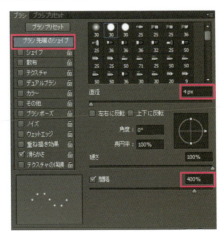

⑥パスパネルのパネルメニューから[パスの境界線を描く]を選択する。

⑦[パスの境界線を描く]のダイアログが出てきたら、[ツール]に「ブラシ」を選び、[OK]をクリックする。

⑧[レイヤー]→[レイヤースタイル]→[ベベルとエンボス]を選択し、[スタイル]を「ピローエンボス」、[サイズ]を「4px」にして[OK]をクリックする。

⑨[表示]→[表示・非表示]→[ターゲットパス]のチェックを外す。

Short cut
ターゲットパスの表示・非表示：[Shift]+[Ctrl]+[H]

⑩[レイヤー]→[新規調整レイヤー]→[カラーバランス]を選択し、レイヤー名を「カラーバランス」にする。

⑪属性パネルの[階調]を「中間調」、[シアン・レッド]を「+40」、[イエロー・ブルー]を「-20」にする。

⑫[レイヤー]→[新規調整レイヤー]→[明るさ・コントラスト]を選択し、レイヤー名を「コントラスト」にする。

⑬属性パネルの[明るさ]を「-14」、[コントラスト]を「30」程度にする（完成画像参照）。

Point
色調補正は、目で確認しながら細かく調整しよう。必要なら焼きこみツールや覆い焼きツールなどの濃淡を付けると焦げ目のイメージなどを強調することができる。

7 | 3D機能でロゴを作る

ダウンロードデータ：[Photoshop]→[c09]

Photoshopはバージョンアップのために3D機能が強化されている。3Dの押し出し機能を使い立体的なロゴを作ろう。

完成画像：「LOGO.psd」

①[ファイル]→[新規]を選択し、[幅]を「700pixel」、[高さ]を「300pixel」、[解像度]を「72pixel/inch」、[カンバスカラー]を「透明」のドキュメントを作る。

②横書き文字ツールを選び、[フォント]に「Impact Regular」、[フォントサイズ]を「240pt」を設定し、次の位置に「LOGO」と入力する。

③「LOGO」レイヤーを右クリックし、[テキストをラスタライズ]を選択する。

④[レイヤーの複製]を3回行い、下からレイヤー名を「L」、「O1」、「G」、「O2」に変更する。

⑤「L」レイヤーは「L」の文字部分、「O1」レイヤーは左側の「O」の文字部分、「G」レイヤーは「G」の文字部分、「O2」レイヤーは後ろの「O」の文字部分を残して他をすべて消し、次のように「L」を(R:235,G:97,B:0)、前の「O」を(R:34,G:172,B:56)、「G」を(R:0,G:160,B:233)、後の「O」を(R:228,G:0,B:127)で塗りつぶす。

全レイヤー表示状態

「L」レイヤー

「O1」レイヤー

「G」レイヤー

「O2」レイヤー

ロゴの作成

⑥「L」レイヤー以外は非表示にし、「L」レイヤーをアクティブにして[3D]→[選択したレイヤーから新規3D押し出しを作成]を選択する。

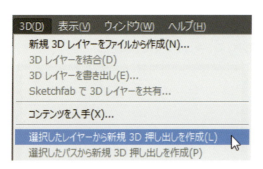

Point 今回は、色を変更しやすいようにラスタライズした画像を3D化したが、テキストのままでも押し出しで3D化できる。

⑦次のようなダイアログボックスが出てきたら、[はい]をクリックする。

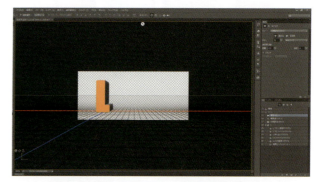

⑧属性パネルの[キャッチシャドウ]と[キャストシャドウ]のチェックを外し、[押し出しの深さ]を「4cm」にする。

⑨3Dパネルの[L押し出しマテリアル]をクリックする。

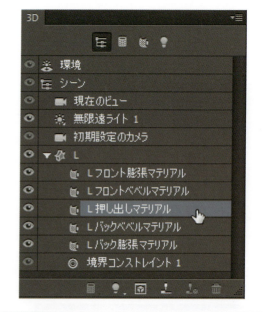

⑩属性パネルの[拡散]をクリックし、(R:235,G:97,B:0)を設定する。

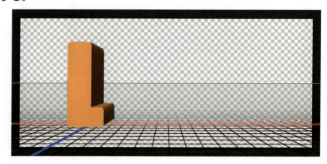

⑪同じ要領で、「O1」、「G」、「O2」レイヤーに［選択したレイヤーから新規3D押し出しを作成］を適用し、シャドウを外して押し出しの深さ「4cm」、押し出しマテリアルの色を塗りつぶした色と同じ色に設定する。

⑫オプションバーの 3Dオブジェクトを X または Y 方向に移動ツールで各レイヤーの文字間隔を広げるように配置する。

⑬オプションバーの 3Dカメラをz軸を中心に回転ツールで各レイヤーを次のように回転する。文字間隔を広げるように配置する。

⑭オプションバーの 3Dオブジェクトを回転ツールを使い、各レイヤーを次のように回転させる。

⑮「L」レイヤーをアクティブにし、［3D］→［レンダリング］を選択する（少し時間がかかる）。

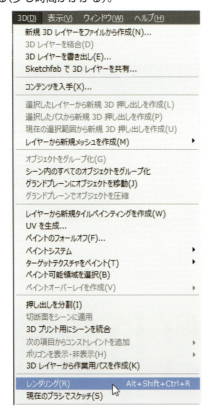

⑯同様に「O1」、「G」、「O2」レイヤーもレンダリングをする（完成画像参照）。

⑰［ファイル］→［別名で保存］で「LOGO.psd」の名前で保存する。

Short cut
レンダリング：［Alt］＋［Shift］＋［Ctrl］＋［R］

Point
レンダリングは、3D画像作成の最終処理である。Photoshopで3Dの処理中はPCなどに負荷をかけないために粗い画像になっているが、レンダリングをすることにより、光などを研鑽した高精細の画像を作成できる。3Dの処理をした場合には、必ず最後にレンダリングしよう。例題の「L」の字もレンダリング前と後では、次のようにレンダリング後の方がきれいな画像になる。

レンダリング前　　　レンダリング後

8 3Dモデルを使ってロゴを作る

ダウンロードデータ：[Photoshop]→[c09]

Photoshopは、3D機能がバージョンアップするごとに強化されてきている。ここでは3Dソフトで制作した3Dモデルに着色をしてロゴを作ろう。

完成画像：「3dcg.psd」

①[ファイル]→[開く]で「3dcg.3ds」を選択する。

②[開く]をクリックし、[幅]を「800pixel」、[高さ]を「600pixel」にして[OK]をクリックする（3Dワークスペースに切り替えのダイアログボックスが出てきたら、[はい]をクリックする）。

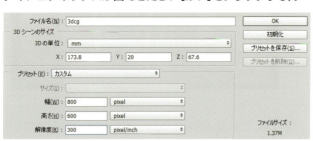

③移動ツールを選び、オプションバーの[3Dカメラの回り込み]を選択し、次のように少し回転させる。

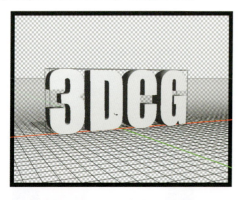

④属性パネルで、3Dペイントの[ペイント]を「拡散」、[ペイントシステム]を「テクスチャ」にする。

Point
ペイントシステムには、「テクスチャ」と「投影法」がある。1つの平面を塗る場合は、「テクスチャ」、複数の面を一度に塗りたい場合は「投影法」を選ぶ。

⑤ブラシツールを選び、属性パネルの描画色に赤系の色を選んで「3」の正面の部分を塗る。

⑥同様に「D」の部分を黄、「C」の部分を緑、「G」の部分を青系の色で塗る。

⑦レイヤーパネルの[テクスチャ]→[拡散]→[default-初期テクスチャ]をダブルクリックする。

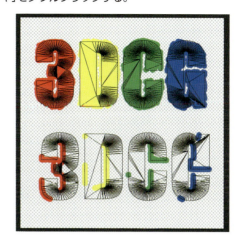

CS6 Memo
CS6では、黒の線は表示されない。

⑧ブラシツールを選び、次のように色を塗る(黒の線より少し大きく塗る)。

CS6 Memo
CS6での作業では、[default-初期テクスチャ]では黒の線は出ないので、同じ位置をブラシで色を塗っていく。

Point
[default-初期テクスチャ]の画像の黒の線は、3DCGで制作した面を平面に展開したものである。3本の直線に囲まれた部分が、3Dモデルの1つの面に対応している。この例では、上の部分が半分より正面側の面、下の部分が後ろの面を展開したものである。線で囲まれている部分以外を塗ってもモデルに反映されないので、外側の部分にはみ出して塗っても問題はない。

⑨「3dcg.3ds」のドキュメントに切り替える。
⑩ブラシツールを選び、[ブラシプリセットピッカー]のパネルメニューから[特殊効果ブラシ]を選択し、ブラシに「蝶」を選んで、[直径]を「80px」程度に設定する。

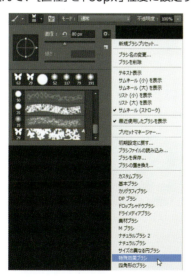

⑪正面の部分をクリックやドラッグして蝶を描いていく。

⑫[イメージ]→[カンバスサイズ]で[幅]を「700pixel」、[高さ]を「300pixel」でトリミングする。
⑬[3D]→[レンダリング]を選択する(少し時間がかかる。完成画像参照)。
⑭[ファイル]→[別名で保存]で「3dcg.psd」の名前で保存する。

Point
このファイルは3Dモデルのファイル形式であるが、[別名で保存]や[Web用に保存]などでJPEG、PNGなどの形式で保存すれば普通の画像として使用できる。

練習問題

■ ダウンロードデータ：[Photoshop]→[c09]

「Photoshop.psd」をベースとして、(1)～(7)のようなロゴを作成しなさい。

> **Point**
> 完成画像はあくまで参考である。まったく同じロゴでなくてよいので、同じようなロゴを作成しよう。

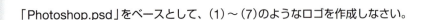

元画像：「Photoshop.psd」

(1) レイヤースタイルの「ドロップシャドウ」と「ベベルとエンボス」で次のようなロゴを作成しなさい。

> **Point**
> ベベル(内側)のテクニックをジゼルハードにする。

完成画像：「Photoshop(完成1).psd」

(2) スタイルパネルからスタイルを適用し、次のようなロゴを作成しなさい。

> **Point**
> 標準のスタイルを適用しただけである。

完成画像：「Photoshop(完成2).psd」

(3) 各文字を別の色で塗り、フィルターを適用して次のようなロゴを作成しなさい。

> **Point**
> フィルターは点描を適用している。また、輪郭をシアン系の色で1pxの境界線を設定している。

完成画像：「Photoshop(完成3).psd」

■ ダウンロードデータ：[Photoshop]→[c09]

(4)「花.jpg」を使用し、次のようなロゴを作成しなさい（「Photoshop.psd」は使用しないが、同じフォントのロゴを作成する）。

Point
元画像に選択範囲を設定して使用する。レイヤーマスクを使用してロゴを制作する。ドロップシャドウも適用する。

完成画像：「Photoshop（完成4）.psd」

(5)レイヤースタイルと「あじさい.jpg」を使用し、次のようなロゴを作成しなさい。

Point
「あじさい.jpg」をパターンに登録し、レイヤースタイルのパターンオーバーレイと境界線を使用する。コラムのパターン登録とパターンオーバーレイを参照する。

完成画像：「Photoshop（完成5）.psd」

(6)レイヤースタイル、パスなどを使用し、次のようなロゴを作成しなさい。

Point
ブラシの設定はブラシサイズが「5px」、間隔を「400%」にし、ベベルとエンボスのベベル（外側）で調整をして装飾をしている。

完成画像：「Photoshop（完成6）.psd」

(7)3D機能を使用し、次のような1文字ごとに違う色の3Dのロゴを作成しなさい。

Point
テキストをラスタライズし、1文字ずつ違う色で塗り、レイヤー分けしないで[選択したレイヤーから新規3D押し出しを作成]を適用している。押し出しのマテリアルには薄い茶系の色を設定している。

完成画像：「Photoshop（完成7）.psd」

ペンタブレットを使ってみよう

Photoshopはペンタブレットに対応している。ペンタブレットは、マウスの代わりに、実際にペンで描くように筆圧によって線の太さや不透明度が変わり自然な描画ができる。特にペイント系の作業にはとても便利である。ここでは、ペンタブレットを使用して、ブラシの太さや透明度を変更する方法を説明する。

ボード型ペンタブレット

液晶型ペンタブレット

(1) 筆圧で不透明度を変えて描画する
① ブラシツールを選ぶ。
② オプションバーの[ブラシプリセットピッカー]からハード円ブラシの「40px」に設定する。

③ オプションバーの[不透明度に常に筆圧を使用します]をオンにする。

④ ドキュメント上で描く力(筆圧)を変更して描いてみよう。

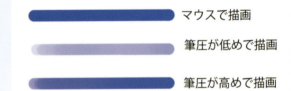

(2) 筆圧でサイズを変えて描画する
① 同じブラシ設定で、オプションバーの[サイズに常に筆圧を使用します]をオンにする([不透明度に常に筆圧を使用します]はオフにする)。

② ドキュメント上で描く力(筆圧)を変更して描いてみよう。

(3) 筆圧で不透明度とサイズを変えて描画する
① 同じブラシ設定で、オプションバーの[不透明度に常に筆圧を使用します]と[サイズに常に筆圧を使用します]を両方オンにする。

② ドキュメント上で描く力(筆圧)を変更して描いてみよう。

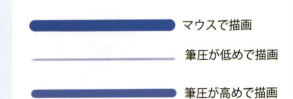

第2編
Illustratorの基礎

Chapter 01	Illustratorの基本操作	p.144
Chapter 02	基本図形の描画とパスの作成	p.154
Chapter 03	オブジェクトの塗りと線	p.172
Chapter 04	オブジェクトの編集	p.184
Chapter 05	オブジェクトの装飾	p.206
Chapter 06	イラストの作成	p.222
Chapter 07	文字の作成と編集	p.234
Chapter 08	ロゴやシンボルマークの作成	p.246
Chapter 09	地図、グラフの作成	p.264
Chapter 10	3D効果	p.278

Chapter 01 Illustratorの基本操作

Chapter01では、Illustratorの起動と終了の方法やツールパネル、パネルの名称や機能、基本画面の操作について学ぼう。

1 Illustratorの起動

まずはIllustrator CCを起動してみよう。ここではWindows8.1で起動する方法を紹介する。

①スタート画面左下の ⬇ をクリックする。

②アプリ画面で[Adobe Illustrator CC]をクリックする。

③起動が完了すると次のような画面になる。

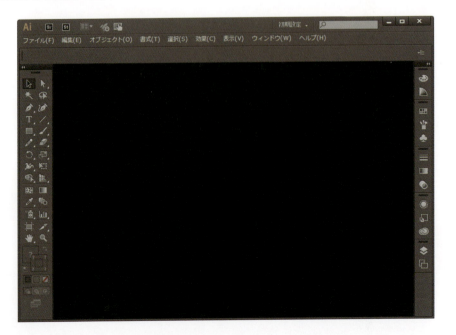

2 新規ドキュメントの作成

新しいドキュメントを作成してみよう。ドキュメントダイアログボックスでは、目的のメディアにあった設定を行うことができる。

①[ファイル]→[新規]を選択する。

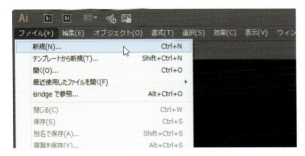

Short cut
新規：[Ctrl]＋[N]

②新規ドキュメントダイアログボックスが表示されるので、[プロファイル]のドロップダウンリストから「プリント」を選択し、[OK]をクリックすると、印刷に適した設定の新しいドキュメントウィンドウが開く。

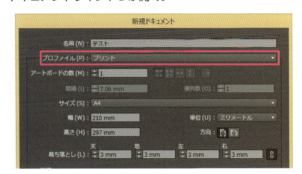

Point

新規ドキュメントの各種設定

[プロファイル]で目的のメディアを選択し、さらに用紙設定などの各種設定を行うことができる。

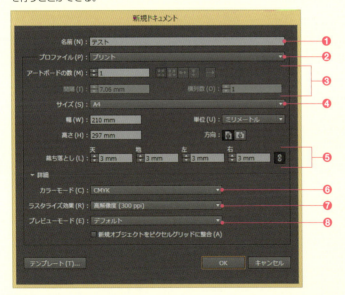

❶ 名前
ここで入力した名前はタイトルバーに表示されるので、複数のドキュメントを開いているときに識別しやすくなる。

❷ プロファイル
ここで選んだメディアの種類によって以降の項目が適した設定に切り替わる。

❸ アートボードの数
ひとつのドキュメント内に複数のアートボードを作成することができる（詳しくはp.298～p.299参照）。

❹ サイズ
②で選んだメディアの種類により各代表的なサイズが表示される。

[プロファイル]「プリント」選択時　　[プロファイル]「Web」選択時

❺ 裁ち落とし
印刷が目的の場合で、仕上がりサイズの端まで要素がある場合は、断裁時に紙のずれが生じた場合の予備として塗り足しを行う。アートボードの外側に赤い線で表示される。

裁ち落としマーク

❻ カラーモード
印刷が目的の場合は「CMYK」を選択し、Webなどモニタでの表示が目的の場合は「RGB」を選択する。

❼ ラスタライズ効果
一般的に印刷が目的の場合は「高解像度（300 ppi）」を選択する。
Webなどモニタでの表示が目的の場合は「スクリーン（72 ppi）」を選択する。

❽ プレビューモード
Webなどモニタでの表示が目的の場合は「ピクセル」を選択する。

3 Illustratorの基本画面と名称

ツールパネルやドック、ドキュメントウィンドウが表示されたIllustratorの画面表示をワークスペースと呼ぶ。ワークスペース内の名称とその役割を覚えておこう。

メニューバー
各機能を実行するためのメニューで、機能ごとにグループ分けされている。

[ワークスペース]ボタン
よく使うパネルをグループ化するなどして自分なりにカスタマイズしてカスタムワークスペースとして保存することもできる。これらの操作はPhotoshopと共通。

コントロールパネル
選択するオブジェクトに関するオプションが表示される。

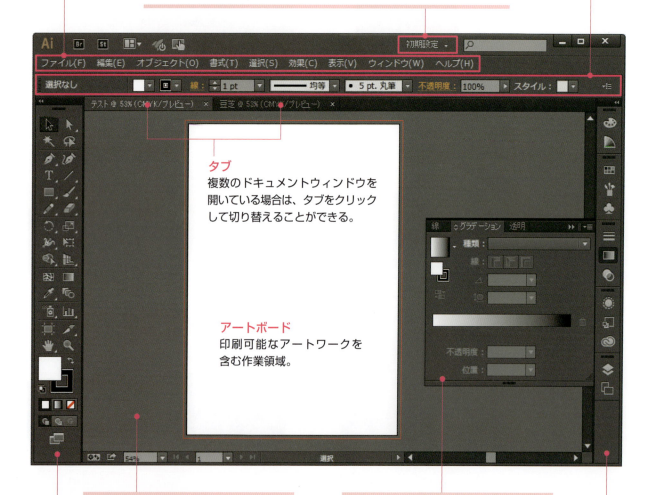

タブ
複数のドキュメントウィンドウを開いている場合は、タブをクリックして切り替えることができる。

アートボード
印刷可能なアートワークを含む作業領域。

ドキュメントウィンドウ
アートボードを含む作業領域。複数開いている場合は上部のタブで切り替える。

パネル
各種設定と状態の確認を行うことができる(詳しくはp.150参照)。

ツールパネル
オブジェクトを作成したり編集するためのツールが格納されている(詳しくはp.148〜p.149参照)。

ドック
複数のパネルやパネルグループの集まり。各アイコンをクリックするとパネルが表示される。

4 メニュー

メニューバーの各項目をクリックすると表示される機能をコマンドと呼ぶ。どのようにグループ分けされているかを知っておこう。慣れてきたらよく使うコマンドのショートカットも覚えて作業効率を上げよう。

ファイル(F)　編集(E)　オブジェクト(O)　書式(T)　選択(S)　効果(C)　表示(V)　ウィンドウ(W)　ヘルプ(H)
❶　❷　❸　❹　❺　❻　❼　❽

❶ ファイル
[開く]や[保存]などのファイル操作やプリント関連など。

❷ 編集
主に[コピー][ペースト]などの編集操作や[検索と置換]など。

❸ オブジェクト
主に変形、重ね順、グループ化などオブジェクトの編集や設定。

❹ 書式
主にフォントやサイズなどテキストの編集や設定。

❺ 選択
効率的にオブジェクトの選択を行うためのコマンド。

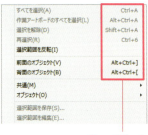

ショートカット

この印がある項目にカーソルを合わせると、さらに詳細なコマンドが表示される。

❻ 効果
主にIllustrator効果とPhotoshop効果。

❼ 表示
主にプレビュー表示や拡大・縮小表示、定規やガイドの表示など。

現在表示されている、またはコマンドが有効になっていることを示す。

❽ ウィンドウ
主にツールや各種パネル各種ライブラリの表示など。

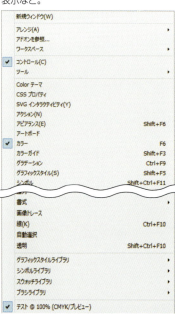

5 ツール

Illustratorのツールパネルを確認しよう。ツールパネルには、オブジェクトの「選択」「作成」「変形」などの基本的な操作をすばやく行うための「ツール」が集まっている。

5-❶ 基本のツール

初期状態のツールパネルを見てみよう。( )内はキーボードショートカット(ただし、日本語モードでは動作しないので注意する)。

CS6では内容と配置が若干異なる。

5-❷ すべてのツール

右下に小さい「◢」マークがついているツールアイコンを長押しすると、隠れているツールが表示される。

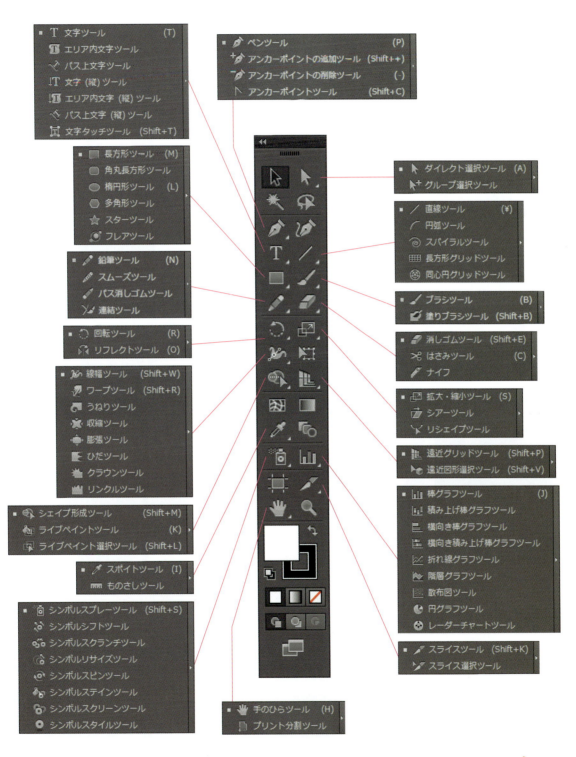

CS6 Memo
CS6では内容と配置が若干異なる。

6 パネル

パネルでは、各種設定と状態の確認を行うことができる。ここでは、初期に表示されるうちの主なパネルを紹介しよう。また、Photoshop編と同様の操作でパネルの表示や切り替えなどができる。

●カラーパネル
オブジェクトの塗りや線のカラーが設定できる。

サブメニューから[オプションを表示]を選択すると、オプションが表示される。上記はオプションを表示した状態。

●スウォッチパネル
カラー、パターン、グラデーションを登録しておくことができる。

●線パネル
線の太さや形状、破線や矢印などが設定できる。

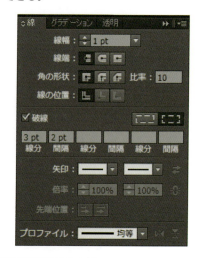

●グラデーションパネル
グラデーションのカラーや角度、種類などを設定できる。

●カラーガイドパネル
ベースカラーに調和する配色を選ぶことができる。

●ブラシパネル
各種ブラシを登録することができ、[線]に適用できる。

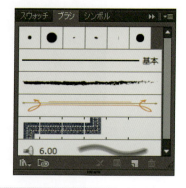

●アピアランスパネル
オブジェクトの塗りや線、効果の設定が確認・編集できる。

●レイヤーパネル
オブジェクトを階層に分けてレイヤーとして管理ができる。

●アートボードパネル
アートボードの名称設定、複製や削除などの管理ができる。

7 既存のファイルを開く

ダウンロードデータ：[Illustrator]→[c01]

Illustratorファイルとして保存されているファイルを開いてみよう。

①[ファイル]→[開く]を選択する。

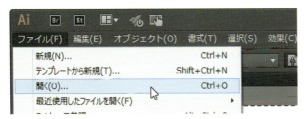

②ダウンロードデータの[c01]→「豆柴.ai」を選択して[開く]をクリックする。

Point
ダウンロードデータについては、p.8参照。

③「豆柴.ai」が表示される。

Short cut
開く：[Ctrl]+[O]

Point
デスクトップからファイルを選び、ダブルクリックして開くこともできる。

8 画面表示倍率・表示位置を変える

ズームイン、ズームアウトや表示位置を変えてみよう。これらの方法はPhotoshopと共通なので、詳細をPhotoshop編で確認しておこう（p.23～p.24参照）。

(1) ズームツールで表示倍率を変更する

①ツールパネルの ズームツールを選択する。
②画面をクリックすると拡大表示される。
③[Alt]キーを押しながらクリックすると縮小表示される。
④画面上をドラッグすると、ドラッグした範囲が拡大表示される。

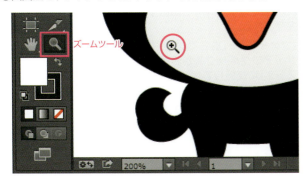

(2) 手のひらツールで表示位置を変える

①ツールパネルの 手のひらツールを選択し、画面をドラッグすると表示位置が移動する。

Point
他のツール選択時でも、[Space]キーを押すと一時的に 手のひらツールに切り替えることができる。

9　ドキュメントを保存する

新規にアートワークを作成したり、既存のファイルを開いて編集したら保存しておこう。

9-① 新規に保存する

①［ファイル］→［新規］を選択し、ダイアログボックスで［OK］をクリックすると新しいドキュメントウィンドウが表示される。
②［ファイル］→［保存］を選択する。

③任意の保存場所に移動する。
④［ファイル名］に「テスト」と入力する。
⑤［保存］をクリックする。

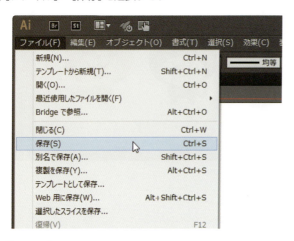

Short cut
保存：［Ctrl］+［S］

Point
保存できるファイル形式は「Adobe Illustrator」「Adobe PDF」「Illustrator EPS」「Illustrator Template」「SVG」「SVG 圧縮」から選ぶことができる。

⑥Illustratorオプションが表示されるので［OK］をクリックすると保存される。

Point
以前のバージョンで開く必要がある場合はここからバージョンを選ぶ。ただし、新しいバージョンのみの機能を使っている部分は変換されるため注意が必要。

9-② 既存ファイルを編集して保存する

①9-①で保存した「テスト.ai」を開く。
②ツールパネルの長方形ツールを選択し、画面上でドラッグして長方形を描く。

ドラッグ

③［ファイル］→［保存］を選択すると、「テスト.ai」に上書き保存される。
④［ファイル］→［別名で保存］を選択すると、9-①と同様にダイアログボックスが表示されるので、ファイル名を「テスト2」に変更して［保存］をクリックする。
⑤Illustratorオプションが表示されるので［OK］をクリックするとさきほどとは別のファイル「テスト2.ai」として保存され、開いているドキュメントも「テスト2」となる。

10 ドキュメントウィンドウを閉じる

📁 ダウンロードデータ：[Illustrator]→[c01]

必要のないドキュメントウィンドウは閉じておこう。

①「豆柴.ai」を開く。
②[ファイル]→[閉じる]を選択するか、タブの[閉じる]ボタンをクリックする。

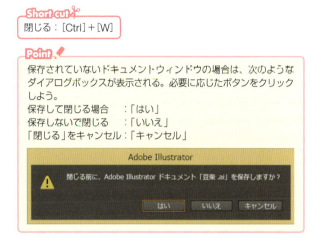

Short cut
閉じる：[Ctrl]+[W]

Point
保存されていないドキュメントウィンドウの場合は、次のようなダイアログボックスが表示される。必要に応じたボタンをクリックしよう。
保存して閉じる場合　：「はい」
保存しないで閉じる　：「いいえ」
「閉じる」をキャンセル：「キャンセル」

11 Illustratorを終了する

作業が終わったら最後にIllustratorを終了しよう。

[ファイル]→[終了]を選択するか、アプリケーションウィンドウの右上の[閉じる]ボタンをクリックする。

Short cut
終了：[Ctrl]+[Q]

Point
保存されていないドキュメントウィンドウがある場合は、ドキュメントウィンドウを閉じる場合と同様にダイアログボックスが表示される。

Chapter 02 基本図形の描画とパスの作成

Illustratorで描画すると、自由に形状を編集でき、エッジの鮮明さを常に維持することができる「ベクトルオブジェクト」が作成される。Chapter02では、円形や長方形、多角形などの基本図形とペンツール、鉛筆ツールを使って自由な線を描いてみよう。

1 円を描く

1-❶ 楕円形を描く

①ツールパネルの ◯ 楕円形ツールを選択する。　②画面上で斜め方向にドラッグする。

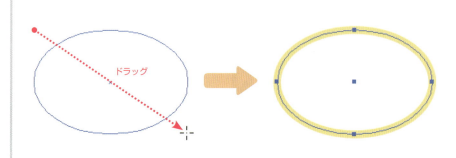

1-❷ 正円を描く

①[Shift]キーを押しながら画面上でドラッグする。

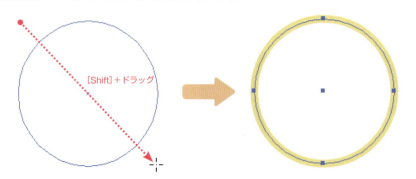

Point
ドラッグする方向は、左下から、右上からなどでもよい。

1-❸ 中心から円を描く

①[Alt]キーを押しながら画面上でドラッグする。また、[Shift]キーと[Alt]キーを同時に押しながらドラッグすると中心から正円を描くことができる。

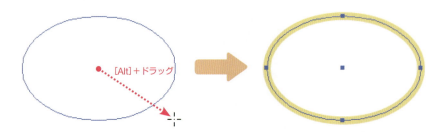

Point
- 正円を描く ……：[Shift]＋ドラッグ
- 中心から描く …：[Alt]＋ドラッグ
- 中心から正円を描く：[Shift]＋[Alt]＋ドラッグ

2 長方形や正方形を描く

2-① 長方形を描く

①ツールパネルの■長方形ツールを選択する。

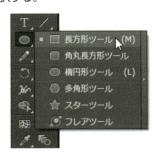

②画面上で斜め方向にドラッグする。

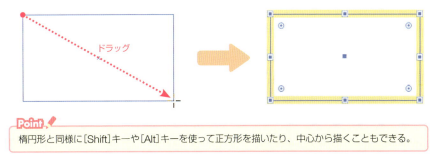

Point
楕円形と同様に[Shift]キーや[Alt]キーを使って正方形を描いたり、中心から描くこともできる。

2-② 角丸長方形を描く

①ツールパネルの■角丸長方形ツールを選択する。

②画面上で斜め方向にドラッグする。

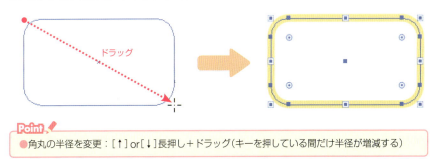

Point
●角丸の半径を変更：[↑]or[↓]長押し+ドラッグ（キーを押している間だけ半径が増減する）

2-③ 数値入力で円形や長方形、角丸長方形を描く

①●楕円形ツールまたは■長方形ツール、■角丸長方形ツールを選択し、画面上でクリックするとダイアログボックスが表示される。
②幅と高さを数値入力して[OK]をクリックすると、楕円形や長方形、角丸長方形を描くことができる。

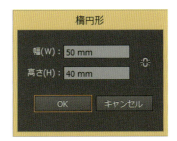
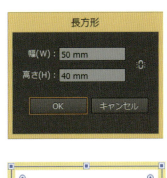
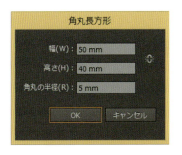
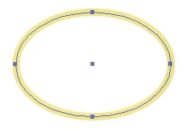

3 多角形や星形などの描画

3-① 多角形を描く

①ツールパネルの 多角形ツールを選択する。

②画面上でドラッグする。

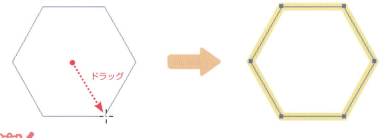

Point
- 角度を45°単位で固定：[Shift]+ドラッグ
- 辺の数を変更：ドラッグ中に[↑]or[↓]（キーを押すたびに辺の数が増減する）

3-② 星形を描く

①ツールパネルの スターツールを選択する。

②画面上でドラッグする。

Point
- 角度を45°単位で固定：[Shift]+ドラッグ
- 頂点の数を変更：ドラッグ中に[↑]or[↓]（キーを押すたびに辺の数が増減する）

3-③ 数値入力で多角形や星形を描く

(1)多角形

① 多角形ツールを選択し、画面上でクリックするとダイアログボックスが表示される。

②半径と辺の数を数値入力して[OK]をクリックする。

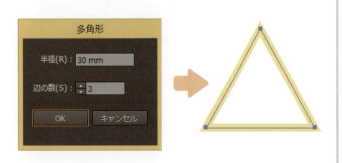

(2)星形

① スターツールを選択し、画面上でクリックするとダイアログボックスが表示される。

②半径と点の数を数値入力して[OK]をクリックする。

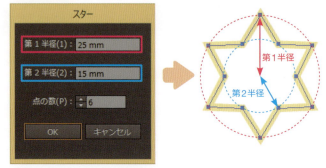

4 直線や円弧を描く

4-❶ 直線ツールで直線を描く

①ツールパネルの ✏ 直線ツールを選択する。

(1) ドラッグして描く

①画面上でドラッグする。

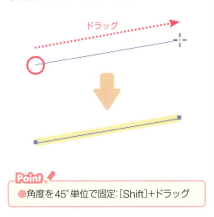

Point
● 角度を45°単位で固定：[Shift]+ドラッグ

(2) 数値入力で描く

①画面上でクリックするとダイアログボックスが表示される。
②各オプションを設定して[OK]をクリックする。

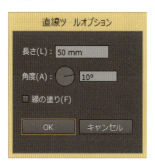

4-❷ 円弧ツールで円弧を描く

① ✏ 円弧ツールを選択する。

(1) ドラッグして描く

①画面上でドラッグする。

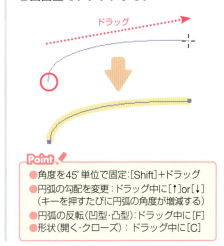

Point
● 角度を45°単位で固定：[Shift]+ドラッグ
● 円弧の勾配を変更：ドラッグ中に[↑]or[↓]
（キーを押すたびに円弧の角度が増減する）
● 円弧の反転(凹型・凸型)：ドラッグ中に[F]
● 形状(開く・クローズ)：ドラッグ中に[C]

(2) 数値入力で描く

①画面上でクリックするとダイアログボックスが表示される。
②各オプションを設定して[OK]をクリックする。

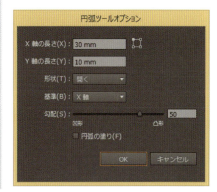

4-❸ スパイラル、長方形グリッド、同心円を描く

下記の各ツールを選択して画面上をドラッグ、または画面上をクリックしてダイアログボックスでオプション設定して描いてみよう。

● ◉ スパイラルツール

● ▦ 長方形グリッドツール

Point
ドラッグ中に[↑][↓][→][←]キーを押すと、線の数を変更できる。

● ◉ 同心円グリッドツール

Point
ドラッグ中に[↑][↓][→][←]キーを押すと、線の数を変更できる。

5 ペンツールで直線を描く

ペンツールは、アンカーポイント（端点）を配置してセグメント（線）を結んでいくことでパスを作成する。アンカーポイントを複数配置して直線を描いてみよう。

5-① 直線のオープンパスを描く

①ツールパネルの ✒ ペンツールを選択する。

②画面上でクリックするとアンカーポイントが配置される。

③カーソルを動かすと筆跡のプレビューが表示される。

CS6 Memo
筆跡のプレビューはCS6では表示されない。

④別の場所でクリックするとアンカーポイントの間にセグメント（線）が表示される。

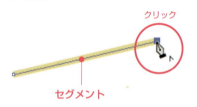

⑤最後に［Enter］キーを押してパスを描き終える。

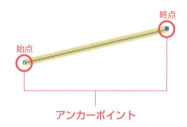

Point
●角度を45°単位で固定：
　［Shift］＋終点をクリック

Point
オープンパス
始点と終点が同一のアンカーポイントではないパスをオープンパスという。

5-② 直線のクローズパスを描く

①✒ペンツールで画面上を3カ所クリックし、連続した直線を描く。

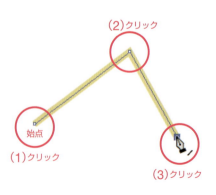

②ポインターを始点に合わせてクリックする。

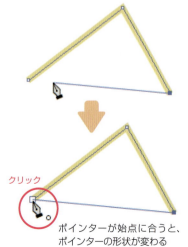

③直線のクローズパスが描かれた。

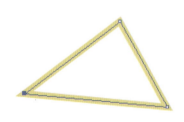

Point
クローズパス
始点と終点がつながって閉じられた形のパスをクローズパスという。

6　ペンツールで曲線を描く

曲線を描くには、ペンツールで画面上をドラッグすると表示される「ハンドル」の方向や長さを調整しながらアンカーポイントを配置していく。

6-① 曲線のパス

Illustratorで描く曲線は「ベジェ曲線」と呼ばれる。この曲線は、「方向ポイント」と「方向線」から構成される「方向ハンドル」によってコントロールされる。方向線の角度と長さによって、曲線の形状とサイズが決まる。方向ポイントをドラッグして移動すると、曲線の形状が変化する。
この方向ハンドルは、アンカーポイントが選択されているときのみ表示される。

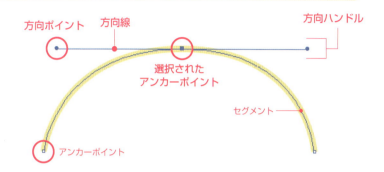

6-② 曲線を描く

①ペンツールを選択し、始点となる位置で上方向にドラッグする。

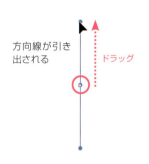

②別の位置で下方向へドラッグする。

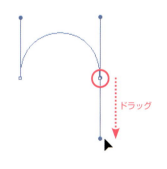

③さらに別の位置で上方向へドラッグする。

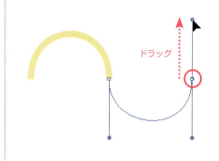

Point
●角度を45°単位で固定：[Shift]＋ドラッグ

④最後に[Enter]キーを押してパスを描き終える。

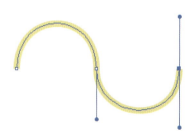

Point
描画中（方向線の調整中）にアンカーポイントの位置を調整する
ドラッグ中に[Space]キーを押し続けると、その間、方向線の向きや長さが一時的に固定され、アンカーポイントの位置を移動することができる。
[Space]キーを離すと、再びアンカーポイントの位置は固定され、方向線の調整をすることができる。

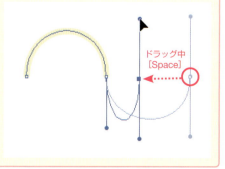

6-3 直線から曲線を描く

①ペンツールを選択し、始点となる位置でクリックする。

②直線の終点となる位置でクリックし、直線を描く。

③再度、直線の終点にポインターを合わせて、上方向へドラッグする。

④曲線の終点となる位置で、下方向にドラッグする。

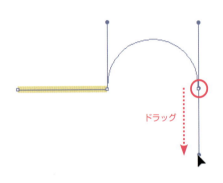

⑤最後に[Enter]キーを押してパスを描き終える。

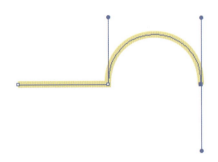

6-4 曲線から直線を描く

①ペンツールを選択し、始点となる位置で上方向へドラッグする。

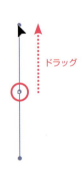

②曲線の終点となる位置で、下方向へドラッグする。

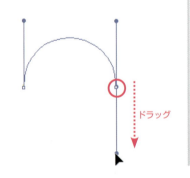

③再度、曲線の終点にポインターを合わせてクリックする。

下方向の方向線が削除される

④直線の終点となる位置でクリックする。

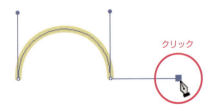

⑤最後に[Enter]キーを押してパスを描き終える。

6-❺ 曲線をつなげて山形の曲線を描く

①ペンツールを選択し、始点となる位置で上方向にドラッグする。

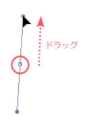

②別の位置で下方向へドラッグする。

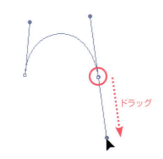

③再度、②で配置したアンカーポイントにポインターを合わせて、[Alt]キーを押しながら上方向にドラッグする。

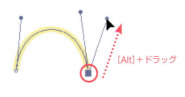

方向線が折れ曲がる

④終点となる位置で、下方向にドラッグする。

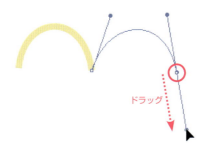

⑤最後に[Enter]キーを押してパスを描き終える。

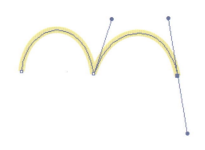

6-❻ 曲線のクローズパス

曲線のクローズパスは、最後にパスをつなぐ際の方法によってつないだアンカーポイントに隣接しているセグメントの形状が変化する。

①ペンツールを選択し、右のように4カ所でドラッグして曲線を作成していく。
②始点にポインターを合わせて、次の3つの方法で始点と終点をつないでみよう。

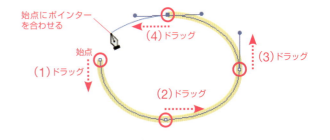

(1)スムーズポイント
ドラッグしてつなげる。

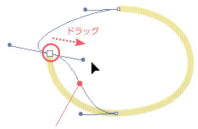

連動して形状が変化する。

(2)独立した方向線を引き出す
[Alt]キーを押しながらドラッグしてつなげる。

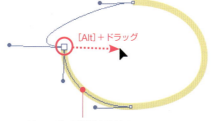

ドラッグの影響を受けない。

(3)方向線を引き出さない
クリックしてつなげる。

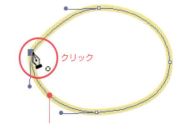

ドラッグの影響を受けない。

Point スムーズポイントとコーナーポイント (1)のようにつないだアンカーポイントは方向線が180°対称方向に固定され、スムーズポイントと呼ぶ。(2)(3)のように方向線が独立している、方向線が1本、または方向線がない場合、コーナーポイントと呼ぶ。

7 パスの形状を編集する

ダウンロードデータ：[Illustrator]→[c02]

アンカーポイントやセグメントを編集してパスの形状を編集してみよう。

7-❶ アンカーポイントおよびセグメントを移動、削除する

① 「矢印.ai」を開く。

Short cut
開く：[Ctrl]+[O]

② ツールパネルの ダイレクト選択ツールを選択する。

③ アンカーポイントにポインターを合わせると強調表示される。

④ ドラッグすると、アンカーポイントと隣接するセグメントが移動する。

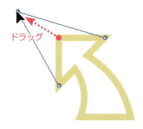

Point
● 移動角度を45°単位で固定：[Shift]+ドラッグ

⑤ [Delete]キーを押すと、選択されているアンカーポイントと隣接するセグメントが削除される。

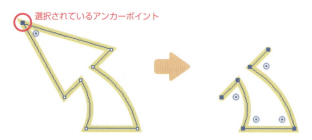

7-❷ アンカーポイントを追加、削除する

① ダイレクト選択ツールを選択し、アンカーポイントまたはセグメントをクリックしてパスを選択状態にする。

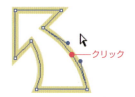

② ペンツールを選択し、セグメントにポインターを合わせると、ポインター右下の形状が「＋」に変化する。

③ クリックするとアンカーポイントが追加される。

④ アンカーポイントにポインターを合わせると、ポインター右下の形状が「－」に変化する。

⑤ クリックするとアンカーポイントが削除される。

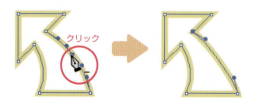

Point
曲線の場合は、隣接していたセグメントの形状が変化する。

7-❸ セグメントをドラッグして移動、変形する

(1) 直線のセグメントをドラッグして移動する

▶ダイレクト選択ツールを選択し、直線のセグメントをドラッグすると、両端にあるアンカーポイントも移動し、隣接するセグメントも変形する。

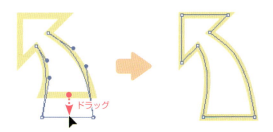

(2) 曲線のセグメントをドラッグして変形する

▶ダイレクト選択ツールを選択し、曲線のセグメントをドラッグすると、両端の方向線の長さと角度が変わり、曲線が変形する。

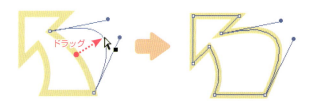

CS6 Memo
CS6では方向線の長さのみが変化し、角度は変化しない。

7-❹ 方向線を調整して曲線を変形する

①▶ダイレクト選択ツールを選択し、方向線を持つアンカーポイントをクリックすると、方向線が表示される。

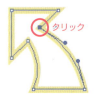

②方向ポイントをドラッグすると、選択されたアンカーポイントの方向線の長さや角度が変わり、曲線が変形する。

7-❺ 直線のセグメントを曲線に変更する

①ツールパネルの ▶ アンカーポイントツールを選択する。

②セグメントをドラッグすると、直線が曲線になり、隣接するアンカーポイントから方向線が引き出される。

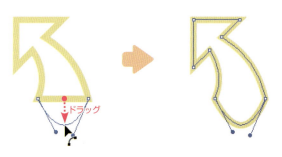

CS6 Memo
CS6ではこのツールの名称は「アンカーポイントの切り換えツール」で、この機能はない。同様の結果を得るには、隣接する2カ所のコーナーポイントを一旦スムーズポイントに切り換えて(次ページ参照)編集していく。

8 コーナーポイントとスムーズポイントの切り換え

コーナーポイントとスムーズポイントを切り換えてコーナーの形状を変化させてみよう。

8-❶ 方向線のないコーナーポイントとスムーズポイントを切り換える

① ペンツールを選択し、右のように3カ所でクリックする。
② [Enter]キーを押してパスを描き終えると、コーナーポイントを含むパスができる。

(1) アンカーポイントツールで切り換える

① アンカーポイントツールを選択し、コーナーポイントをドラッグするとスムーズポイントになる。

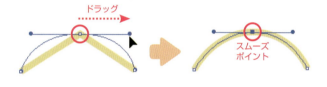

② スムーズポイントとなったアンカーポイントをクリックすると、コーナーポイントになる。

(2) コントロールパネルで切り換える

① ダイレクト選択ツールを選択し、コーナーポイントをクリックする。

② コントロールパネルの[選択したアンカーをスムーズポイントに切り換え]をクリックすると、スムーズポイントに切り換わる。
③ [選択したアンカーをコーナーポイントに切り換え]をクリックすると、コーナーポイントに切り換わる。

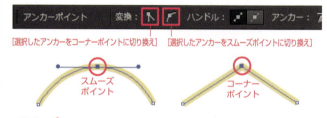

Point コントロールパネルが表示されていない場合は、[ウィンドウ]→[コントロール]を選択しておく。

8-❷ スムーズポイントを方向線があるコーナーポイントに切り換える

① スムーズポイントを含むパスを作成する(8-❶参照)。
② ダイレクト選択ツールを選択し、スムーズポイントをクリックして選択しておく。

(1) 方向線が1本のコーナーポイントにする

① アンカーポイントツールを選択する。
② 方向ポイントをクリックすると片側の方向線が削除される。

(2) 2本の独立した方向線を持つコーナーポイントにする

① アンカーポイントツールを選択する。
② 方向ポイントをドラッグする

9 パスの延長と連結

既存のパスを描き足したり、連結させてみよう。

9-1 ペンツールでパスを延長、連結する

①ペンツールを選択し、2カ所クリックする。
②[Enter]キーを押してパスを描き終えると、直線のパスができる。

③同じ要領で、隣にもう1本直線を描く。

④左のパスの端点にポインターを合わせ、端点が強調表示され、ポインターの形状が変化する場所でクリックする。

⑤別の場所でクリックするとパスが延長される。

⑥右のパスの端点にポインターを合わせ、端点が強調表示され、ポインターの形状が変化する場所でクリックすると、パスが連結される。

9-2 コントロールパネルでパスを連結する

①9-1の①〜③と同じ要領で2本の直線を描く。

②ダイレクト選択ツールを選択し、上の2つの端点を囲むようにドラッグすると、2つのアンカーポイントが選択される。

③コントロールパネルの[選択した終点を連結]をクリックすると、パスが連結され、2つのアンカーポイントを結ぶセグメントが作成される。

10 アンカーポイントを整列する

ダウンロードデータ：[Illustrator]→[c02]

複数のアンカーポイントの位置をコントロールパネルおよび[平均]コマンドを使って整列してみよう。

①「ジグザグ.ai」を開く。
② ダイレクト選択ツールを選択する。

③ 次の4カ所のアンカーポイントを囲むようにドラッグして選択する。

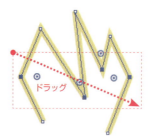

④ コントロールパネルの[選択範囲に整列]をドロップダウンリストから選択する。
⑤ [垂直方向上に整列]をクリックすると、選択範囲内いちばん上のアンカーポイントを基準に垂直方向に整列する。

Point
コントロールパネルに整列アイコンが表示されていない場合は、[整列]をクリックすると表示される。また、[ウィンドウ]→[整列]を選択して表示される整列パネルでも同様の操作ができる。

⑥ [水平方向中央に分布]をクリックすると、アンカーポイント同士の間隔が均等になる。

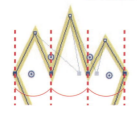

⑦ 左上のアンカーポイントをクリックする。

⑧ [Shift]キーを押しながらアンカーポイントを順番に2カ所クリックするとアンカーポイントが全部で3カ所選択される。

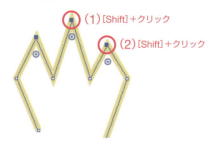

⑨ コントロールパネルの[垂直方向上に整列]をクリックすると、最後にクリックしたアンカーポイントを基準に垂直方向に整列する。

Point
[Shift]キーを押しながら複数のアンカーポイントを選択した場合、整列の基準が自動的に[キーアンカーに整列]となり、最後にクリックしたアンカーポイントがキーアンカー（基準）となる。この場合、垂直方向のいずれの整列ボタンをクリックしてもキーアンカーを基準に垂直方向に整列する。

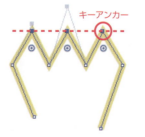

⑩ (1)のアンカーポイントをクリックし、次に[Shift]キーを押しながら(2)のアンカーポイントをクリックして選択する。

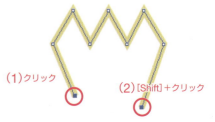

⑪ [オブジェクト]→[パス]→[平均]を選択する。
⑫ 「2軸とも」にチェックして[OK]をクリックすると、選択したアンカーポイントが垂直、水平方向ともに整列して1点に重なる。

Short cut
平均：[Alt]+[Ctrl]+[J]

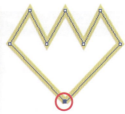

Point
[平均]コマンドでは、選択したアンカーポイントの平均位置に整列する。

11 曲線ツールで直感的にパスを描く（CC〜）

Illustrator CCの新しいツール[曲線ツール]は直感的にパスを描画、編集ができ、単純な形状を描くのに向いている。

①ツールパネルの 曲線ツールを選択する。

CS6 Memo
CS6にこのツールはない。

②次のように画面上3カ所でクリックすると、スムーズポイントが作成され、なめらかな曲線が描かれる。

③つづけて次の2カ所でダブルクリックすると、コーナーポイントが作成され、直線が描かれる。

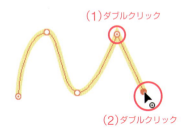

④スムーズポイントをダブルクリックすると、コーナーポイントに切り換わる。

⑤コーナーポイントをダブルクリックすると、スムーズポイントに切り換わる。

⑥ポイントをドラッグすると、位置を変更することができる。

⑦ポイントをクリックして[Delete]キーを押すと、ポイントが削除され、前後のポイントでパスがつながる。

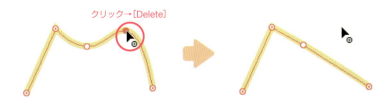

⑧セグメントをクリックすると、ポイントが追加される。

⑨セグメントをドラッグすると、ポイントが追加され、位置も変更される。

⑩[Esc]キーを押して、パスを描き終える。

Point
作成済のパスを 曲線ツールで編集したい場合は、 選択ツールでパスを選択し、 曲線ツールに切り替える。

12 コーナーを角丸にする（CC〜）

Illustrator CCの新しい機能「ライブコーナーウィジェット」を使えば、簡単に角丸にすることができ、何度でも編集できる。

12-① 長方形のコーナーをすべて角丸にする

①長方形ツールを選択し、長方形を描くとライブコーナーウィジェットが表示される。

②ライブコーナーウィジェットを長方形の内側方向にドラッグすると角丸になる。

③さらに内側にドラッグすると、最大半径に達し、赤いパスが表示される。

CS6 Memo CS6にこの機能はない。

12-② 特定のコーナーポイントを角丸にする

①スターツールを選択し、星形を描く。
②ダイレクト選択ツールを選択する。

③内側のアンカーポイントを[Shift]キーを押しながらクリックして選択を解除する。

④ライブコーナーウィジェットを内側の方向にドラッグすると、外側のコーナーだけ角丸になる。

12-③ 角丸コーナーの形状の種類を変更する

角丸コーナーの形状は3種類あり、初期状態は「角丸（外側）」。
ライブコーナーウィジェットを、[Alt]キーを押しながらクリックするたびに形状の種類が切り替わる。

●角丸（外側）　　●角丸（内側）　　●面取り

12-④ 角丸の半径や形状をダイアログボックスで設定する

①ダイレクト選択ツールでライブコーナーウィジェットをダブルクリックすると、コーナーダイアログボックスが表示される。
②各オプションを設定する。
③[OK]をクリックする。

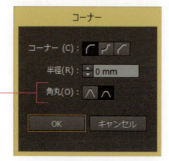

Point
左／相対値：コーナーの角度によって半径が変化する。
右／絶対値：コーナーの角度にかかわらず半径が一定。

Point ライブコーナー機能の注意点
角丸コーナーに関連付けられたアンカーポイントやセグメントを編集すると、そのコーナーにウィジェットが表示されなくなる場合がある。

CS6 Memo CS6には「ライブコーナー」機能がないが、[効果]→[スタイライズ]→[角を丸くする]を適用すると、オブジェクトのすべてのコーナーを角丸にすることは可能。特定のポイントを角丸にすることはできない。

13 鉛筆ツールで自由な線を描く

鉛筆ツールは、手描き感覚ですばやく線を描くことができる。

①ツールパネルの ✏ 鉛筆ツールを選択する。

②ハート形の左半分を描くようにドラッグすると、フリーハンドのオープンパスが描かれる。

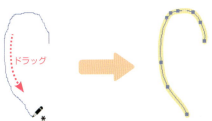

③ ✏ 鉛筆ツールをダブルクリックする。
④[両端が次の範囲内のときにパスを閉じる]と、[選択したパスを編集]にチェックを入れる。

CS6 Memo
CS6では[両端が次の範囲内のときにパスを閉じる]はない。

⑤ポインターを端点に合わせると、ポインター右下の形状が「／」に変化する。

CS6 Memo
CS6ではポインターの形状は変化しない。

⑥ハート形の右半分を描くようにドラッグし、もう1カ所の端点に近づくとポインター右下の形状が「。」に変化する。

CS6 Memo
CS6ではポインターの形状は変化しない。

⑦マウスボタンを離すと端点に連結してクローズパスになる。

CS6 Memo
CS6では、端点の近くで[Ctrl]キーを押したままマウスボタンを離すと連結できる。

⑧パスをなぞるようにドラッグすると、描き直すことがきる。

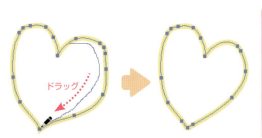

Point
ドラッグする始点が、④の[選択したパスを編集]の「範囲」で指定されている範囲内のとき、このようにパスが描き直される。
新たに線を追加したい場合は、[選択]→[選択を解除]を選択してパスの選択を解除してからドラッグする。

⑨ツールパネルの ✏ スムーズツールを選択する。

⑩選択されているパスをなぞるようにドラッグするとパスが滑らかに変化する。

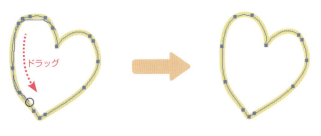

練 習 問 題

ダウンロードデータ：[Illustrator]→[c02]

問題 1
次の設定で角丸長方形を作成しなさい。

幅……… 100mm
高さ……… 120mm
角丸の半径… 20mm

Point
数値入力での角丸長方形の描き方は、p.155参照。

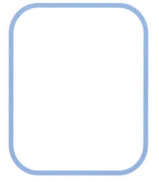

完成データ：「角丸長方形（完成）.ai」

問題 2
スターツールを使って次の形状を作成しなさい。

Point
スターツールの使い方は、p.156参照。

完成データ：「スター（完成）.ai」

問題 3
次のようなびっくりマークを作成しなさい。

Point
楕円形ツールを使う。
円のいちばん下のアンカーポイントを下に移動し、スムーズポイントをコーナーポイントに切り換えると、上半分の形状が完成する。

完成データ：「びっくりマーク（完成）.ai」

問題 4
次のような吹き出しマークを作成しなさい。

Point
①楕円形を描く。
②アンカーポイントを3つ追加する。
③2番目のアンカーポイントをドラッグする。

完成データ：「吹き出し（完成）.ai」

問題 5
「ハート.ai」を開き、ペンツールを使って下絵の線に沿って次の絵を作成しなさい。

元データ：「ハート.ai」

問題 6
「ふたば.ai」を開き、ペンツールを使って下絵の線に沿って次の絵を作成しなさい。

元データ：「ふたば.ai」

Point
スムーズポイントとコーナーポイントを切り換えながらトレースし、ダイレクト選択ツールやアンカーポイントツールで微調整を行う。

練 習 問 題

▶ ダウンロードデータ：[Illustrator]→[c02]

問題 7
次のようなクローズパスの円弧を作成しなさい。

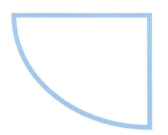

Point 円弧の描き方は、p.157参照。

完成データ：「円弧(完成).ai」

問題 8
長方形グリッドツールを使って次の形状を作成しなさい。

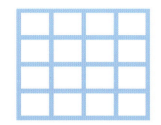

Point 長方形グリッドの描き方は、p.157参照。

完成データ：「長方形グリッド(完成).ai」

問題 9
次の青い線の端点を、点線に合うように一点に集中させて扇を完成させなさい。

Point アンカーポイントの整列は、p.166参照。

元データ：「扇.ai」　　　完成データ：「扇(完成).ai」

問題 10
鉛筆ツールを使って下絵の線に沿って次の絵を作成しなさい。

元データ：「チェリー.ai」

Point 鉛筆ツールの使い方は、p.169参照。

問題 11
コントロールパネルの[選択した終点を連結]を使って線をつなげ、次の絵を完成させなさい。

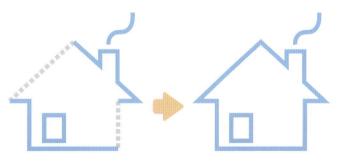

元データ：「家.ai」　　　完成データ：「家(完成).ai」

Point パスの延長と連結方法は、p.165参照。

Chapter 03 オブジェクトの塗りと線

オブジェクトには、[塗り]と[線]があり、カラーなどをそれぞれ別に設定することができる。Chapter03では、カラーや線、グラデーションを設定してみよう。

1 [塗り]と[線]のカラー

ダウンロードデータ：[Illustrator]→[c03]

1-1 カラーの設定

①「花.ai」を開く。
② 選択ツールを選択し、花びらのオブジェクトをクリックする。

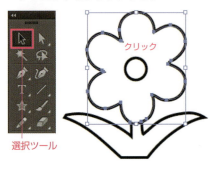

③ ドックの[カラー]ボタンをクリックし、カラーパネルを表示する（パネルが右のように表示されていない（オプションが表示されていない）場合は、パネル右上のパネルメニューから、「オプションを表示」を選択する）。
④ [塗り]が前面になっていなければ、[塗り]をクリックして前面に表示させて設定対象にする。

Short cut カラーパネル：[F6]

⑤ カラースライダーの三角形のマークをドラッグするか、数値入力で「M：40%、Y：20%」に設定する。

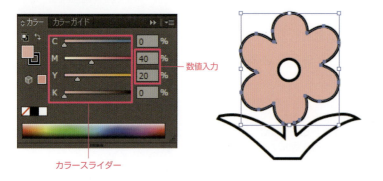

⑥ 同様に、以下の設定でめしべ、葉のオブジェクトの[塗り]のカラーを設定する。

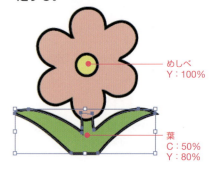

めしべ Y：100%
葉 C：50% Y：80%

⑦ 選択ツールでオブジェクトを囲むようにドラッグし、3つのオブジェクトを同時に選択する。

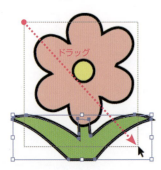

⑧ カラーパネルの[線]をクリックし、[線]を前面に出す。
⑨ [なし]をクリックすると、すべてのオブジェクトの線は[なし]の設定となり、[塗り]だけになる。

1-❷ いろいろなカラーの選択方法

(1) カラーパネル

カラースライダーの三角形マークをドラッグ、数値入力のほかに、カラースペクトルをクリックしてカラーを選ぶこともできる。

また、[塗り]、[線]をダブルクリックしてカラーピッカーからカラーを選ぶこともできる。

Short cut
カラーパネル：[F6]

カラースペクトル
バーをドラッグするとカラースペクトルが広がり選びやすくなる。

ダブルクリック

カラーピッカー
カラーフィールドまたはカラースペクトルから選ぶか、数値入力するか、スウォッチでカラーを選ぶこともできる。

カラーフィールド　カラースライダー

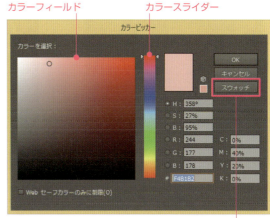

スウォッチ
スウォッチパネルに登録されているカラーが表示される。

(2) スウォッチパネル

ドックの[スウォッチ]ボタンをクリック、またはコントロールパネルの[塗り]または[線]をクリックすると、スウォッチパネルが表示される。スウォッチに登録されたカラーを選ぶことができる。

[スウォッチ]ボタン　コントロールパネル　[塗り]、[線]

(3) カラーガイドパネル

ドックの[カラーガイド]ボタンをクリックし、カラーガイドパネルを表示する。現在のカラーと調和するカラーを提案してくれる。

現在のカラー　　　　　　[カラーガイド]ボタン

Short cut
カラーガイドパネル：[Shift]+[F3]

1-❸ ツールパネルでカラーを設定する

ツールパネルの下部には、カラーパネルと同様に現在のカラー設定が表示されている。
各機能を覚えておこう。

[初期設定の塗りと線]
[塗り]が白、[線]が黒の初期設定になる。

[カラー]／[グラデーション]／[なし]
[カラー(単色)]、[グラデーション]、[属性なし]のいずれかに切り替わる。

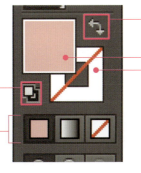

[塗りと線を入れ替え]
[塗り]と[線]のカラーが入れ替わる。

[塗り]
[線]
クリックすると前面になり、[塗り]または[線]が設定対象となる。
ダブルクリックするとカラーパネルと同様に、カラーピッカーダイアログボックスが表示される。

1-④ よく使うカラーをスウォッチパネルに登録する

①スウォッチパネルを表示し、登録したい現在の[カラー]をドラッグすると、スウォッチとして登録される。

②[スウォッチを削除]へドラッグすると、スウォッチが削除される。

1-⑤ 他のオブジェクトからカラー設定をコピーする

①任意のオブジェクトを描く。
②ツールパネルの[初期設定の塗りと線]をクリックする。

③描いたオブジェクトが選択されている状態で、ツールパネルの スポイトツールを選択する。

④カラー設定をコピーしたいオブジェクトをクリックすると、コピー元と同じカラー設定になる。

Point
①の時点では、直前の設定でオブジェクトが描かれる。

2 [線]の形状

線パネルを使って、オブジェクトの線の太さや角、線端の形状などを設定してみよう。

2-① 線幅を変更する

①直線ツールで任意の長さの直線を描き、[線]に任意のカラーを設定する。

②ドックの[線]ボタンをクリックして線パネルを表示し、線幅を「20pt」に変更する。

Point
直線ツールの使い方は、p.157参照。

Point
環境設定:[単位]
[線幅]の単位は、初期設定ではポイント(pt)になっている。
単位は、[編集]→[環境設定]→[単位]で[線]の単位をミリメートルやピクセルなどに変更することができる。
用途に合わせて[単位]を使い分けよう。

Short cut
線パネル:[Ctrl]+[F10]

2-❷ 線端、角の形状を変更する

① ペンツールで左のような直角の角を持つ線を描き、[線]に任意のカラーを設定する。
② 線パネルを表示する(パネルが左のように表示されていない(オプションが表示されていない)場合は、パネル右上のパネルメニューから、「オプションを表示」を選択する)。
③ 線幅を「50pt」に設定する。
④ 線パネルの各ボタンをクリックし、次のようにそれぞれ設定してみよう。

(1)線端

オープンパスの線端の形状を3種類から選択できる。

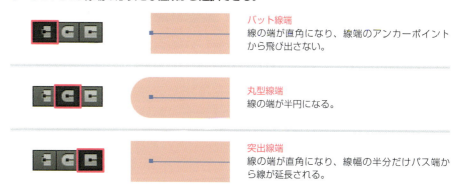

バット線端
線の端が直角になり、線端のアンカーポイントから飛び出さない。

丸型線端
線の端が半円になる。

突出線端
線の端が直角になり、線幅の半分だけパス端から線が延長される。

(2)角の形状

パスの角(直線の方向が変化する場所)の形状を3種類から選択できる。

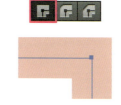  

マイター結合　　　　　ラウンド結合　　　　　ベベル結合
角がとがった形になる。　角が丸い形になる。　　角を切り落としたような形になる。

2-❸ パスに対する線の位置を変更する(クローズパスのみ)

① スターツールで第1半径:「30mm」、第2半径:「15mm」の星形を描く。
② [線]に任意のカラーを設定し、線パネルで線幅を「20pt」に設定する。
③ 線パネルの「線の位置」の各ボタンをクリックし、下のようにそれぞれ設定してみよう。

線を中央に揃える

線を内側に揃える

線を外側に揃える

Point 数値入力での星形の作成は、p.156参照。

2-④ 破線を作成する

①■長方形ツールで長方形を描き、[線]に任意のカラーを設定する。
②[線幅]を「15pt」に設定する。
③線パネルの[破線]にチェックを入れ、[線分]、[間隔]を「30pt」に設定する。

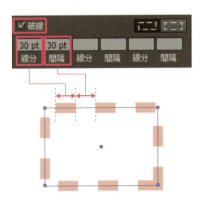

④[長さを調整しながら、線分をコーナーやパス先端に合わせて整列]をクリックすると、線がすべての角に配置されるように調節される。

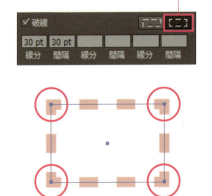

⑤[線端]は「丸型線端」を選択し、[線分]を「0pt」に設定すると、正円の破線になる。

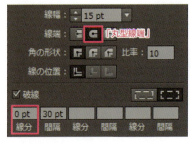

⑥空欄になっている[線分]に「20pt」、[間隔]に「30pt」と入力すると、それらの設定が繰り返されている破線になる。

Point
「丸型破線」の場合、線分の前後に半円が追加される。そのため、線分が0ptのとき、半円が2つ合わさって正円となる。

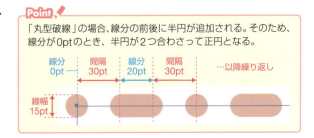

2-⑤ 矢印を作成する

①線幅「20pt」の直線を作成する。

②線パネルの[矢印]の1つ目のドロップダウンリストから「矢印1」を選ぶ。

③その下の[倍率]に「30%」と入力する。

④矢印の2つ目のドロップダウンリストから「矢印30」を選択し、その下の[倍率]に「25%」と入力する。

⑤[矢印の始点と終点を入れ替え]をクリックすると、矢印の始点と終点の設定が入れ替わる。

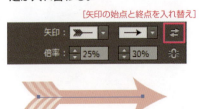

⑥[矢の先端をパスの終点に配置]をクリックすると、矢の先端がパスの内側に収まるようになる。

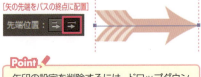

Point
矢印の設定を削除するには、ドロップダウンリストから「なし」を選択する。

2-6 線幅ツールで線幅に強弱をつける

①　直線ツールで「70mm」の直線を描き、任意のカラーで線幅「50pt」に設定する。

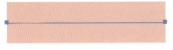

Point
数値入力での直線の作成は、p.157参照。

②ツールパネルの　線幅ツールを選択する。

③パス上で外側にドラッグすると線幅ポイントとハンドルが表示され、線幅が変更される。

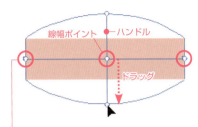

このとき、両端点にも線幅ポイントが自動的に作成される。

④ポインターを左端点に合わせると表示されるハンドルの先端を、線幅ポイントの位置までドラッグする。

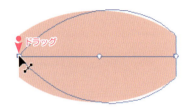

⑤次のように別の位置で外側にドラッグすると、線幅ポイントが追加され、その部分の線幅が変更される。

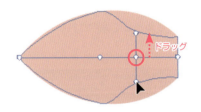

⑥[Shift]キーを押しながらすぐ左の線幅ポイントをクリックすると、複数選択状態となる。

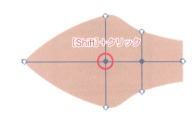

⑦選択された線幅ポイントのいずれかをパスに沿うようにドラッグすると、両方の線幅ポイントの位置が移動する。

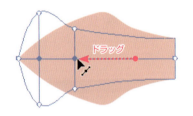

⑧[Esc]キーを押すと選択解除される。
⑨[Alt]キーを押しながら線幅ポイントをドラッグすると複製される。

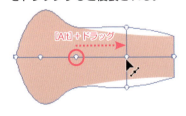

⑩線幅ポイントをクリックして選択し、[Delete]キーを押すと、線幅ポイントが削除される。

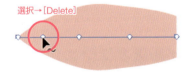

⑪[Alt]キーを押しながらハンドルをドラッグすると、片側だけ移動し、パスに対して対称的ではない線幅になる。

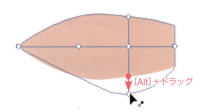

⑫線幅ポイントをダブルクリックする。

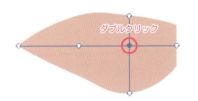

⑬ダイアログボックスが表示され、数値で線幅を設定することができる。

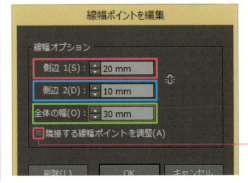

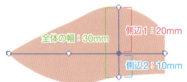

Point
[隣接する線幅ポイントを調整]にチェックを入れると、その線幅ポイントの両側にある線幅ポイントの線幅が自動的に調整される。

⑭パス上にある2つの線幅ポイントのうち、左の線幅ポイントを右の線幅ポイントに重なる位置までドラッグする。

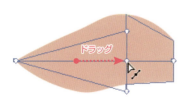

⑮重なった線幅ポイントをダブルクリックするとダイアログボックスが表示され、重なり合った両方の線幅を数値で設定することができる。

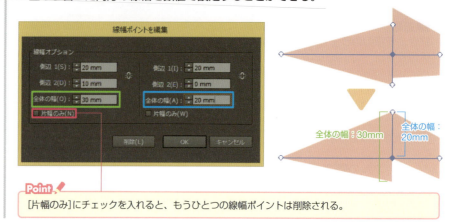

Point
[片幅のみ]にチェックを入れると、もうひとつの線幅ポイントは削除される。

2-7 線パネルにプロファイルを登録する

①2-6で作成したオブジェクトを選択した状態で、線パネルを表示する。

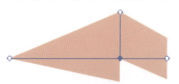

②[プロファイル]のドロップダウンリストの1番下にある[プロファイルに追加]をクリックする。

[プロファイルに追加]

③ダイアログボックスが表示されるので、プロファイル名に「練習」と入力する。

④[OK]をクリックすると、線幅のプロファイルとして保存される。

2-8 登録した線幅プロファイルをオブジェクトに適用する

①幅「60mm」、高さ「40mm」の円を描く。
②任意のカラーで線幅「50pt」に設定する。

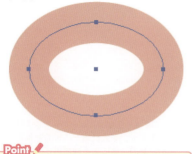

Point
数値入力での楕円形の作成は、p.155参照。

③線パネルの、[プロファイル]のドロップダウンリストから、2-7で登録した「練習」を選ぶとオブジェクトに適用される。

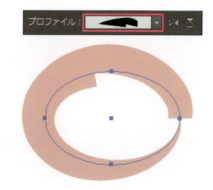

④[軸に沿って反転]、[軸を基準に反転]をクリックし、それぞれオブジェクトにどのような影響があるか試してみよう。

[軸に沿って反転]
[軸を基準に反転]

Point
線幅プロファイルのドロップダウンリストから「均等」を選ぶと、線幅を均等に元に戻すことができる。

3 グラデーション

グラデーションは、カラー、角度、位置、範囲の設定ができ、円形のグラデーションを描くこともできる。また、線にもグラデーションの設定をすることができる。

3-① グラデーションの適用と編集

●[塗り]にグラデーションを設定

①任意のクローズパスを描き、[塗り]に任意のカラーを設定しておく。
②ツールバーの[塗り]をクリックして設定対象にしておく。

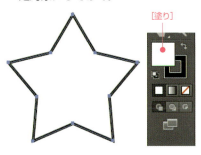

③ グラデーションツールを選択し、オブジェクトをクリックすると、[塗り]がグラデーションになり、グラデーションバーがオブジェクト内に表示される。

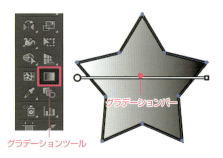

Point
このときグラデーションは、直前の設定が適用される。左のようなグラデーションになっていない場合は、コントロールパネルまたはドックからスウォッチパネルを表示して「ホワイト、ブラック」を選択する。

また、グラデーションバーが表示されない場合は、[表示]→[グラデーションガイドを表示]を選択する。

④グラデーションバー上にポインターを合わせると、グラデーションスライダーが表示されるので、右端の分岐点をダブルクリックする。

⑤カラーオプションが表示されるので、カラーを設定して[Enter]キーを押すと、グラデーションの終了カラーが変更される。

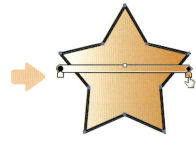

Point
右上の アイコンをクリックしてカラースライダーのカラーモードを選ぶこともできる。[スウォッチ]をクリックすると、スウォッチからカラーを選択することもできる。

●グラデーションの中間色を追加する

⑥グラデーションスライダーの下側で、ポインター右下の形状が「＋」になっている状態でクリックすると、分岐点が追加される。

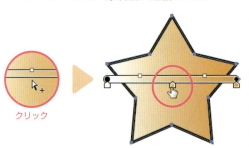

⑦追加した分岐点をダブルクリックし、さきほどと同様にカラーを設定する。

●分岐点の位置を変更する

⑧分岐点をスライダーに沿ってドラッグすると、分岐点の位置が変更される。

●分岐点の中間点の位置を変更する
⑨分岐点の中間点をドラッグすると、中間色の比率が変化する。

●グラデーションの位置を変更する
⑩グラデーションバー上で、ポインターの形状が「▶」になっている状態でドラッグする。

●グラデーションの範囲を変更する
⑪グラデーションバーの終点でポインターの形状が「▶︎」になっている状態でドラッグする。

●グラデーションの角度を変更する
⑫グラデーションバーの終点の少し外側でポインターの形状が「↻」になっている状態でドラッグする。

●中間の分岐点を削除する
⑬グラデーションバーの中間の分岐点を外側にドラッグする。

●グラデーションを指定し直す
⑭ポインターの形状が「╋」となっている場所で、グラデーションをかけたい範囲をドラッグする。

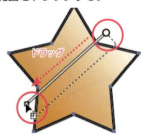

●グラデーションの反転と数値入力設定
⑮ドックの[グラデーション]ボタンをクリックし、グラデーションパネルを表示する。
⑯グラデーションの反転や角度の数値入力、またグラデーションバーと同様の操作で分岐点の設定を変更してみよう。

Short cut
グラデーションパネル：[Ctrl]+[F9]

●円形のグラデーションにする
⑰グラデーションパネルで[種類]のドロップダウンリストから「円形」を選択する。角度や縦横比を数値入力で設定を変更してみよう。
⑱グラデーションバーで縦横比を変更するには、外形の黒丸をドラッグする。

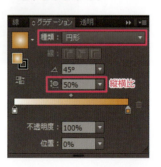

3-❷ 複数オブジェクトに1つのグラデーションを設定する

①[塗り]がグラデーションのクローズパスを複数描く。
②選択ツールで[Shift]キーを押しながらオブジェクトをクリックして複数選択する。

③グラデーションツールを選択し、3-❶⑭の要領で、グラデーションをかけたい範囲をドラッグすると複数オブジェクトに対して1つのグラデーションが設定される。

3-❸ 線にグラデーションを適用する

①幅「60mm」、高さ「40mm」の円を描く。
②[線]は任意のカラーで線幅「40pt」に設定する。

③グラデーションパネルの[線]をクリックして設定対象にする。
④[グラデーション]をクリックするとグラデーションが適用される。

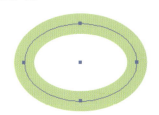

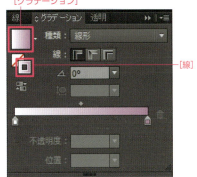

Point 数値入力での円の作成は、p.155参照。

Point [塗り]のグラデーションと同様に、グラデーションの反転、分岐点や分岐点の中間点の設定をすることができる。
■グラデーションツールは使用できない。

⑤線のグラデーションの種類は、「線形」「円形」と、[線]の3つのボタンの組み合わせによって次のように変化する。それぞれ試してみよう。

①[線にグラデーションを適用]
②[パスに沿ってグラデーションを適用]
③[パスに交差してグラデーションを適用]

種類：線形

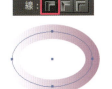 

※角度の設定が可能

種類：円形

※角度、縦横比の設定が可能

3-❹ スウォッチパネルにグラデーションを登録、適用する

(1) スウォッチパネルに登録する

①グラデーションパネルで、登録したいグラデーションを設定する。
②グラデーションパネルの[グラデーション]のドロップダウンリストの1番下にある[スウォッチに追加]をクリックすると、スウォッチパネルに登録される。

(2) スウォッチに登録されたグラデーションをオブジェクトに適用する

①グラデーションを適用したいオブジェクトを選択する。
②スウォッチパネルで[塗り]または[線]をクリックして設定対象にする。
③スウォッチパネルに登録されたグラデーションをクリックすると、オブジェクトに反映される。

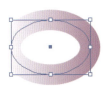

①オブジェクトを選択

オブジェクトの塗りと線

練習問題

ダウンロードデータ：[Illustrator]→[c03]

問題1
「みつばち.ai」を開き、次のようにカラーや線の設定をしなさい。

元データ：「みつばち.ai」　　完成データ：「みつばち（完成）.ai」

問題2
[塗り]は「なし」、[線]だけで次のような図形を作成しなさい。

完成データ：「ハート2（完成）.ai」

Point 線端の形状、角の形状はp.175参照。

問題3
次のような切り取り線を完成させなさい。

完成データ：「キリトリ（完成）.ai」

Point 破線の設定は、p.176参照。

問題4
次の設定で矢印を作成しなさい。

完成データ：「矢（完成）.ai」

線幅… 20pt
始点… 矢印17（倍率70%）
終点… 矢印5（倍率60%）

Point 矢印の設定は、p.176参照。

問題5
「円筒.ai」を開き、次のように各[塗り]のグラデーションを設定して立体的な円柱を作成しなさい。

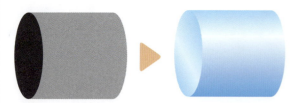

元データ：「円筒.ai」　　完成データ：「円筒（完成）.ai」

Point ハイライトはグラデーションスライダーに分岐点を追加する（グラデーションの設定は、p.179～p.180参照）。

問題6
「ボタン.ai」を開き、次のように各[塗り]のグラデーションを設定して立体的にしなさい。

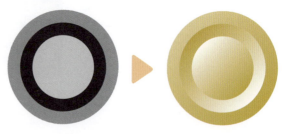

元データ：「ボタン.ai」　　完成データ：「ボタン（完成）.ai」

Point それぞれグラデーションの角度を変えて立体的に見せる。

練習問題

ダウンロードデータ：[Illustrator]→[c03]

問題 7

「排水管.ai」を開き、次のように[線]にグラデーションを適用しなさい。

元データ：「排水管.ai」　　完成データ：「排水管(完成).ai」

Point
[線]にグラデーションを適用し、グラデーションパネルで「種類」、「線」を設定する(p.181 参照)。

問題 8

縦の直線を描き、線幅ツールで線幅に強弱をつけて次のようなグラスの形状を作成しなさい。

完成データ：「グラス(完成).ai」

Point
線幅ツールの使い方は、p.177～p.178参照。

問題 9

スパイラルツールと線幅ツールを使って次のような形状を作成し、[線]のグラデーションを設定しなさい。

完成データ：「うず(完成).ai」

Point
① スパイラルツールを使用してうずまきを描く(p.157参照)。
② 線幅ツールで端点の線幅を調整する(p.177～p.178参照)。
③ [線]にグラデーションを適用し、分岐点を追加してカラフルなグラデーションにする(p.179～p.180参照)。
④ グラデーションパネルで「種類」、「線」を設定する(p.181参照)。

問題 10

[線]のグラデーションを設定し、さらに線幅ツールで線幅の強弱をつけて次のような葉のイラストを作成しなさい。

完成データ：「はっぱ(完成).ai」

Point
① 次のような曲線を描き、[線]にグラデーションを適用して[パスに交差してグラデーションを適用]にする(p.181参照)。
② 線幅ツールで線幅ポイントを追加する。、このポイントの片方のハンドルが長くなるように調整する(p.177～p.178参照)。

Chapter 04 オブジェクトの編集

Chapter04では、オブジェクトのグループ化や整列、レイヤー機能などオブジェクト編集に必要な機能を学ぼう。さらに、シェイプ形成ツール、パスファインダーやブレンドなどを使って、さまざまな図形を作成しよう。

1 オブジェクトの選択と解除

ダウンロードデータ：[Illustrator]→[c04]

1-① オブジェクトを選択、解除する

①「うさぎ.ai」を開く。
② 選択ツールを選択し、オブジェクトをクリックすると選択される。

③選択を解除するには、何もない場所をクリックするか、[選択]→[選択を解除]を選択する。

Short cut
選択を解除：[Shift]+[Ctrl]+[A]

1-② 複数のオブジェクトを選択、解除する

(1) ドラッグして範囲選択、解除する

①何もない場所から、オブジェクトを囲むようにドラッグするとその範囲のオブジェクトが複数選択される。

②何もない場所から、選択されたオブジェクトを囲むように[Shift]キーを押しながらドラッグすると、その範囲のオブジェクトが選択解除される。

(2) すべてを選択する

①[選択]→[すべてを選択]を選択する。

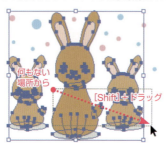

Short cut
すべてを選択：[Ctrl]+[A]

(3) [Shift]キーを押しながら選択、解除する

①何もない場所をクリックしてオブジェクトの選択を解除しておく。
②左の子うさぎをクリックする。
③[Shift]キーを押しながら右の子うさぎをクリックすると、複数選択となる。

④選択されたオブジェクトを[Shift]キーを押しながらクリックすると、そのオブジェクトだけが選択解除される。

Point
ドラッグして範囲選択すると、選択したくないオブジェクトを横切って選択してしまう場合があるので、そのようなときに[Shift]キーを押しながら選択、解除するとよい。

1-❸ 共通の属性を持つオブジェクトを選択する

①水色の雪のオブジェクトを1つ選択する。

②コントロールパネルの一番右にある[共通オプションを選択]のドロップダウンリストから「カラー(塗り)」を選択すると、[塗り]が同じ色のオブジェクトが選択される。

Point
[共通オプションを選択]をクリックすると、ドロップダウンリストで選択されている条件で共通オブジェクトが選択される。

2 オブジェクトの基本編集

2-❶ オブジェクトを移動、複製、削除する

(1) ドラッグして移動する

選択ツールでオブジェクトをドラッグする。

Point
●角度を45°単位で固定：[Shift]+ドラッグ

(2) ドラッグして複製移動する

[Alt]キーを押しながらドラッグすると、複製移動する。

Point
●角度を45°単位で固定：[Alt]+[Shift]+ドラッグ

(3) 数値入力で移動、複製移動する

①オブジェクトを選択する。
②選択ツールをダブルクリックする。
③ダイアログボックスで位置などを入力し、[OK]ボタンをクリックすると移動する。また、[コピー]をクリックすると複製移動する。

(4) オブジェクトを削除する

オブジェクトをクリックして選択し、[Delete]キー(または[Back Space]キー)を押すか、[編集]→[消去]を選択する。

2-❷ オブジェクトを拡大・縮小する

(1) バウンディングボックスをドラッグして拡大・縮小する

① 選択ツールでオブジェクトを選択すると、バウンディングボックスが表示される。

② バウンディングボックスのハンドルを拡大したい方向にドラッグする。

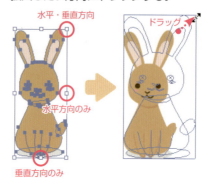

Point
●縦横比固定：[Shift]＋ドラッグ
●中心から拡大・縮小：[Alt]＋ドラッグ

Point 線幅と効果の拡大・縮小
オブジェクトを拡大・縮小をする際、線幅と効果も拡大・縮小するか、または維持するかを設定することができる。線幅と効果も拡大・縮小したい場合は、[編集]→[環境設定]→[一般]で「線幅と効果も拡大・縮小」にチェックを入れる。

「線幅と効果も拡大・縮小」にチェックなし
オブジェクトが拡大・縮小されても線幅に変化はない。

「線幅と効果も拡大・縮小」にチェックあり
オブジェクトが拡大・縮小された倍率で線幅も変化する。

Point
バウンディングボックスが表示されない場合は、[表示]→[バウンディングボックスを表示]を選択する。

(2) 拡大・縮小ツールでドラッグして拡大・縮小する

① オブジェクトを選択する。
② ツールパネルの 拡大・縮小ツールを選択する。

③ 基準点を指定する場合は、任意の場所をクリックする（初期状態は基準点は中心になっている）。

Point
基準点の位置を修正する場合は、別の場所をクリックするか、基準点をドラッグする。

④ 基準点以外の任意の場所をドラッグする。

Point
●複製を拡大・縮小：ドラッグ中に[Alt]
●縦横比固定：[Shift]＋ドラッグ

(3) 数値入力で拡大・縮小する

① オブジェクトを選択し、 拡大・縮小ツールをダブルクリックする。

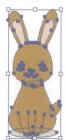 

Point
基準点を指定したい場合は、[Alt]キーを押しながら任意の場所をクリックする。

② ダイアログボックスで拡大・縮小率を入力し、[OK]をクリックする。また、[コピー]をクリックすると複製が拡大・縮小する。

Point
「線幅と効果を拡大・縮小」にチェックを入れると、(1)「point」の環境設定での操作と同様になり、環境設定の「線幅と効果も拡大・縮小」もチェックが入った状態になる。

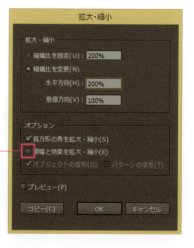

2-❸ オブジェクトを回転する

(1) バウンディングボックスをドラッグして回転する

① 選択ツールでオブジェクトを選択すると、バウンディングボックスが表示される。

② バウンディングボックスの外側で、ポインターの形状が「↺」になっている状態で、回転したい方向にドラッグする。

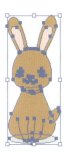

Point
● 角度を45°単位で固定：[Shift]＋ドラッグ

(2) 回転ツールでドラッグして回転する

① オブジェクトを選択する。
② ツールパネルの 回転ツールを選択する。

③ 基準点を指定する場合は、任意の場所をクリックする（初期状態は基準点は中心になっている）。

④ 基準点以外の任意の場所をドラッグする。

Point
● 複製を回転：ドラッグ中に[Alt]
● 角度を45°単位で固定：[Shift]＋ドラッグ

(3) 数値入力して回転する

① オブジェクトを選択し、 回転ツールをダブルクリックする。

② ダイアログボックスで回転角度を入力し、[OK]をクリックする。また、[コピー]をクリックすると複製が回転する。

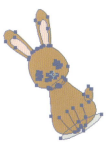

Point
基準点を指定したい場合は、[Alt]キーを押しながら任意の場所をクリックする。

2-④ オブジェクトを反転する

(1) バウンディングボックスをドラッグして反転する

① 選択ツールでオブジェクトを選択すると、バウンディングボックスが表示される。

② 反対側の輪郭線またはハンドルを越えてドラッグする。

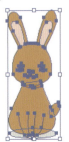
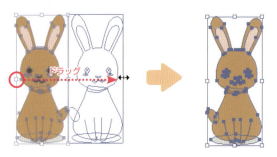

Point
- 中心から反転：[Alt]＋ドラッグ

(2) リフレクトツールで基準点を指定して反転する

① オブジェクトを選択し、ツールパネルの リフレクトツールを選択する。

② リフレクト軸を結ぶ2点をクリックすると、リフレクト軸を基準にオブジェクトが反転される。

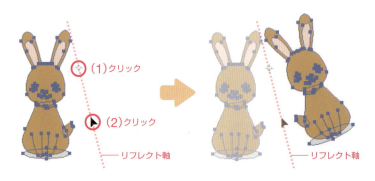

Point
- コピーを反転：[Alt]＋終点をクリック　●角度を90°単位で固定：[Shift]＋終点をクリック
- リフレクト軸の方向を調整：終点をドラッグ

(3) リフレクトツールで反転の角度を数値入力する

① オブジェクトを選択し、 リフレクトツールをダブルクリックする。

② ダイアログボックスでリフレクトの軸を選択、入力し[OK]をクリックする。また、[コピー]をクリックすると複製が反転する。

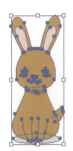

Point
基準点を指定したい場合は、[Alt]キーを押しながら任意の場所をクリックする。

2-❺ オブジェクトを歪める（シアー）

(1) シアーツールでドラッグして歪める

①オブジェクトを選択し、ツールパネルの シアーツールを選択する。

②基準点を指定する場合は、任意の場所をクリックする（初期状態は基準点は中心になっている）。

③基準点以外の任意の場所をドラッグする。

Point
- 複製を歪める：ドラッグ中に[Alt]
- 角度を45°単位で固定：[Shift]＋ドラッグ

(2) シアーツールでシアーの角度を数値入力して歪める

①オブジェクトを選択し、 シアーツールをダブルクリックする。

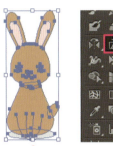

Point
基準点を指定したい場合は、[Alt]キーを押しながら任意の場所をクリックする。

②ダイアログボックスでシアーの角度と方向を選択、入力し[OK]をクリックする。また、[コピー]をクリックすると複製が歪む。

2-❻ 自由変形ツールでいろいろな変形をする

オブジェクトを選択し、ツールパネルの 自由変形ツールを選択するとタッチウィジェットとハンドルが表示される。初期状態は[自由変形]が選択されているのでそれぞれの方法を試してみよう。

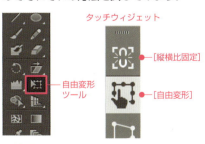

CS6 Memo
CS6では、タッチウィジェットは表示されない。ハンドルも異なり基準点もない。

●拡大・縮小

いずれかのハンドルをオブジェクトの外側もしくは内側方向にドラッグする。

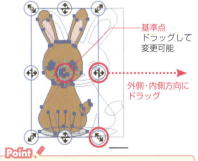

Point
コーナーハンドル（四隅）でドラッグする場合、タッチウィジェットの[縦横比固定]を選択した状態でハンドルをドラッグすると、縦横比が固定される。

●回転

コーナーハンドル（四隅）を回転方向にドラッグする。

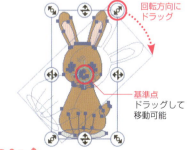

Point
タッチウィジェットの[縦横比固定]を選択した状態でハンドルをドラッグすると、角度が45°単位で固定される。

●歪み（シアー）

中央のハンドルを辺に沿うようにドラッグすると歪む（シアー）。

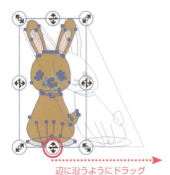

辺に沿うようにドラッグ

Point
タッチウィジェットの[縦横比固定]を選択した状態でハンドルをドラッグすると、高さまたは幅（上記の場合は高さ）が固定された状態で歪む。

CS6 Memo
CS6操作：センターハンドルドラッグ中に[Ctrl]

●遠近変形

タッチウィジェットの[遠近変形]を選択してハンドルをドラッグすると、縦方向もしくは横方向に遠近感が出るように変形する。

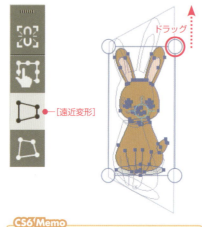

[遠近変形]

CS6 Memo
CS6操作：
[Alt]＋[Shift]＋コーナーハンドルドラッグ
→ドラッグ中に＋[Ctrl]

●自由変形

タッチウィジェットの[パスの自由変形]を選択してハンドルをドラッグすると、ドラッグしたハンドルだけが移動して変形する。

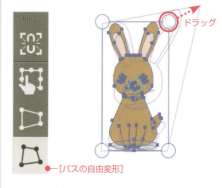

ドラッグ

[パスの自由変形]

Point
タッチウィジェットの[縦横比固定]を選択した状態でハンドルをドラッグすると、ドラッグが縦または横方向に固定される。

CS6 Memo
CS6操作：コーナーハンドルドラッグ中に[Ctrl]

2-7 複数のオブジェクトを個別に変形する

回転ツールなどで複数のオブジェクトを一度に変形すると、複数オブジェクトに対して1つの基準点を基準に変形する。これに対し、[個別に変形]を使用すると、各オブジェクトの基準点を基準に変形する。また、複数の種類の変形を一度に行うことができる。

① 複数のオブジェクトを選択する。
② [オブジェクト]→[変形]→[個別に変形]を選択する。
③ ダイアログボックスで、回転の角度を「20°」と入力し、基準点の中央下の四角形をクリックする。
④ [OK]（コピーしたい場合は[コピー]）をクリックすると、各オブジェクトの基準点を基準に20°回転する。

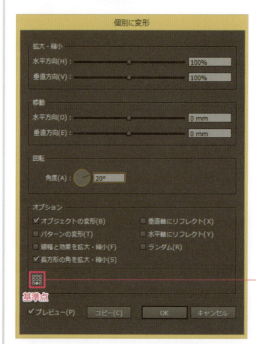

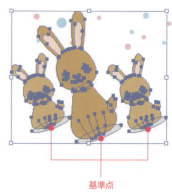

基準点

Point
9つの四角形をクリックすることで基準点の位置を変更できる（初期状態は基準点は中心になっている）。

Point
複数オブジェクトの選択は、p.184参照。

3 リキッドツールでオブジェクトを変形する

リキッドツールを使うと、オブジェクトを部分的にさまざまな形状に変形することができる。

①角丸長方形ツールを選択する。
②画面をドラッグし、任意のサイズ、カラーで角丸長方形を描く。

③ツールパネルの各リキッドツールを選択し、それぞれの操作を試してみよう。

● ワープツール

ドラッグすると、その動きに応じてオブジェクトを粘土のように伸ばす。

● うねりツール

長押しすると、オブジェクトを旋回して変形させる。

● 収縮ツール

長押しすると、マウスボタンを押している間、オブジェクトの境界線がマウスポインターの方向に近づく。

● 膨張ツール

長押しすると、マウスボタンを押している間、オブジェクトの境界線がマウスポインターから離れる。

● ひだツール

長押しすると、マウスボタンを押している間、オブジェクトの境界線がマウスポインターの方向に近づきながら円弧形のひだが追加される。

● クラウンツール

長押しすると、マウスボタンを押している間、オブジェクトの境界線がマウスポインターから離れながら円弧形のひだが追加される。

Point
ツールのカーソルサイズやひだの複雑さは、各リキッドツールをダブルクリックすると表示されるダイアログボックスで設定することができる。

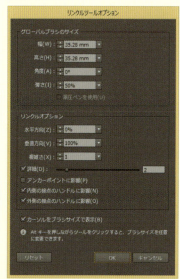

● リンクルツール

マウスボタンを押している間、オブジェクトの境界線に細かいシワのような形状が追加される。

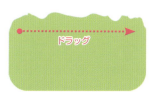

Point
各操作をする際、オブジェクトが選択されている場合は、そのオブジェクトのみが変形され、何も選択されていない場合は、その範囲すべてのオブジェクトが変形される。

オブジェクトが選択されている場合

オブジェクトが1つも選択されていない場合

4 オブジェクトのグループ

　ダウンロードデータ：[Illustrator]→[c04]

複数のオブジェクトをグループ化すると、1つのオブジェクトとして扱うことができる。

4-❶ オブジェクトをグループ化、解除する

①「フラミンゴ.ai」を開く。
②3羽のフラミンゴのオブジェクトを選択する。

③[オブジェクト]→[グループ]を選択すると、グループ化され3羽のフラミンゴが1つのグループオブジェクトになる。

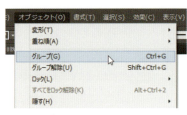

Short cut
グループ：[Ctrl]+[G]

④グループ解除するには、[オブジェクト]→[グループ解除]を選択する。

Short cut
グループ解除：[Ctrl]+[Shift]+[G]

4-❷ グループ内の個々のアートワークを編集する

(1)編集モードで編集する

①3羽のフラミンゴを1つのグループオブジェクトにしておく。
② 選択ツールを選択し、グループオブジェクトをダブルクリックすると、選択グループ編集モードになり、個々のオブジェクトとして扱えるようになる。

③さらに、黄色いフラミンゴをダブルクリックすると、黄色いフラミンゴのグループオブジェクトが個々のオブジェクトとして編集できようになる。
④編集モードを解除するには、[Esc]キーを押すか、何もない場所をダブルクリックする。

編集モードバー
編集中のグループ（黄色いフラミンゴ）
一階層上のグループ（ここでは3羽のフラミンゴ）

Point
グループの階層は編集モードバー内に表示され、クリックすると各階層に戻ることができる。

Point
グループ以外のオブジェクトはロックされ、薄く表示される。

(2)グループ選択ツールで編集する

 グループ選択ツールでグループオブジェクトをクリックすると、グループの中から最下層の単一オブジェクトだけを選択することができる。
同じオブジェクトをもう一度クリックすると、そのグループを選択することができる。

①ツールパネルの グループ選択ツールを選択する。

②グループオブジェクトをクリックする。

クリック　さらにクリック
顔のみ選択される　青いフラミンゴのグループが選択される

5 オブジェクトの重ね順

オブジェクト同士が重なる部分は、重ね順によって見え方が変化する。

5-❶ オブジェクトの重ね順を変更する

3羽のフラミンゴがグループ化されている場合はグループ解除しておく。

(1) 重ね順を前面へ移動する

①草のオブジェクトを選択する。

②[オブジェクト]→[重ね順]→[前面へ]を選択すると、オブジェクトの重ね順が入れ替わり、草と青いフラミンゴの重ね順が入れ替わる。

(2) 重ね順を最前面へ移動する

①草のオブジェクトを選択する。

②[オブジェクト]→[重ね順]→[最前面へ]を選択すると、オブジェクトの重ね順が入れ替わり、草が最前面に表示される。

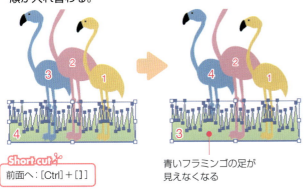

Short cut
前面へ：[Ctrl]+[ ]

青いフラミンゴの足が見えなくなる

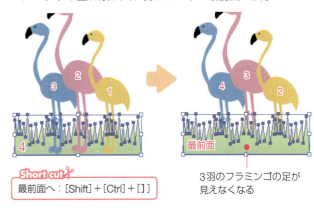

Short cut
最前面へ：[Shift]+[Ctrl]+[ ]

3羽のフラミンゴの足が見えなくなる

(3) 重ね順を背面、最背面へ移動する

前面、最前面と同じ要領で[オブジェクト]→[重ね順]から、[背面]または[最背面へ]を選択する。

Short cut
背面へ：[Ctrl]+[[]

Short cut
最背面へ：[Shift]+[Ctrl]+[[]

Point
オブジェクトの重ね順の変更は、オブジェクト選択後、右クリックすると表示されるメニューから実行することもできる。

5-❷ 背面描画モードで新規オブジェクトを背面に追加する

新しくオブジェクトを追加する際、初期状態では最前面に追加される。背面描画モードでは、最背面、または選択したオブジェクトの背面に追加することができる。

①オブジェクトが何も選択されていない状態で、ツールパネルの[背面描画]を選択する。

②任意のパスを描くと、最背面に描画される。

③[標準描画]を選択すると、常に最前面に追加されるようになる(初期状態)。

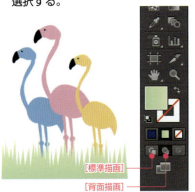

[標準描画]
[背面描画]

Point
[背面描画]のとき、オブジェクトが選択された状態で描画すると、選択されたオブジェクトの背面に描画される。

黄色いフラミンゴ選択時

6 レイヤーパネルで複数のオブジェクトを管理する　📁ダウンロードデータ：[Illustrator]→[c04]

レイヤーとはPhotoshopと同様に、レイヤーパネルを使ってオブジェクトを複数の階層に分けて管理する機能で、多数のオブジェクトをわかりやすく整理することができる。まずはレイヤーの基本操作を覚えておこう。

6-❶ レイヤーパネルを表示する

①「猫と花.ai」を開く。

②ドックの[レイヤー]ボタンをクリックし、レイヤーパネルを表示する。

Point レイヤーは、アートワークを乗せた透明なフィルムのようなもので、上のレイヤーほど重なり順も上になっている。

Short cut レイヤーパネル：[F7]

6-❷ レイヤーパネルの基本操作

(1) レイヤーを非表示にする

[表示コラム]の目のマークをクリックすると、レイヤーが非表示になる。再度クリックすると、表示になる。

「花」のレイヤーが非表示になった状態

(2) レイヤーをロックする

[編集コラム]をクリックすると、鍵マークになりレイヤーがロックされる。鍵マークをクリックするとロック解除される。

「背景」レイヤーがロックされ、編集できなくなった状態

(3) レイヤーを選択する

項目名をクリックすると、そのレイヤーがハイライトされ、選択された状態になる。

Point アートワークを作成する際は、選択されたレイヤー上に作成される。

(4) 新規レイヤーを追加する

[新規レイヤーを作成]をクリックすると、選択されていたレイヤーの上に新しいレイヤーが追加される。

Point 自動的に新規レイヤーが選択された状態になる。

(5) レイヤーを削除する

[選択項目を削除]をクリックすると、選択されていたレイヤーが削除される。

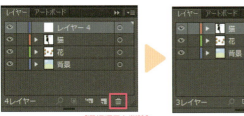

Point
削除された1つ下のレイヤーが選択された状態になる。

(6) レイヤーオプションを設定する

サムネールをダブルクリックすると、レイヤーオプションが開き、レイヤーの表示カラーの変更などの設定ができる。

(7) レイヤーの重ね順を変更する

レイヤーをドラッグすると、レイヤーの重ね順が入れ替わる。

Point
マウスポインターがレイヤーとレイヤーの間にあるとき、上記のように境界線が表示されるので、このときマウスボタンを離す。

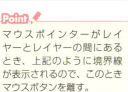

「猫」と「花」のレイヤーが入れ替わった

(8) サブレイヤーを表示する

① サムネールの左の三角マークをクリックすると、サブレイヤーが表示される。

② グループオブジェクトの三角マークをクリックすると、さらにグループ内のオブジェクトが表示される。

(9) オブジェクトを選択する

[表示コラム]の目のマークが表示されていて、[選択コラム]が空欄のとき、レイヤーの[選択コラム]をクリックすると、四角いマークが表示され、レイヤーに含まれるオブジェクトがすべて選択される。

また、サブレイヤーの[選択コラム]をクリックすると、そのオブジェクトが選択される。

(10) オブジェクトを別レイヤーへ移動する

① 選択ツールで、猫にかぶっている雲のオブジェクトを選択する。

② レイヤーパネルで「猫」のレイヤーの[選択コラム]の四角いマークを「背景」レイヤーの上にドラッグすると、雲のオブジェクトが「背景」レイヤーに移動する。

 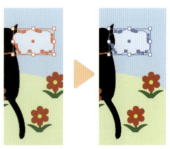

Point
移動したオブジェクトは、移動先のレイヤーの最前面に配置される。
[Alt]キーを押しながらドラッグすると、ドラッグ先のレイヤーに複製される。

7 オブジェクトを整列、分布させる

整列パネルは、指定した基準に従ってオブジェクトの位置を揃えることができる。整列・分布の機能を覚えよう。

7-① 整列パネルの表示

①次のように適当な図形オブジェクトを複数作成する。
②作成したオブジェクトをすべて選択しておく。

③[ウィンドウ]→[整列]を選択し、整列パネルを表示する(パネルが次のようにオプション表示されていない場合は、パネル右上のパネルメニューから、「オプションを表示」を選択する)。
④整列パネルの右下の[整列]のドロップダウンリストから「選択範囲に整列」を選択する。

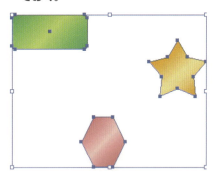

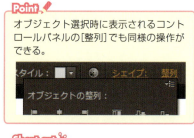

Point オブジェクト選択時に表示されるコントロールパネルの[整列]でも同様の操作ができる。

Shortcut 整列パネル：[Shift]＋[F7]

7-② オブジェクトを整列する

[オブジェクトの整列]では複数のオブジェクトを、水平方向(左、右、左右の中央)、垂直方向(上、下、上下の中央)に揃える。

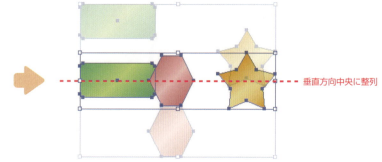

垂直方向中央に整列

7-③ オブジェクトを均等に分布する

[オブジェクトの分布]では複数のオブジェクトを、水平方向(左、右、左右の中央)、垂直方向(上、下、上下の中央)に均等に分布する。

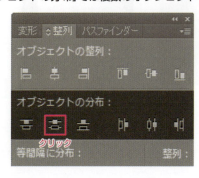
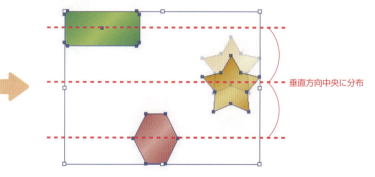

垂直方向中央に分布

7-❹ 基準となるオブジェクトを指定して整列する

複数のオブジェクトの中で、基準となるオブジェクトを指定して整列すると、そのオブジェクトの位置を変えずに、他のオブジェクトが移動する。この基準となるオブジェクトを「キーオブジェクト」という。

①整列させたいオブジェクトをすべて選択した後、選択ツールでキーオブジェクトをクリックする（このとき[Shift]キーは押さない）と、クリックしたオブジェクトの周りのアウトラインが太く表示され、キーオブジェクトに設定される。

②[垂直方向中央に整列]をクリックすると、キーオブジェクトの垂直位置を基準として他のオブジェクトが移動し、整列する。

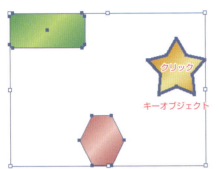
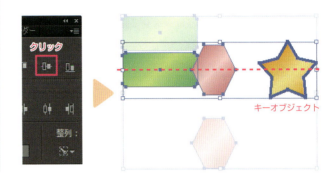

7-❺ 等間隔に分布する

[等間隔に分布]ではオブジェクト同士の間隔を一定にする。キーオブジェクトを設定すると、その間隔を数値入力で指定することができる。

①等間隔に分布するオブジェクトをすべて選択した後、選択ツールでキーオブジェクトをクリックする（このとき[Shift]キーは押さない）と、クリックしたオブジェクトの周りのアウトラインが太く表示され、キーオブジェクトに設定される。

②[間隔値]に「10mm」と入力する。

③[垂直方向等間隔に分布]をクリックすると、キーオブジェクトを基準に10mm間隔で垂直方向に分布される。

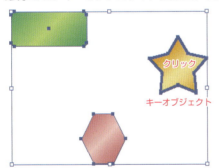
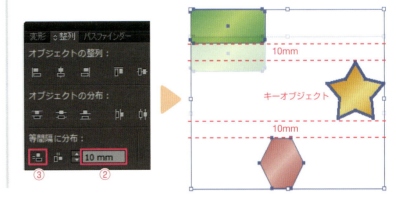

7-❻ アートボードを基準とした整列、分布

初期状態では、選択された複数のオブジェクトを基準に整列、分布されるが、アートボードを基準として整列、分布することもできる。

①整列パネルの右下の[整列]のドロップダウンリストから「アートボードに整列」を選ぶ。

②[垂直方向下に整列]をクリックすると、アートボードの下端に整列する。

Point 初期状態では、[選択範囲に整列]。

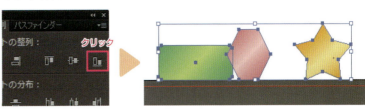

8 オブジェクト同士を合体、型抜きする

シェイプ形成ツールでオブジェクト同士を合体したり型抜きすることができる。また、パスファインダーパネルでは、さらにいろいろな組み合わせ方法がある。

8-❶ シェイプ形成ツールで合体、型抜きする

①長方形ツールで次のように2つの長方形が重なるように描き、選択ツールで2つとも選択する。
②ツールパネルのシェイプ形成ツールを選択する。

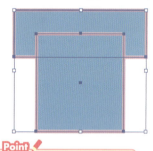

Point 長方形の描き方はp.155参照。

③次のようにドラッグすると、ドラッグ範囲が網かけ表示になり、マウスボタンを離すと、オブジェクトが合体する。

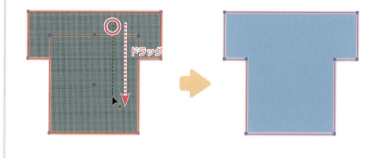

④中央上部に重なるように正円を描き、選択ツールで2つとも選択する。
⑤シェイプ形成ツールを選択する。

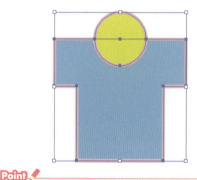

Point 正円の描き方はp.155参照。

⑥次の位置を[Alt]キーを押しながらドラッグすると、ドラッグ範囲が網かけ表示になり、マウスボタンを離すと、型抜きされてTシャツのような形状になる。

Point [Alt]を押しながらクリックすると、1カ所ずつ型抜きされる。

8-❷ パスファインダーで複数のオブジェクトを組み合わせる

パスファインダーパネルで、さらにいろいろな組み合わせ方法を試してみよう。

①[ウィンドウ]→[パスファインダー]を選択し、パスファインダーパネルを表示する。

Short cut パスファインダーパネル:[Shift]+[Ctrl]+[F9]

②[塗り]が単色の適当な図形オブジェクトを作成し、選択ツールですべて選択しておく。

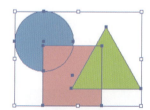

8-3 形状モード

形状モードは4種類あり、[Alt]キーを押しながら実行した場合は複合シェイプになり、元のパスを保持しておくことができる。

● 合体
重なり合うオブジェクトが統合され、1つのオブジェクトになる。最前面のオブジェクトの属性が適用される。

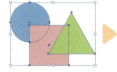 

> **Point**
> **複合シェイプ**
> [Alt]キーを押しながら「形状モード」を実行すると、複合シェイプとなり、元のパスを保持したまま見た目だけを変更できる。複合シェイプは編集モードで元のオブジェクトを個々に編集できる。
>
> 合体の例
>
>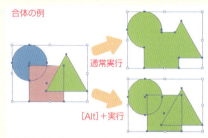
>
> パネルメニューの「複合シェイプを解除」を選択すると、実行前の状態に戻る。
>
>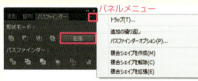
>
> 複合シェイプを作成し、[拡張]をクリックすると、拡張されて個々のオブジェクトを編集することができなくなる。

● 前面オブジェクトで型抜き
最背面のオブジェクトが、前面のオブジェクトで型抜きされる。

● 交差
選択したオブジェクトがすべて重なり合うとき、オブジェクトが重なっている部分だけが残る。2つだけ選択して実行してみよう。

● 中マド
オブジェクトが重なり合う部分だけを削除する。最前面のオブジェクトの属性が適用される。

8-4 パスファインダー

パスファインダーは6種類あり、実行後はすべてグループ化されている。

● 分割
重なり合う部分をすべて分割する。実行後、一度選択を解除し、グループ選択ツールでドラッグしてどのように分割されたか確かめてみよう。

● 刈り込み
オブジェクトが重なっていて、隠れている部分を削除する。実行後、一度選択を解除し、グループ選択ツールでドラッグして確かめてみよう。

● 合流
重なり合う同じカラーのオブジェクトは合体し、それ以外は刈り込みが実行される。四角形と三角形の同じカラーにして実行してみよう。実行後、一度選択を解除し、グループ選択ツールでドラッグして確かめてみよう。

● 切り抜き
最前面のオブジェクトの型で、背面にあるオブジェクトを切り抜く。マスクと同じような状態になる。前面に切り抜きするオブジェクトを描いてから実行してみよう。

● アウトライン
オブジェクトの重なり合う部分がオープンパスに変換される。[塗り]が削除され、パスの[線]のカラー(線幅は「0」)になる。実行後、一度選択を解除し、グループ選択ツールでドラッグして確かめてみよう。

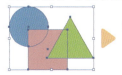

● 背面オブジェクトで型抜き
最前面にあるオブジェクトを背面のオブジェクトで型抜きする。

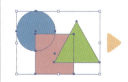

9 効果を使ったオブジェクトの変形

ダウンロードデータ：[Illustrator]→[c04]

効果とは、パスに変更を加えないで見た目だけを変化させる機能で、変更後も元のオブジェクトに変更を加えたり、元の形状に戻すこともできる。豊富なスタイルが用意されているのでその中からいくつか紹介しよう。

9-① パスの変形

①高さ、幅が「100mm」の正方形を描き、任意のカラーを設定する。

②[効果]→[パスの変形]から各スタイルを選択してそれぞれの設定を試してみよう。

Point
数値入力での四角形形の作成は、p.155参照。

Point
1回ごとに[編集]→[XXの取り消し]を選択し、元に戻してから次の効果を実行しよう。

Short cut
取り消し：[Ctrl]＋[Z]

● ジグザグ

大きさ ：3mm
折り返し：5
ポイント：直線的に

大きさ ：5mm
折り返し：5
ポイント：滑らかに

● パンク・膨張

収縮方向に -40%

● ラフ

サイズ ：5%
詳細 ：15(/inch)
ポイント：丸く

Point
パスを編集して変形すると、効果もそれに合わせて変化する。
効果の編集や削除を行う場合は、アピアランスパネル機能を使う（p.209参照）。

9-② ワープ

①「旗.ai」を開き、選択ツールでオブジェクトを選択する。

②[効果]→[ワープ]から各スタイルを選択してそれぞれの設定を試してみよう。

● 円弧

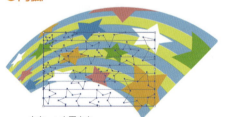

方向 ：水平方向
カーブ：50%
変形 ：水平方向／50%、垂直方向／0%

● でこぼこ

方向 ：水平方向
カーブ：30%
変形 ：水平方向／0%、垂直方向／0%

● 旗

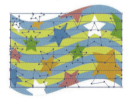

方向 ：水平方向
カーブ：20%
変形 ：水平方向／0%、垂直方向／0%

Point
複数のオブジェクトに対して効果を適用する場合は、必ずグループ化してから効果を適用する。
グループ化せずに複数オブジェクトを選択して効果を適用すると、右のように個々のオブジェクトに対して効果が適用される。
また、グループオブジェクトに対して効果を適用した場合は、効果適用後にグループ解除すると効果が削除される。

グループ化されていない場合

10 オブジェクトにマスクをかける

ダウンロードデータ：[Illustrator]→[c04]

クリッピングマスクを使うと、オブジェクトにマスクをかけて、不要な部分を非表示にすることができる。また、内側描画モードを使用して、選択したオブジェクトの内側に新しくオブジェクトを追加することができる。

10-① クリッピングマスク作成、解除する

①「街角.ai」を開く。

②イラストの前面に楕円形を描く。[塗り]、[線]の設定は任意でよい。

Point 楕円形の描き方はp.154参照。

③すべてのオブジェクトを選択し、[オブジェクト]→[クリッピングマスク]→[作成]を選択すると、イラストが楕円形に切り取られ、はみ出た部分は非表示になる。

Short cut クリッピングマスクの作成：[Ctrl]+[7]

④[オブジェクト]→[クリッピングマスク]→[解除]を選択すると、クリッピングマスクが解除される。

Point マスクとして使用していたオブジェクト（ここでは楕円形）は、クリッピングマスクを解除しても元の塗りや線の設定には戻らない。

Short cut クリッピングマスクの解除：[Alt]+[Ctrl]+[[7]

10-② 内側描画モードでオブジェクトの内側に新規オブジェクトを追加する

①任意のサイズ、カラーで楕円形を描く。
②ツールパネルの[内側描画]を選択すると、楕円形の回りに点線が表示される。

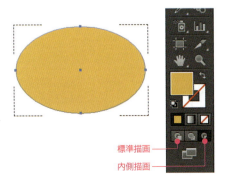

標準描画
内側描画

③ 選択ツールで何もない場所をクリックし、楕円形オブジェクトの選択を解除する。

④異なるカラーを選び、楕円形からはみ出るように任意のオブジェクトを描くと、楕円形の内側だけ表示される。

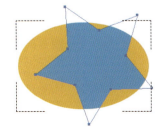

⑤[標準描画]を選択すると、内側描画モードが解除され、楕円形でクリッピングマスクされた状態になる。

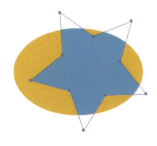

11 中間のオブジェクトを作成する

ブレンド機能では、複数のオブジェクトの形状やカラーをブレンドして中間のオブジェクトを作成することができる。

11-① ブレンドを作成、編集する

①[塗り]のカラーと形状が異なるオブジェクトを2つ作成する。

②ツールパネルの ブレンドツールを選択する。

③両方のオブジェクトをクリックするとブレンドパスと中間オブジェクトとが作成される。

Point 直前の設定が適用されるので、上のようなブレンドになっているとは限らない。

④ ブレンドツールをダブルクリックする。

⑤ダイアログボックスで[間隔]のドロップダウンリストから「ステップ数」を選択、入力欄に「2」と入力する。

⑥[OK]をクリックすると、中間オブジェクトの数が2つになる。

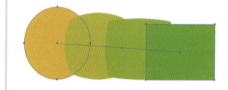

⑦ グループ選択ツールで何もない場所をクリックし、オブジェクトの選択を一旦解除する。

⑧片方のオブジェクトをクリックして選択し、[塗り]のカラーを変更すると、中間オブジェクトのカラーも変化する。

⑨オブジェクトをドラッグして移動すると、ブレンドパスと中間オブジェクトも移動する。

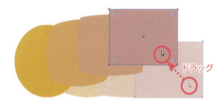

⑩ 選択ツールで中間オブジェクトをクリックして選択する。

⑪ ペンツールでブレンドパス上をクリックしてアンカーポイントを追加する。

⑫ ダイレクト選択ツールで、追加したアンカーポイントをドラッグして移動すると、ブレンドパスが変形して中間オブジェクトの配置も変化する。

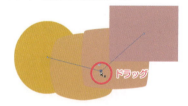

Point アンカーポイントの追加はp.162参照。

11-② ブレンドを解除、拡張する

(1) ブレンドを解除する

選択ツールでオブジェクトを選択し、[オブジェクト]→[ブレンド]→[解除]を選択すると、中間オブジェクトは削除される。

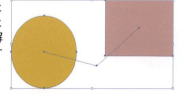

(2) ブレンドを拡張する

選択ツールでブレンドオブジェクトを選択し、[オブジェクト]→[ブレンド]→[拡張]を選択すると、中間オブジェクトは個々のオブジェクトに分割される。

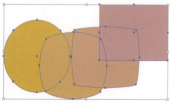

12 エンベロープを使ったオブジェクトの変形

📁 ダウンロードデータ：[Illustrator]→[c04]

エンベロープとは、前面のパスの形状に合わせてオブジェクトを変形させる機能で、複雑な変形を行うのに適している。

12-❶ 前面のオブジェクトの形状に合わせて背面のオブジェクトを変形する

①「旗.ai」を開く。

②イラストの前面に楕円形を描く。このとき[塗り]、[線]の設定は任意でよい。

Point 楕円形の描き方はp.154参照。

③すべてのオブジェクトを選択し、[オブジェクト]→[エンベロープ]→[最前面のオブジェクトで作成]を選択すると、イラストが楕円形に沿って変形する。

④ツールパネルの メッシュツールを選択する。

⑤エンベロープオブジェクト内の任意の場所をクリックすると、メッシュポイントが追加される。

⑥メッシュポイントをドラッグしたり、ハンドルをドラッグしてメッシュを変形させると、エンベロープの形状も変化する。

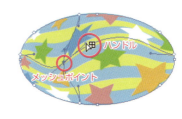

⑦[オブジェクト]→[エンベロープ]→[解除]を選択すると、エンベロープが解除される。

Point 楕円形はメッシュオブジェクトに変換され、エンベロープを解除しても元の塗りや線の設定には戻らない。

12-❷ 「ワープ」のプリセットを使って変形する

①前面の楕円形を削除し、選択ツールでイラストを選択する。

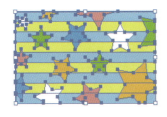

②[オブジェクト]→[エンベロープ]→[ワープで作成]を選択し、次の設定を適用すると、アーチ状に変形する。

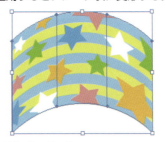

スタイル：アーチ
方向　　：水平方向
カーブ　：50%
変形　　：水平方向／0%、垂直方向／0%

③メッシュツールでメッシュを編集すると、さらに自由に変形することができる。

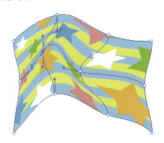

ダウンロードデータ：[Illustrator]→[c04]

問題 1

「三角.ai」を開き、各オブジェクトを60％縮小し、30°回転させなさい。

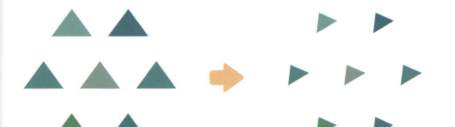

元データ：「三角.ai」　　　完成データ：「三角（完成）.ai」

Point
[オブジェクト]→[個別に変形]を使用すると、一度の操作で完了できる（p.190参照）。

問題 2

「蝶.ai」を開き、半分の蝶のイラストの複製を反転して次のような蝶を完成させなさい。

元データ：「蝶.ai」　　　完成データ：「蝶（完成）.ai」

Point
オブジェクトの反転は、p.188参照。

問題 3

「小鳥.ai」を開き、移動、複製、拡大、ブレンドなどを使って次のようなイラストを完成させなさい。

元データ：「小鳥.ai」　　　完成データ：「小鳥（完成）.ai」

Point
ブレンドを使って中間の小鳥を作成する（p.202参照）。
ブレンド適用後に片方の小鳥を選択するには、何も選択されていない状態で、グループ選択ツールで2回クリックする。

練習問題

ダウンロードデータ：[Illustrator]→[c04]

問題 4

「マーク.ai」を開き、整列や分布を使って次のように並べなさい。

元データ：「マーク.ai」　　　完成データ：「マーク（完成）.ai」

Point
オブジェクトの整列、分布は、p.196参照。

問題 5

「時計.ai」を開き、時計の針を正確な角度で回転して、次の時刻にしなさい。

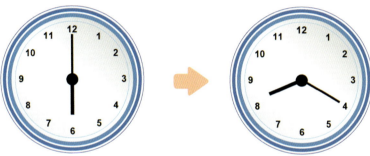

元データ：「時計.ai」　　　完成データ：「時計（完成）.ai」

Point
オブジェクトの回転は、p.187参照。
短い針が20分で動く角度は10°。

問題 6

「虫食い.ai」を開き、シェイプ形成ツールを使って次のように虫食いの葉にしなさい。

元データ：「虫食い.ai」　完成データ：「虫食い（完成）.ai」

Point
シェイプ形成ツールの使い方は、p.198参照。

問題 7

「CD.ai」を開き、ブレンドツールを使って次のようなCDを完成させなさい。

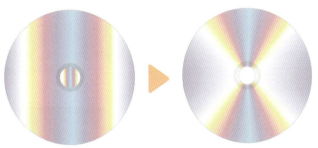

元データ：「CD.ai」　　　完成データ：「CD（完成）.ai」

Point
①外側の円と内側の円でブレンドする。ブレンドのステップ数は「80」にする（p.202参照）。
②楕円形ツールで中心の白い正円を描く。

オブジェクトの編集　205

Chapter 05 オブジェクトの装飾

Chapter05では、不透明度や効果、ブラシやパターンを使ってオブジェクトを装飾してみよう。また、アピアランスを使って属性を管理したり、1つのオブジェクトに[線]や[効果]を複数設定してみよう。

1 不透明度・描画モードを設定する

ダウンロードデータ：[Illustrator]→[c05]

●不透明度を設定する

① 「カエル.ai」を開く。
② 選択ツールを選択し、左上の雲をクリックして選択する。

③ ドックの[透明]ボタンをクリックし、透明パネルを表示する。
④ [不透明度]に「50%」と入力する。

⑤ [Enter]キーを押すと、雲が半透明になり、背面の虹が透けて見えるようになる。

Short cut
透明パネル：[Shift]+[Ctrl]+[F10]

●描画モードを設定する

⑥ 虹をクリックして選択する。

⑦ 透明パネルの[描画モード]のドロップダウンリストから「乗算」を選ぶ。

⑧ 虹と背面の雲が重なり合う部分が変化し、雲が透けて見えるようになる。

Point
「乗算」は、マーカーを塗り重ねたような効果となる。背面が白い部分には変化はない。

●グラデーションの不透明度を設定する

⑨ 雨のしずくを1つクリックし、つづけて残り4つのしずくを[Shift]キーを押しながらクリックして選択する。

⑩ グラデーションパネルを表示し、開始カラーを選択し、[不透明度]に「20%」と入力する。

⑪ [Enter]キーを押すと、雨のしずくの上部だけ半透明になる。

●不透明マスクを作成する

⑫ ▪長方形ツールを選択し、カエルの横に次の点線くらいの大きさの長方形を描く。

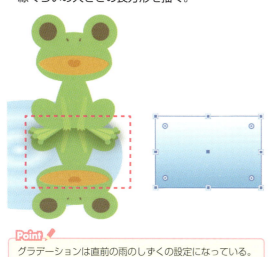

Point グラデーションは直前の雨のしずくの設定になっている。

⑬ グラデーションパネルを表示し、開始カラーの分岐点をダブルクリックする。
⑭ [カラー]をクリックし、「K：0%」に設定する。
⑮ 同様に終了カラーを「K：100%」に設定する。
⑯ [不透明度]は両方の分岐点とも「100%」にする。

⑰ ▪選択ツールを選択し、長方形オブジェクトを次の点線部分のあたりにドラッグして重ねる。

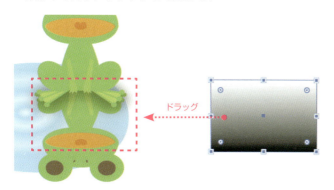

⑱ [Shift]キーを押しながらカエルの映り込みをクリックして両方選択状態にする。

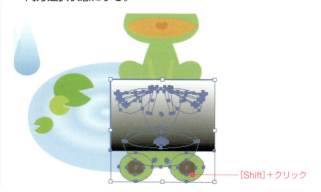

⑲ 透明パネルを表示し、[マスク作成]をクリックすると、不透明マスクが作成され、カエルが水面に映り込んでいるイメージになる。

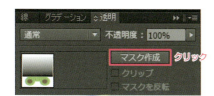

⑳ 不透明マスクを解除するには、不透明マスクオブジェクトが選択された状態で透明パネルの[解除]をクリックする。

Point 不透明マスクとは、マスクオブジェクトを使って背面のアートワークの不透明度を変化させる機能。
マスクオブジェクト内のカラーが黒いほど背面が透明に、白いほど不透明になる。また、マスクオブジェクト以外の範囲は非表示となる。

2 ドロップシャドウなどの効果を設定する

ダウンロードデータ：[Illustrator]→[c05]

効果を使ってPhotoshopのような「ドロップシャドウ」や「ぼかし」を設定することができる。いろいろな効果を試してみよう。

①「花.ai」を開く。
② 選択ツールを選択し、花をクリックする。

③ [効果]→[スタイライズ]から各効果を選択してそれぞれの設定を試してみよう。

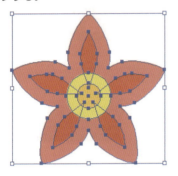

●ぼかし

半径：15mm

Point
1回ごとに[編集]→[XXの取り消し]を選択し、元に戻してから次の効果を実行しよう。

Short cut
取り消し：[Ctrl]+[Z]

●ドロップシャドウ

描画モード ：乗算
不透明度 ：30%
X軸オフセット：5mm
Y軸オフセット：5mm
ぼかし ：3mm
カラー ：K100%

●光彩（内側）

描画モード ：通常
不透明度 ：100%
ぼかし ：10mm
カラー ：M100%
中心／境界線 ：境界線

●光彩（外側）

描画モード ：通常
不透明度 ：100%
ぼかし ：10mm
カラー ：Y100%

●落書き

スタイル：スケッチ

ラスタライズ効果設定

上記の「ぼかし」「ドロップシャドウ」「光彩」およびPhotoshop効果は、ラスタライズ効果といい、ベクトルデータではなく、ピクセルデータで作られる。プリントするとこれらの効果のエッジがギザギザに見えたりする場合は、[効果]→[ドキュメントのラスタライズ効果設定]を選択し、[解像度]のドロップダウンリストから「高解像度」を選択して[OK]をクリックする。

ラスタライズ効果設定の極端な例

5 ppi
（1inchの中に5 px）

300 ppi
（1inchの中に300 px）

3 アピアランスパネルで属性を管理する

アピアランスパネルはオブジェクトの属性を管理するパネルで、効果の編集や塗りや線の属性を追加することもできる。

3-❶ 効果を編集、削除する

①前ページの「落書き」効果を設定している状態で、選択ツールを選択し、花をクリックして選択する。

②ドックの[アピアランス]ボタンをクリックしてアピアランスパネルを表示する。

③下線付きの「落書き」部分をクリックする。

④落書きオプションが表示されるので、角度を「0°」に変更する。

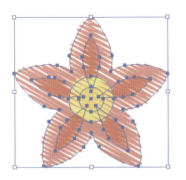

Short cut
アピアランスパネル：[Shift]+[F6]

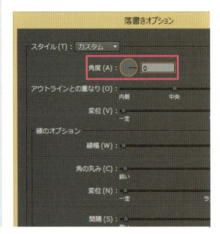

⑤[OK]をクリックすると「落書き」効果の向きが変更される。

⑥次にアピアランスパネルの「落書き」効果欄（下線付きテキスト以外の部分）をクリックして選択状態にする。

⑦[選択した項目を削除]をクリックすると「落書き」効果が削除される。

[選択した項目を削除]

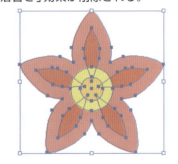

3-❷ 塗りや線を編集、追加する

①グループ選択ツールを選択し、何もない場所でクリックして選択を解除しておく。

②いちばん外側の花びらをクリックする。

③アピアランスパネルの線属性を選択すると線幅入力欄が表示されるので、[カラー]をクリックして任意の黄色を設定し、[線幅]に「25pt」と入力する。

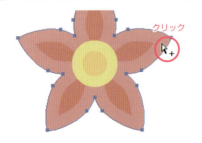

Point
[カラー]は、クリックするとスウォッチパネルが表示され、[Shift]キーを押しながらクリックすると、カラーパネルが表示される。

オブジェクトの装飾　209

④線属性が選択されている状態で[選択した項目を複製]をクリックすると、元の線属性の上に複製される。

[選択した項目を複製]

⑤追加された線属性の[カラー]をクリックして白色を設定し、[線幅]に「10pt」と入力すると、花びらの線が二重になる。

⑥[新規効果を追加]→[スタイライズ]→[落書き]を選択する。

[新規効果を追加]

⑦[スタイル]のドロップダウンリストから「スケッチ」を選択する。

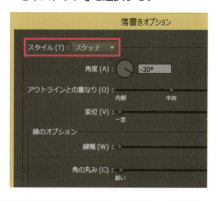

⑧[OK]をクリックすると、いちばん上の白い線属性だけに「落書き」効果が適用される。

⑨線属性のいちばん左の「▶」マークをクリックすると、線属性の詳細が表示され、「落書き」効果が含まれていることがわかる。

⑩「落書き」効果を、黄色の線属性にドラッグする。

⑪黄色の線に「落書き」効果が移動する。黄色の線属性のいちばん左の「▶」マークをクリックすると、「落書き」効果が黄色の線属性に移動していることがわかる。

Point
[塗り]や[線]の重なり順は、アピアランスパネルの順番と一致し、いちばん上がアートワークの最前面、いちばん下が最背面にあたる。

3-❸ アピアランスを登録、適用する

①ドックの[グラフィックスタイル]ボタンをクリックしてグラフィックスタイルパネルを表示する。

Short cut
グラフィックスタイルパネル：[Shift]+[F5]

②いちばん外側の花びらが選択された状態で、[新規グラフィックスタイル]をクリックすると、アピアランス属性がグラフィックスタイルとして登録される。

③ グループ選択ツールを選択し、花の中心の円をクリックする。

④グラフィックスタイルパネルでさきほど登録したグラフィックスタイルをクリックすると、中心の円に適用される。

3-❹ アピアランスを分割して編集可能なパスにする

アピアランスを分割すると、[線][塗り][効果]が分割され、それぞれのパスに変換される（「ぼかし」、「ドロップシャドウ」などのラスタライズ効果はラスタライズされ、ピクセルデータに変換される）。
効果をパスとして自由に編集したいときや、旧バージョンのIllustratorでアピアランスがうまく表示されない場合に使ってみよう。

① グループ選択ツールを選択し、いちばん外側の花びらをクリックする。

②[オブジェクト]→[アピアランスを分割]を選択すると、アピアランス属性がそれぞれのパスに変換される。

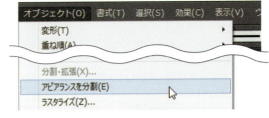

4 ブラシでさまざまな表現の線を描く

ブラシには、カリグラフィブラシ、散布ブラシ、アートブラシ、パターンブラシ、絵筆ブラシの5種類があり、さまざまな表現の線を描くことができる。

4-① ブラシツールで自由な線を描く

①ドックの[ブラシ]ボタンをクリックし、ブラシパネルを表示する。

Short cut
ブラシパネル：[F5]

②[ブラシライブラリメニュー]→[絵筆ブラシ]→[絵筆ブラシライブラリ]を選択する。

[ブラシライブラリメニュー]

③絵筆ブラシライブラリパネルが表示されるので、「丸筆-点描」を選択する。

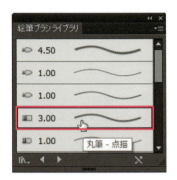

④ツールパネルの ▟ ブラシツールを選択する。

⑤画面上で自由にドラッグすると、絵筆で描いたようなナチュラルな線が描かれる。

⑥ ▟ 選択ツールで描いた線をクリックして選択する。

⑦[線]のカラーを変更すると、ブラシストロークに適用される。

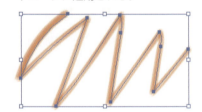

⑧ブラシパネルの「木炭画-ぼかし」を選択すると、ブラシストロークが変更される。

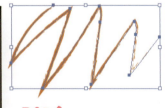

Point
ブラシツールで描いたパス以外でも、パスを選択し、ブラシパネルからブラシストロークを選んで適用することができる。

⑨[ブラシストロークを削除]をクリックすると、ブラシストロークが削除される。

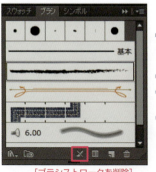

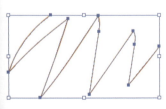

[ブラシストロークを削除]

4-② ブラシの種類

●カリグラフィブラシ
ペン先が斜めにカットされたカリグラフィペンで描いたような線。

●散布ブラシ
登録されたオブジェクトがパスに沿って散布される。

●アートブラシ
登録された1つのアートワークがパスの長さに合わせて伸縮する。

●パターンブラシ
外角、サイド、内角、最初、最後の5つのアートワークがパスの形状に合わせて配置される。

●絵筆ブラシ
ナチュラルで写実的な刷毛状の線。

5 オリジナルブラシを登録する

■ダウンロードデータ：[Illustrator]→[c05]

5-① カリグラフィブラシ

完成データ：「カリグラフィブラシ(完成).ai」

①オブジェクトが何も選択されていない状態で、ブラシパネルの[新規ブラシ]をクリックする。

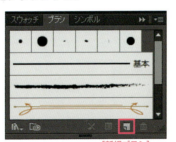

[新規ブラシ]

②「カリグラフィブラシ」にチェックして[OK]をクリックする。

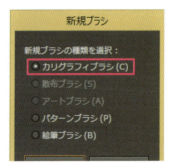

③カリグラフィブラシオプションで、[角度]を「60°」、[真円率]を「10%」、[直径]を「30pt」に設定する。
④[OK]をクリックするとブラシパネルに登録される。
⑤登録したブラシが選択された状態で、■ブラシツールを選択し、画面上を自由にドラッグする。
⑥■選択ツールを選択し、描いた線をクリックする。
⑦カラーパネルで[線]を「C：50%」、「Y：100%」に設定する。

Point
この部分がブラシの形状で、ドラッグして回転させると角度を変更でき、黒い点をドラッグすると真円率を変更できる。

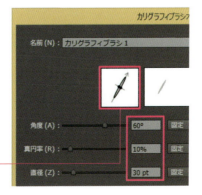

オブジェクトの装飾 213

5-❷ 散布ブラシ

完成データ:「散布ブラシ(完成).ai」

① 「星.ai」を開く。
② ブラシパネルを表示しておく。
③ 選択ツールを選択し、星をブラシパネルへドラッグする。

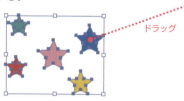

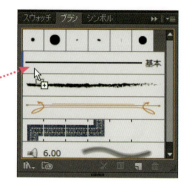

④ 「散布ブラシ」にチェックして[OK]をクリックする。

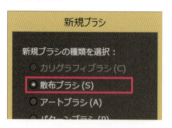

⑤ 散布ブラシオプションは初期設定のまま[OK]をクリックするとブラシパネルに登録される。
⑥ 登録したブラシを選択する。
⑦ ブラシツールを選択し、画面上を自由にドラッグする。

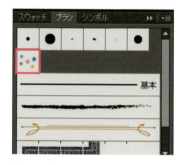

5-❸ アートブラシ

完成データ:「アートブラシ(完成).ai」

① 「リボン.ai」を開く。
② ブラシパネルを表示しておく。
③ 選択ツールを選択し、リボンをブラシパネルへドラッグする。

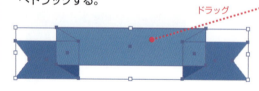

④ 「アートブラシ」にチェックして[OK]をクリックする。

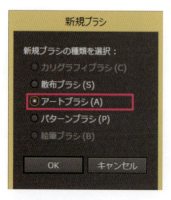

⑤ アートブラシオプションで「ガイド間で伸縮」にチェックする。

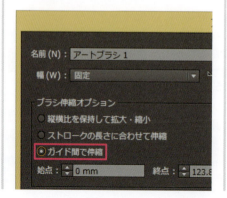

⑥ プレビュー内のガイドをドラッグし、伸縮範囲を定義する。

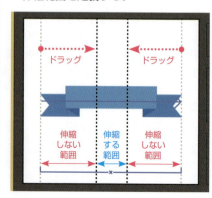

⑦[OK]をクリックするとブラシパネルに登録される。

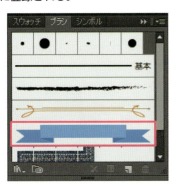

⑧登録したブラシを選択する。

⑨ ブラシツールを選択し、画面上を自由にドラッグする。

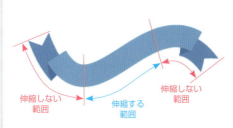

伸縮しない範囲　伸縮する範囲　伸縮しない範囲

Point
⑤で「ガイド間で伸縮」にチェックせずに初期状態の「ストロークの長さに合わせて伸縮」の設定の場合は、アートワーク全体がパスの長さに合わせて伸縮する。

5-4 パターンブラシ

完成データ：「パターンブラシ(完成).ai」

①「葉模様.ai」を開く。
②スウォッチパネルを表示しておく。
③ 選択ツールを選択し、左側の3枚の葉をスウォッチパネルへドラッグする。
④何もない場所でクリックしてオブジェクトの選択を解除しておく。

ドラッグ

⑤登録したパターンスウォッチをクリックして選択する。

クリック

⑥パネルメニューから「スウォッチオプション」を選択する。

パネルメニュー

⑦「コーナー」と入力して[OK]をクリックする。

⑧同様に中央の葉を「サイド」、右側の葉を「最初」と名前を付けてスウォッチパネルに登録する。

「サイド」　「最初」

⑨オブジェクトが何も選択されていない状態で、ブラシパネルの[新規ブラシ]をクリックする。

[新規ブラシ]

⑩「パターンブラシ」にチェックして[OK]をクリックする。

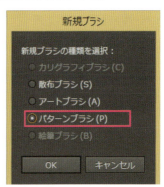

オブジェクトの装飾　215

⑪パターンブラシオプションで、[外角タイル]のドロップダウンリストからさきほど登録した「コーナー」を選択する。

⑫[サイドタイル]のドロップダウンリストから「サイド」を選択する。
⑬次に[最初のタイル]のドロップダウンリストから「最初」を選択する。
⑭プレビューが表示されるので次のようになっているか確かめてみよう。

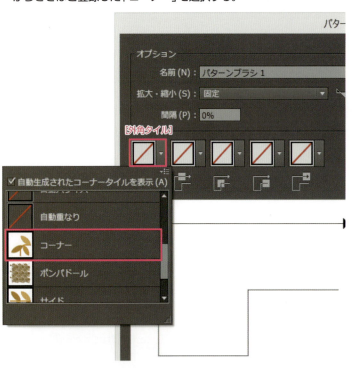

⑮[OK]をクリックするとブラシパネルに登録される。

⑯登録したブラシを選択する。
⑰ブラシツールを選択し、画面上を自由にドラッグする。

⑱長方形ツールを選択し、画面上でクリックして幅、高さが「100mm」の正方形を作成する。

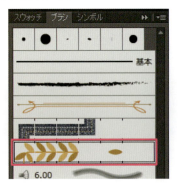

Point 上記例は、パスにコーナーがないので[外角タイル]は表示されない。

⑲正方形が選択された状態で、ブラシパネルからさきほど登録したブラシを選択すると、ブラシが適用される。

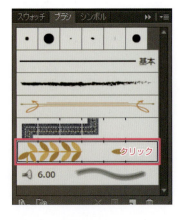

Point パターンブラシでは、このようにパスの形状に合わせて各タイルが配置される。

Point 登録できないアートワーク
散布ブラシ、アートブラシ、パターンブラシでは、グラデーション、メッシュオブジェクトなど一部登録できないアートワークがある。

5-5 絵筆ブラシ

完成データ:「絵筆ブラシ(完成).ai」

①オブジェクトが何も選択されていない状態で、ブラシパネルの[新規ブラシ]をクリックする。

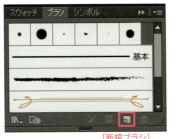

[新規ブラシ]

②「絵筆ブラシ」にチェックして[OK]をクリックする。

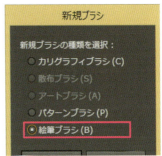

③絵筆ブラシオプションで、[形状]を「平筆(ポイント)」、[サイズ]を「10mm」に設定する。
④[OK]をクリックするとブラシパネルに登録される。
⑤登録したブラシが選択された状態で、ブラシツールを選択し、画面上を自由にドラッグする。
⑥選択ツールを選択し、描いた線をクリックする。
⑦カラーパネルで「C:30%」、「M:80%」に設定する。

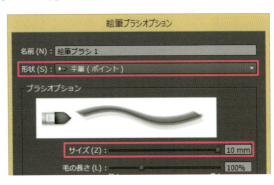
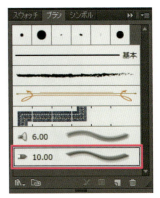

5-6 登録されたブラシを編集する

①5-5で作成した線が表示されている状態で、ブラシパネルの登録したブラシをダブルクリックする。

ダブルクリック

②絵筆ブラシオプションで、形状「平筆(ポイント)」を「丸筆(ファン)」に設定し、[OK]をクリックする。

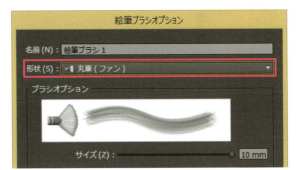

③アラートが出るので[適用]をクリックすると、ブラシが変更されるとともに、アートワークのブラシストロークも変更される。

Point
[適用しない]をクリックするとブラシは変更されるが、アートワークは変更されない。

6 パターンを作成する

ダウンロードデータ：[Illustrator]→[c05]

アートワークをパターンとして登録し、間隔や並べ方を設定して簡単にシームレスなパターンを作成することができる。

6-① アートワークをパターンとして登録、編集する

①「花パターン.ai」を開く。
②スウォッチパネルを表示しておく。
③選択ツールを選択し、花をスウォッチパネルへドラッグする。
④何もない場所でクリックしてオブジェクトの選択をすべて解除しておく。
⑤登録されたパターンスウォッチをダブルクリックする。

⑥パターン編集モードになり、パターンオプションパネルとパターンプレビューが表示される。

Point この部分でパターンプレビューの設定（プレビュー数、濃度など）をすることができる。

⑦[タイルの種類]のドロップダウンリストから「レンガ（横）」を選択すると、パターンの並び方がレンガ状に変化する。

Point タイルの種類には「レンガ（横）」の他に、「レンガ（縦）」、「六角形（縦）・（横）」が用意されている。

⑧[幅]、[高さ]を「40mm」に設定すると、パターンの間隔が開く。

Point 初期状態ではオブジェクトのサイズと同じになっている。

⑨［幅］、［高さ］を「25mm」に設定すると、パターンが重なる。
⑩このとき、左上がいちばん前面になるように重なっているので、［右を前面に］を選択すると、右上がいちばん前面になるように重なる。

⑪［完了］をクリックすると、編集したパターンが登録される。

Point
選択ツールを選択し、何もない場所でダブルクリックすることでも「完了」となる。

6-❷ パターンを適用後、編集する

①長方形ツールを選択し、任意の大きさの四角形を描く。
②スウォッチパネルで［塗り］を選択し、6-❶で登録したパターンスウォッチをクリックすると、四角形の塗りに適用される。

③パターンスウォッチをダブルクリックするとパターン編集モードになる。

④選択ツールを選択し、中心の黄色い円のオブジェクトをクリックして［Delete］キーを押す。

⑤［完了］をクリックすると、パターンスウォッチが変更され、パターンが適用されていた四角形にも変更が適用される。

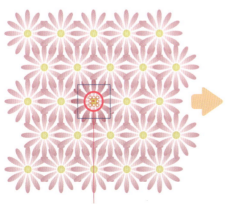

クリック→［Delete］

練習問題

ダウンロードデータ：[Illustrator]→[c05]

問題 1

「電球.ai」を開き、次のように背景をぼかしなさい。

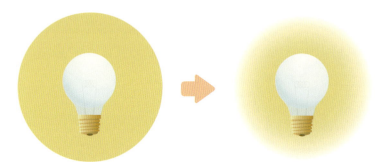

元データ：「電球.ai」　完成データ：「電球（完成）.ai」

Point
「ぼかし」効果を適用する（p.208参照）。

問題 2

「花入れ.ai」を開き、次のように花瓶の背景が透けるようにしなさい。

元データ：「花入れ.ai」　完成データ：「花入れ（完成）.ai」

Point
花瓶の描画モードを「乗算」にする（p.206参照）。

問題 3

次のようなレンガのパターンを適用した四角形を作成しなさい。

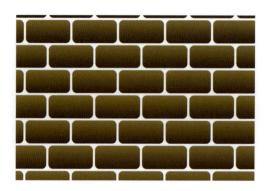

完成データ：「レンガ（完成）.ai」

Point
[タイルの種類]を「レンガ（横）」にし、少し間隔を空ける（p.218参照）。

問題 4

「HAPPY_BIRTHDAY.ai」を開き、上のオブジェクトをブラシに登録し、下の破線にブラシを適用して次のようなリボンを完成させなさい。

元データ：「HAPPY_BIRTHDAY.ai」　完成データ：「HAPPY_BIRTHDAY（完成）.ai」

Point
パスに沿ってオブジェクトの形状を変形させたいときは、パターンブラシを使う（p.215参照）。

▣ ダウンロードデータ：[Illustrator]→[c05]

問題 5

「ぶどう.ai」を開き、「落書き」効果を使って次のようにアレンジしなさい。

元データ：「ぶどう.ai」　　　完成データ：「ぶどう(完成).ai」

Point
アピアランスパネルで[塗り]を追加して「落書き」効果を重ね、さらに色を変える(p.209〜p.210参照)。

問題 6

「Tシャツ.ai」を開き、次のようにパターンを適用してTシャツを星柄にしなさい。

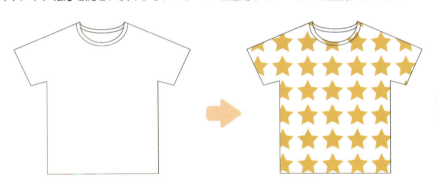

元データ：「Tシャツ.ai」　　　完成データ：「Tシャツ(完成).ai」

Point
パターンの設定はp.218参照。

問題 7

「乾杯.ai」を開き、不透明マスクを使って次のようにしなさい。

元データ：「乾杯.ai」　　　完成データ：「乾杯(完成).ai」

Point
①外側が黒、内側が白で、白の分岐点を外側に近づけた円形のグラデーションを楕円形に適用する。このとき、先に正円を描いてグラデーションの設定をしてから、横長の楕円形に変形した方がやりやすい(p.179〜p.180参照)。

②すべてのオブジェクトを選択し、不透明マスクを設定する(p.207参照)

Chapter 06 イラストの作成

Chapter06では、まずは今まで覚えた基本機能を使ってイラストを描いてみよう。
また、トレースやグラデーションメッシュ、遠近グリッドでいろいろなイラストを描いてみよう。

1 基本機能を使ってイラストを作成する

ダウンロードデータ：[Illustrator]→[c06]

1-① キノコのイラストを作成する

完成データ：「キノコ（完成）.ai」

① 楕円形ツールを選択し、下のような楕円形を描く。
② ［塗り］に任意の赤色を設定する。
③ ダイレクト選択ツールを選択し、何もない場所でクリックし、オブジェクトの選択を解除しておく。
④ 円のいちばん上のアンカーポイントにポインターを合わせると、強調表示される。

⑤ ［Shift］キーを押しながら、上方向にドラッグすると、キノコの傘のような形状に変形する。

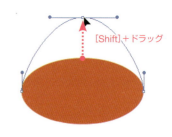
［Shift］+ドラッグ

⑥ ツールパネルの［内側描画］を選択する。

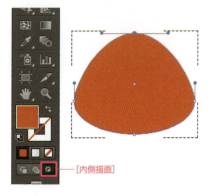
［内側描画］

⑦ 何もない場所でクリックし、オブジェクトの選択を解除しておく。
⑧ スウォッチパネルやカラーパネルで［塗り］の設定を任意の黄色にしておく。

⑨ 楕円形ツールを選択し、［Shift］キーを押しながらドラッグして正円をいくつか描く。
⑩ ツールパネルの［標準描画］を選択する。

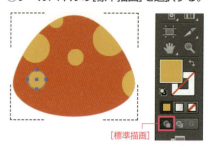
［標準描画］

⑪ 楕円形ツールを選択し、下のような楕円形を描き、［塗り］に任意の肌色を設定する。

⑫ ペンツールを選択し、キノコの柄を次のように描き、［塗り］に任意の薄い肌色を設定する。

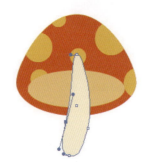

⑬ 選択ツールを選択し、［Shift］キーを押しながら⑪で描いた楕円形をクリックして複数選択状態にする。
⑭ シェイプ形成ツールを選択し、［Alt］キーを押しながらはみ出た部分をクリックすると削除される。

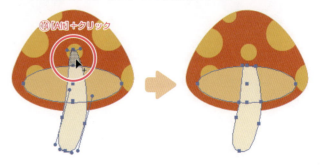
⑭［Alt］+クリック

1-❷ 電卓のイラストを作成する

完成データ：「電卓（完成）.ai」

① ▢ 角丸長方形ツールを選択し、画面をクリックして幅「90mm」、高さ「120mm」、角丸の半径「9mm」の角丸長方形を作成する。

②［塗り］に任意のグリーン系のグラデーションを設定する。

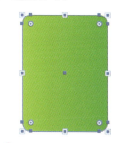

Point グラデーションの設定は、p.179～p.180参照。

③ ▢ 長方形ツールを選択し、画面をクリックして幅「72mm」、高さ「15mm」の長方形を作成する。

④［塗り］に任意の灰色を設定する。

⑤ ▶ 選択ツールを選択し、灰色の長方形をドラッグしておおよその位置に移動する。

⑥ ⬤ 楕円形ツールを選択し、画面をクリックして幅、高さが「12mm」の正円を作成する。

⑦［塗り］に白色を設定する。

⑧ ▶ 選択ツールを選択し、おおよその位置に移動する。

⑨ 白い正円が選択された状態で、ツールパネルの ▶ 選択ツールをダブルクリックする。

⑩ ダイアログボックスで［水平方向］に「20mm」、［垂直方向］に「0mm」と入力して［コピー］をクリックすると、白い正円が右に複製される。

⑪［オブジェクト］→［変形］→［変形の繰り返し］を2回選択すると、白い正円がさらに2つ複製される。

Short cut 変形の繰り返し：［Ctrl］+［D］

Point［オブジェクト］→［変形］→［変形の繰り返し］は、直前に操作した［変形］の操作を繰り返す。

⑫ 白い正円を4つとも選択し、▶ 選択ツールをダブルクリックする。

⑬ ダイアログボックスで水平方向に「0mm」、垂直方向に「20mm」と入力して［コピー］をクリックすると、4つの白い正円が下に複製される。

Point 複数のオブジェクトの選択、解除は、p.184参照。

⑭［オブジェクト］→［変形］→［変形の繰り返し］を2回選択すると、白い正円がさらに2段複製される。

⑮ 白い正円をすべて選択し、［オブジェクト］→［グループ］を選択する。

Short cut グループ：［Ctrl］+［G］

⑯ すべて選択し、コントロールパネルの［水平方向中央に整列］を選択すると、水平方向に揃う。

⑰ 縦方向は、オブジェクトをドラッグして位置を微調整する。

［水平方向中央に整列］

イラストの作成　223

2　下描きをトレースしてイラストを作成する

📁 ダウンロードデータ：[Illustrator]→[c06]

完成データ：「犬(完成).ai」

①[ファイル]→[配置]を選択する。
②配置ダイアログボックスが表示されるので、「犬下絵.jpg」を選択し、「テンプレート」にチェックを入れて[配置]をクリックする。

③テンプレートレイヤーに下絵として配置され、レイヤーがロックされる。

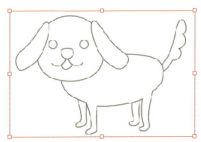

④ペンツールを選択し、[線]は任意、[塗り]は「なし」の設定で、まずはおおよそのあたりをつけながらパスを描き、微調整して輪郭線に沿うようにする。

Point　ペンツールの操作とパスの編集は、p.158〜p.165参照。

⑤[塗り]にカラーを設定したいパスは、端点をつなげてクローズパスにする。

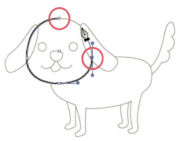

⑥同じように輪郭をトレースしていく。隠れる部分は適当な形状で構わない。

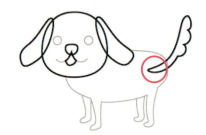

⑦オープンパスは、[Enter]キーを押して描き終える。

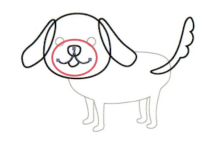

⑧手前の足を2本トレースしたら、選択ツールでその2本の足をクリックして選択する。

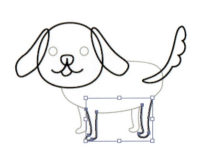

⑨[Alt]キーを押しながら左上にドラッグすると複製移動する。

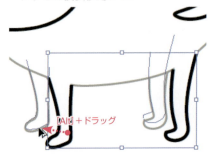

⑩位置を微調整して下描きの線に合わせる。

⑪手前の足からパスをつなげて胴体をトレースし、クローズパスにする。

⑫ ◯ 楕円形ツールを選択し、[Shift]キーを押しながらドラッグして目の部分をトレースする。

⑬各オブジェクトの[塗り][線]に任意のカラーを設定をする。[線]は目、鼻、口以外に設定し、線幅は「5pt」にする。

⑭重なり順が前後している部分は、[オブジェクト]→[重ね順]で変更する。

Point 重ね順の変更は、p.193参照。

⑮下絵にはないアイテムも自由に追加してみよう。

⑯目、鼻、口以外のオブジェクトを選択する。

Point 複数のオブジェクトの選択、解除は、p.184参照。

⑰ブラシパネルの[ブラシライブラリメニュー]→[アート]→[アート_カリグラフィ]を選択する。

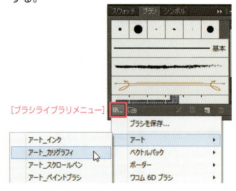

⑱アート_カリグラフィパネルが表示されるので、「10ptフラット」をクリックすると、カリグラフィブラシが[線]に適用される。

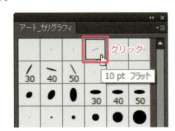

⑲[効果]→[パスの変形]→[ラフ]を選択する。

⑳[サイズ]を「1mm」、「入力値」にチェックし、[詳細]を「10/inch」、[ポイント]は「丸く」にチェックして[OK]をクリックすると、手描きの線ようにアレンジされる。

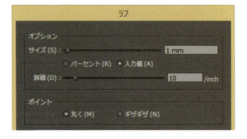

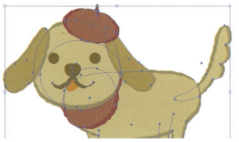

3 グラデーションメッシュでリアルなイラストを作成する

ダウンロードデータ：[Illustrator]→[c06]

グラデーションメッシュは、メッシュ状のパスをオブジェクトの中に作成して、パスの交点にカラーを設定することで複雑なグラデーションを作成することができる。

3-❶ クリスマスオーナメントのイラストを作成する

完成データ：「オーナメント（完成）.ai」

①「オーナメント.ai」を開く。
② 選択ツールを選択し、赤い円をクリックする。

③[オブジェクト]→[グラデーションメッシュを作成]を選択する。
④ダイアログボックスで、[行数]を「4」、[列数]を「4」、[種類]を「フラット」に設定する。

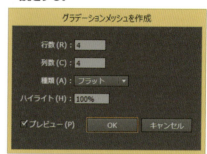

⑤[OK]をクリックすると、メッシュオブジェクトになる。
⑥ ダイレクト選択ツールを選択し、メッシュポイントをクリックする。

メッシュポイント

⑦[塗り]に白を設定すると、メッシュポイントに適用され、隣り合うメッシュポイントに向かうグラデーションになる。

⑧同じ要領で、各メッシュポイントにカラーを設定する。

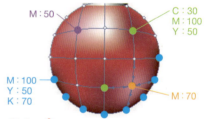

M：50
C：30 M：100 Y：50
M：100 Y：50 K：70
M：70

Point
同じカラーにするポイントは[Shift]キーを押しながらクリックして複数選択して一度にカラーを変更するとよい。

⑨メッシュポイントをドラッグして移動したり、ハンドルをドラッグしてメッシュラインを変形させると、グラデーションが複雑に変化する。

ドラッグ

⑩ メッシュツールを選択する。
⑪メッシュライン上で、ポインターの右下に「+」マークが表示されている状態でクリックする。

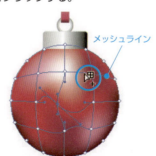

メッシュライン

⑫追加されたメッシュポイントのカラーを「M：50％」に設定する。

Point
メッシュツールで[Alt]キーを押しながらメッシュポイントやメッシュラインをクリックすると削除される。

3-❷ 香水のビンのイラストを作成する

完成データ：「香水ビン（完成）.ai」

① 「香水ビン.ai」を開く。
② 選択ツールを選択し、ビンのオブジェクトをクリックする。

③ メッシュツールを選択し、パスの上辺中央の少し下をクリックすると、メッシュポイントが追加される。

Point
追加するメッシュポイントのカラーは、直前に設定された[塗り]のカラーになるため、②でビンのオブジェクトを選択したことにより同じカラーになる。

④ 左辺の中央の少し右をクリックし、メッシュポイントを追加する。

⑤ 右辺の中央の少し左でメッシュライン上をクリックし、メッシュポイントを追加する。

Point
追加したい場所にハンドルが重なるなどしてうまくできない場合は、ズームツールなどで拡大表示するとよい。

⑥ 下辺の中央の少し上でメッシュライン上をクリックし、メッシュポイントを追加する。

⑦ここまで追加したメッシュポイントの、それぞれ少し内側のメッシュライン上を4カ所クリックし、メッシュポイントを追加する。

⑧ ダイレクト選択ツールを選択し、左下のメッシュポイントを1カ所クリックし、つづけて[Shift]キーを押しながら2カ所クリックすると、3カ所のメッシュポイントが選択される。

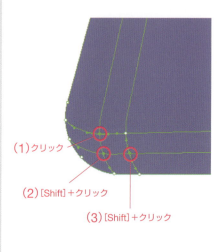

(1)クリック
(2)[Shift]+クリック
(3)[Shift]+クリック

⑨[塗り]を「C:30%」「M:30%」に設定する。

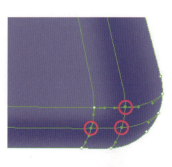

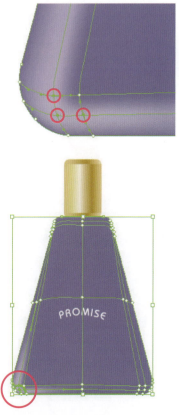

⑩同様に、右下のメッシュポイントを3カ所選択し、[塗り]を「C:80%」「M:80%」に設定する。

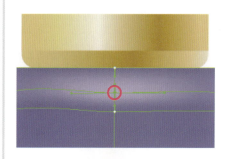

⑪パスの上辺中央の少し下のメッシュポイントを選択し、[塗り]を「C:30%」「M:30%」に設定する。

⑫そのすぐ下のメッシュポイントを選択し、「C：80％」「M：80％」に設定する。

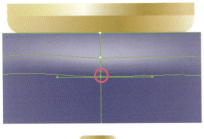

⑬ 選択ツールを選択し、ビンのオブジェクトをクリックする。

⑭[編集]→[コピー]を選択する。

⑮[編集]→[前面へペースト]を選択すると、複製された前面のオブジェクトが選択状態となる。

Short cut
コピー：[Ctrl]＋[C]
前面へペースト：[Ctrl]＋[F]

⑯[Alt]キーと[Shift]キーを押しながらバウンディングボックスをドラッグし、縮小する。

[Alt]＋[Shift]＋ドラッグ

Point
●縦横比を固定して中心から拡大・縮小：
[Alt]＋[Shift]＋ドラッグ

⑰[塗り]を「C：30％」、「M：60％」に設定する。

⑱[効果]→[スタイライズ]→[ぼかし]を選択する。

⑲ダイアログボックスで[半径]を「5mm」に設定し[OK]をクリックする。

⑳透明パネルを表示し、[描画モード]を「乗算」にし、[不透明度]を「60％」に設定する。

4 遠近グリッドで遠近感のあるイラストを作成する

📁 ダウンロードデータ：[Illustrator]→[c06]

遠近グリッドは、一点遠近法、二点遠近法、三点遠近法があり、各遠近法に沿った描画が簡単にできる。

①「TOYBOX.ai」を開く。

完成データ：「TOYBOX（完成）.ai」

② 遠近グリッドツールを選択すると、遠近グリッドが表示される。

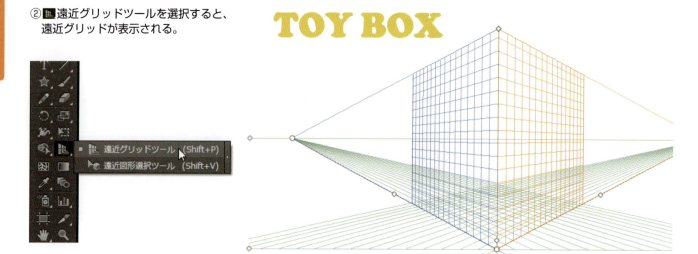

③ 頂点の「◇」を下方向にドラッグすると、グリッド範囲が変更される。

Point
遠近グリッドツール選択時は、消点、グリッド面、水平方向の高さ、グリッドセルのサイズおよびグリッド範囲を手動で自由に調整できる。

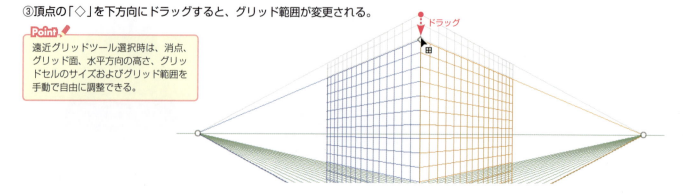

④左上に表示されている選択面ウィジェットの[左面グリッド]をクリックして選択する。

⑤ ■長方形ツールを選択し、左面グリッドの左上から右下に向かってドラッグすると、左面に沿って四角形が描かれる。[線]は「なし」、[塗り]は「C：50%」に設定する。

⑥選択面ウィジェットの[右面グリッド]をクリックして選択する。

⑦右面グリッドの左上から右下に向かってドラッグすると、右面に沿って右面の四角形が描かれる。[線]は「なし」、[塗り]は「M：60%」に設定する。

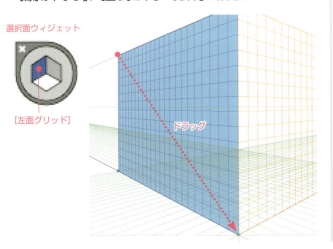

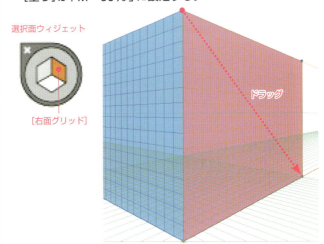

⑧ ■遠近図形選択ツールを選択する。

⑨選択面ウィジェットの[左面グリッド]をクリックして選択し、左上にある「TOYBOX」のオブジェクトを左面の中心あたりにドラッグする。

⑩背面に隠れた状態になるので、[オブジェクト]→[重ね順]→[最前面へ]を選択する。

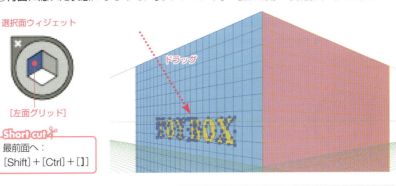

Short cut
最前面へ：
[Shift]＋[Ctrl]＋[ ]

⑪オブジェクトのバウンディングボックス(ポインターの右下に「□」が表示される)を[Shift]キーを押しながらドラッグし、比率を保ったまま拡大して大きさを調整する。

⑫ ★スターツールを選択し、左面上でドラッグすると、左面に沿って星形が描かれる。[線]は「なし」、[塗り]は[M：20%、Y：100%]に設定する。

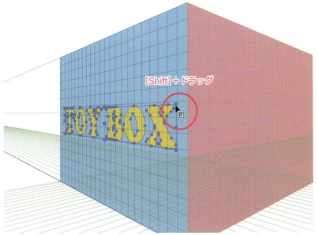

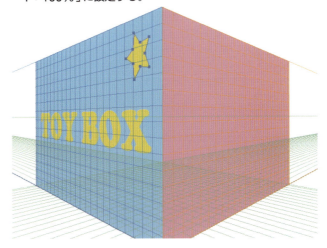

⑬ 遠近図形選択ツールを選択し、[Alt]キーを押しながらドラッグして複製する。

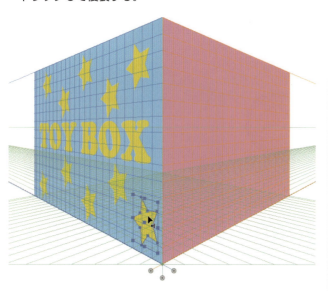

⑭ 選択面ウィジェットの[右面グリッド]をクリックして選択する。
⑮ スターツールを選択し、右面上で星形を作成する。
⑯ 遠近図形選択ツールを選択し、[Alt]キーを押しながらドラッグして複製する。

[右面グリッド]

選択面ウィジェット

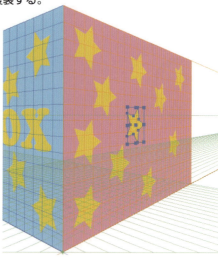

⑰ 選択面ウィジェットの[グリッドに依存しない]をクリックして選択する。
⑱ ツールパネルの[背面描画]を選択する。
⑲ 長方形ツールを選択し、画面上でドラッグして背景となる四角形の下半分を作成する。[線]は「なし」、[塗り]は「C：30%、Y：100%」に設定する。

選択面ウィジェット

[グリッドに依存しない]

[背面描画]

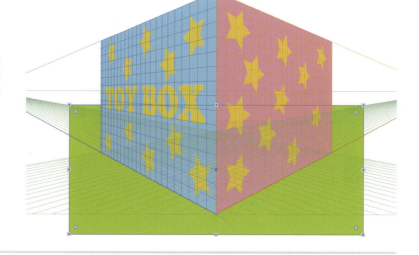

⑳ 選択ツールを選択し、[Alt]キーと[Shift]キーを押しながら上方向へドラッグして複製し、[塗り]を「C：20%、Y：60%」に設定する。

最後に[表示]→[遠近グリッド]→[グリッドを隠す]を選択すると、グリッドが非表示になる。

Shortcut
遠近グリッドを表示／遠近グリッドを隠す：
[Shift]＋[Ctrl]＋[I]

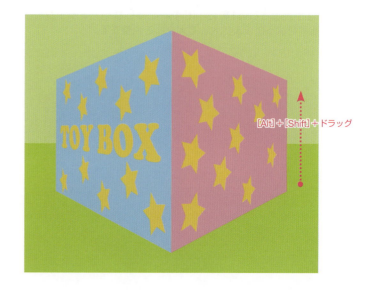

[Alt]＋[Shift]＋ドラッグ

練 習 問 題

📁 ダウンロードデータ：[Illustrator]→[c06]

問題 1

「スクーター.jpg」をテンプレートとして配置し、トレースしてイラストを完成させなさい。

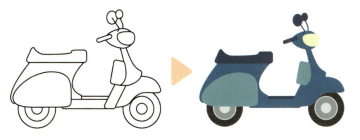

元データ：「スクーター.jpg」　　完成データ：「スクーター(完成).ai」

Point
✏️ペンツールや⬭楕円形ツールを使用してトレースする(p.224～p.225参照)。

問題 2

リンゴのイラストを描き、グラデーションメッシュを使って立体的に仕上げなさい。

完成データ：「リンゴ(完成).ai」

Point
グラデーションメッシュは、p.226～p.229参照。

問題 3

「ハンバーガー.jpg」をテンプレートとして配置し、トレースしてイラストを完成させなさい。

完成データ：「ハンバーガー(完成).ai」

元データ：「ハンバーガー.jpg」

問題 4

木のイラストを描き、グラデーションメッシュを使って立体的に仕上げなさい。

完成データ：「木(完成).ai」

問題 5

「3D_BUILDING.ai」を開き、遠近グリッド、🔲遠近図形選択ツールを使用し、次のようにビルのイラストを完成させなさい。

Point
遠近グリッドを使った遠近感のあるイラストの作成は、p.230～p.232参照。

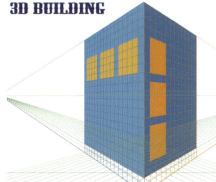
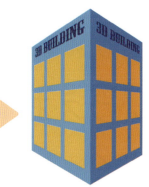

元データ：「3D_BUILDING.ai」　　完成データ：「3D_BUILDING(完成).ai」

Chapter 07 文字の作成と編集

Illustratorでは、エリア内に文字を収めたり、パスに沿わせて文字を入力することもできる。
まずは文字の作成の基本を学んでみよう。

1 任意の位置に文字を作成する（ポイント文字）

Illustratorの文字には、ポイント文字、エリア内文字、パス上文字の3種類がある。
まずはポイント文字を作成してみよう。

①　文字ツール（縦書きの場合は　文字（縦）ツール）を選択する。

②ポインターの形状が「」になっている状態で、文字の入力を開始したい位置をクリックすると文字の開始位置が配置され、カーソルが点滅する。

Point
既存のオブジェクトのパス上をクリックしないように注意する。

③文字を入力する。

④[Return]キーか[Enter]キーを押すと改行される。

⑤[Ctrl]キーを押しながら何もない場所でクリックし、文字の入力を終える。

[Ctrl]＋クリック

Point
　文字ツール選択時、[Ctrl]を押している間は一時的に選択ツールになる。

⑥　選択ツールを選択し、テキストオブジェクトをクリックして選択する。

⑦バウンディングボックスをドラッグすると、文字が拡大、縮小される。

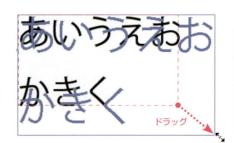

ドラッグ

Point
バウンディングボックスが表示されていない場合は、[表示]→[バウンディングボックスを表示]を選択する。

Short cut
バウンディングボックスを表示／隠す：[Shift]＋[Ctrl]＋[B]

2 エリア内に文字を入力する（エリア内文字）

エリア内文字は、テキストエリアを作成してその中に収まるように自動的に改行されるため、長い文章に適している。

2-① 文字ツールでテキストエリアを作成する

①　文字ツール（縦書きの場合は　文字（縦）ツール）を選択する。
②画面上でドラッグすると長方形のテキストエリアが作成される。

③文字を入力するとエリア内に収まるように自動的に改行される。

④[Ctrl]キーを押しながら何もない場所でクリックすると、文字の入力が確定する。

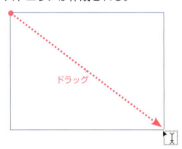

⑤　選択ツールを選択し、テキストオブジェクトをクリックして選択する。

⑥バウンディングボックスをドラッグするとテキストエリアが変形される。

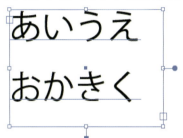
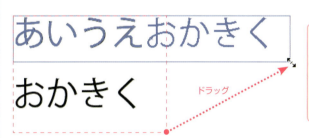

Point
拡大、縮小だけでなく、アンカーポイントを移動するなどしてパスを変形することもできる。
回転の場合はエリアが回転し、文字は回転しない。

2-② 既存のオブジェクトをテキストエリアにする

①　多角形ツールを選択し、ドラッグして任意の大きさの六角形を描く。[塗り][線]の設定は任意でよい。

②　エリア内文字ツールを選択する。
③オブジェクトのパス上をクリックする。

④テキストエリアに変換されるので、文字を入力する。

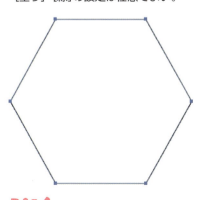

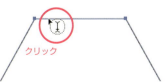

Point
多角形の描き方は、p.156参照。

Point
文字ツール選択時でも、クローズパス上では自動的にエリア文字ツールに切り換わる。

Point
テキストエリアに変換されると、[塗り][線]の設定は削除される。

3 パスに沿った文字を作成する（パス上文字）

ダウンロードデータ：[Illustrator]→[c07]

パス上文字は、パスに沿って文字が配置される。キャッチコピーなど、動きをつけたい場合に適している。

3-❶ パス上文字を作成する

①ペンツールを選択し、次のような曲線を作成する。
［塗り］［線］の設定は任意でよい。

②パス上文字ツール（縦書きの場合はパス上文字（縦）ツール）を選択する。

③文字の入力を開始したいパス上をクリックする。

Point
ペンツールの操作、パスの編集は、p.158～p.165参照。

Point
文字ツール選択時でも、オープンパス上では自動的にパス上文字ツールに切り換わる。

④文字を入力する。

⑤選択ツールを選択すると、テキストオブジェクトが選択された状態となる。
⑥先頭のブラケットにカーソルを合わせると、ポインターの右下に「╠」が表示される。

Point
バウンディングボックスが表示されていて操作しづらい場合は、［表示］→［バウンディングボックスを隠す］を選択する。

Short cut
バウンディングボックスを表示／隠す：
［Shift］＋［Ctrl］＋［B］

⑦パスに沿ってドラッグすると、文字の位置が移動する。

⑧中央のブラケットにカーソルを合わせると、ポインターの右下に「╪」が表示される。

⑨パスをまたぐように下方向にドラッグすると、パスの反対側に移動する。

3-❷ パス上文字オプションで文字の向きや位置を変更する

①「パス上文字.ai」を開く。
② 選択ツールを選択し、テキストオブジェクトをクリックして選択する。

③［書式］→［パス上文字オプション］から各効果を選択し、それぞれの設定を試してみよう。

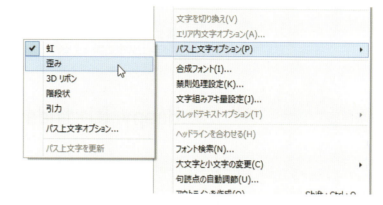

●虹（初期設定）

●歪み

●3D リボン

●階段状

●引力

Point
パスの形状によっては、文字が著しく変形してしまう場合がある。

④［書式］→［パス上文字オプション］→［パス上文字オプション］を選択すると、ダイアログが表示される。
⑤［効果］のドロップダウンリストから「虹」を選択する。
⑥［パス上の位置］のドロップダウンリストから、「中央」を選択する。

Point
効果はこのダイアログでも変更することができる。

⑦［OK］をクリックすると、文字の上下位置がパスに対して中央に沿うようになる。

4 文字を編集する

ダウンロードデータ：[Illustrator]→[c07]

文字ツールで文字を選択すると、文字を個別に編集することができる。また、選択ツールでテキストオブジェクトを選択すると、1つのオブジェクトとして文字スタイルの他に、不透明度や変形、効果を適用することもできる。

完成データ：「フチ付き文字（完成）.ai」

① 文字ツールを選択し、下のようにポイント文字を作成する。

Point ポイント文字の作成は、p.234参照。

② 文字の開始位置から終了位置までをドラッグして、文字をすべて選択すると、文字が反転表示される。

③ [ウィンドウ]→[書式]→[文字]を選択し、文字パネルを開く。

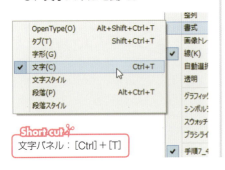

Short cut 文字パネル：[Ctrl]＋[T]

④ [フォント]と[フォントサイズ]を設定する。ここでは[フォント]に「Impact」を設定した。[フォントサイズ]は「45pt」に設定する。

⑤ 先頭の「H」をドラッグして選択し、[フォントサイズ]を「75pt」に設定する。
⑥ カラーパネルなどを使用して[塗り]を「C：75％、M：100％」に設定する。

⑦ 「B」をドラッグして選択し、スポイトツールで「H」をクリックすると、「B」に「H」の設定が適用される。

⑧ 文字ツールで「appy」をドラッグして選択し、[塗り]のカラーを「M：100％」に設定する。「irthday」にも⑦と同じ要領でその設定を適用する。

⑨ 文字ツールで文字をすべてドラッグして選択し、文字パネルのパネルメニューから[文字揃え]→[欧文ベースライン]を選択すると、文字の上下位置がベースラインに揃う。

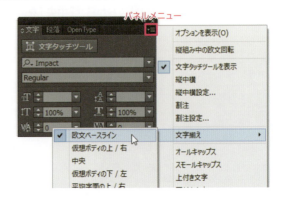

⑩ ▶ 選択ツールを選択すると、ポイント文字が1つのテキストオブジェクトとして選択される。

⑪ アピアランスパネルを表示し、[新規線を追加]をクリックすると線属性が追加される（塗り属性は「なし」の状態でいっしょに追加される）。

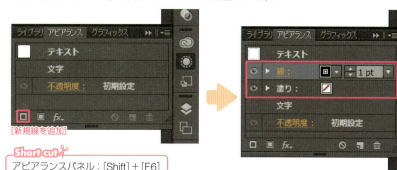

Short cut
アピアランスパネル：[Shift]+[F6]

⑫ 線属性の[カラー]を「Y：60%」に、[線幅]を「12pt」に設定する。

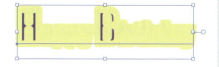

⑬ この線属性を「文字」の下にドラッグして移動すると、線属性が文字の背面に移動して文字が見えるようになる。

⑭ 「テキスト」をクリックして選択しておく。

Point
文字に[線]の設定をしたいときは、このように1つのテキストオブジェクトに対してアピアランスの線属性を追加し、「文字」の背面にするとよい。「文字」にも線属性の設定をすることができるが、「文字」の線属性を背面に送ることはできない。

⑮ [オブジェクト]→[変形]→[シアー]を選択する。

⑯ 次のように設定して[OK]をクリックする。

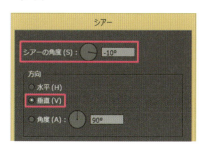

⑰ [効果]→[スタイライズ]→[ドロップシャドウ]を選択する。

⑱ 次のように設定し[OK]をクリックする。

⑲ [効果]→[ワープ]→[アーチ]を選択する。

⑳ 次のように設定し[OK]をクリックする。

5 文字スタイルを設定する

文字パネルではフォントやサイズ、行送りなどを設定できる。また、文字タッチツールでは、直感的に1文字ずつ文字スタイルを編集することができる。

5-① 文字パネルで文字の設定をする

① 文字ツールを選択し、任意のポイント文字を作成する。

② [ウィンドウ]→[書式]→[文字]を選択し、文字パネルを開く。
③ 部分的に文字をドラッグ、または文字間をクリックして選択し、次を参考に各設定の結果を確かめてみよう。

Point ポイント文字の作成は、p.234参照。

Short cut 文字パネル：[Ctrl]＋[T]

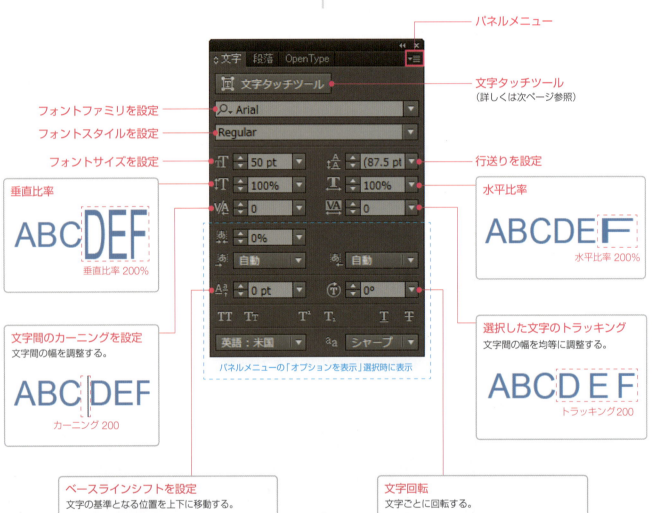

5-❷ 文字タッチツールで直感的に文字スタイルを編集する（CCのみ）

①▣文字ツールを選択し、任意のポイント文字を作成する。

②ツールパネルまたは文字パネルの▣文字タッチツールを選択する。

③編集したい文字をクリックすると、ハンドルが表示される。

④回転用のハンドルをドラッグすると文字が回転し、文字パネルの「文字回転」の数値が変化する。

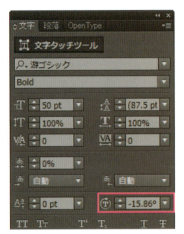

⑤その他のハンドルもドラッグして、文字の変化と文字パネルの変化を確認してみよう。

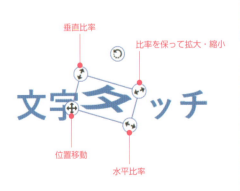
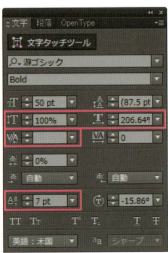

CS6 Memo
CS6ではこのように直感的に編集することはできないが、▣文字ツールで編集したい文字をドラッグして選択し、文字パネルの各設定を編集することで同じ結果が得ることができる。

6 段落の設定と長い文章をレイアウト

段落パネルではインデントや均等配置の設定をすることができる。また、2段組みの設定やテキストの回り込みの設定で、長い文章をレイアウトしてみよう。

①幅「200mm」、高さ「60mm」の長方形を作成する。

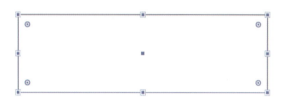

Point
数値入力での長方形の作成は、p.155参照。

②エリア内文字ツールを選択し、長方形のパス上でクリックすると、テキストエリアができカーソルが点滅する。

③文字パネルを表示し、［フォントサイズ］を「18pt」に、その他を初期状態に設定する。

④改行を含む長めの文章を入力する。エリア範囲を超えて入力するとエリア右下に赤い「＋」マークが表示される。

⑤選択ツールを選択し、テキストオブジェクトが選択された状態で、下にある「■」マークをダブルクリックする。

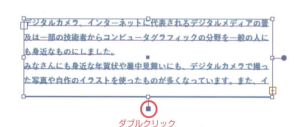

⑥マークが「▼」に変化し、エリアが文字量によって可変するようになる。

⑦文字ツールを選択し、エリア内をクリックして続きの文章を入力し、エリア範囲が変化することを確かめよう。

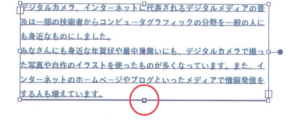

CS6 Memo
CS6ではこのマーク、同様の機能はない。手動でバウンディングボックスをドラッグしてエリア範囲を変更しよう。

⑧再び 選択ツールを選択し、テキストオブジェクトが選択された状態にする。

⑨[ウィンドウ]→[書式]→[段落]を選択し、段落パネルを開く。

Shortcut
段落パネル：[Alt]+[Ctrl]+[T]

⑩[均等配置(最終行左揃え)]をクリックすると、最終行以外、エリア範囲内に均等配置される。

⑪[1行目左インデント]に「18pt」と入力すると、段落ごとに1行目が1文字分左インデントされる。

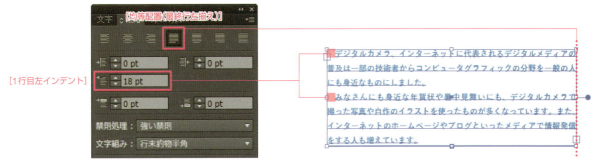

⑫[書式]→[エリア内文字オプション]を選択する。

⑬[列]の[段数]の「▲」をクリックすると「2」になる。

⑭[間隔]に「15mm」と入力する。

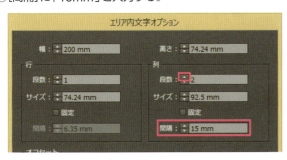

⑮[OK]をクリックすると、エリア内の文字が15mmの間隔で2段組みになる。

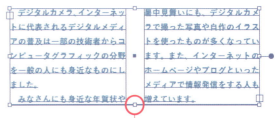

Point
このときエリア範囲は固定となる。文字がエリア範囲からあふれた場合は、ハンドルをドラッグしてエリア範囲を広げる。

⑯テキストエリアの中心あたりに、直径「50mm」の正円を作成する。

⑰[オブジェクト]→[テキストの回り込み]→[作成]を選択すると、重なっていた文字が円を避けて配置される。

Point
数値入力での円の作成は、p.155参照。

⑱[オブジェクト]→[テキストの回り込み]→[テキストの回り込みオプション]を選択し、オフセットの値を変更すると、文字と円の間隔が変化する。

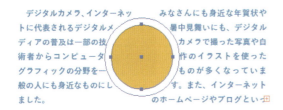

⑲ 選択ツールを選択し、円を移動することにより文字の配置が変化することを確かめてみよう。

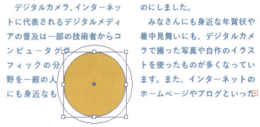

■ ダウンロードデータ：[Illustrator]→[c07]

問題 1

次のように1文字ずつカラーと傾きの文字を作成しなさい。

完成データ：「DANCE（完成）.ai」

Point
①ポイント文字を作成する（p.234参照）。
②文字の位置や傾きはCCなら文字タッチツールで、CS6なら文字パネルで1文字ずつ設定するとよい（p.240〜p.241参照）。

問題 2

「さかな.ai」を開き、次のように魚の形に沿った文字を作成しなさい。

元データ：「さかな.ai」　　完成データ：「さかな（完成）.ai」

Point
青いオブジェクトを前面にコピーして、パス上文字にする。文字の位置はブラケットをドラッグして調整する（p.236参照）。文字をオブジェクトから少し離すには、文字パネルの「ベースラインシフトを設定」を使う（p.240参照）。

問題 3

「地球.ai」を開き、次のように球体の内側に沿った文字を作成しなさい。

元データ：「地球.ai」　　完成データ：「地球（完成）.ai」

Point
赤い線をパス上文字にする。文字の位置はブラケットをドラッグして調整する。文字の形状は[書式]→[パス上文字オプション]を「歪み」にする（p.236〜p.237参照）。

問題 4

次のようにグラデーションの塗りでフチ付きの文字を作成しなさい。

完成データ：「GOLD（完成）.ai」

Point
■選択ツールでテキストオブジェクトを選択して[塗り]、[線]を設定する。アピアランスパネルで線属性を文字の背面に移動し、さらに二重になるように線属性を追加する（p.238〜p.239参照）。

■ ダウンロードデータ：[Illustrator]→[c07]

問題 5

「情報.ai」を開き、[エリア内文字オプション]を使って次のように2段組みに変更しなさい。
さらに[テキストの回り込み]を設定し、文字とイラストとの間隔を「15pt」にしなさい。

元データ：「情報.ai」　　　　　完成データ：「情報（完成）.ai」

問題 6

「Merry_Christmas.ai」を開き、次のようなクリスマスカードを完成させなさい。

元データ：「Merry_Christmas.ai」　　完成データ：「Merry_Christmas（完成）.ai」

Point
和文は、段落パネルで[中央揃え]に設定する。

問題 7

「賀正.ai」を開き、次のような年賀状を完成させなさい。

元データ：「賀正.ai」　　　　　完成データ：「賀正（完成）.ai」

Point
文字（縦）ツールでポイント文字を作成する。
背面にあるオブジェクトのパス上でクリックすると、テキストエリアに変換されてしまうので、レイヤーをロックして新しいレイヤーに文字を配置するなどの工夫をするとよい。

Chapter 08 ロゴやシンボルマークの作成

Chapter08では、文字を編集して印象的なロゴを作成したり、シンボリックなマークを作成してみよう。

1 ハサミでカットしたようなロゴ

📁 ダウンロードデータ：［Illustrator］→［c08］

文字をアウトライン化し、パスファインダーを使って印象的なロゴを作ってみよう。

完成データ：「ハサミでカットしたようなロゴ（完成）.ai」

① ✏️ ペンツールを選択し、ランダムな形状のクローズパスを描き、［塗り］は任意に、［線］は「なし」にしておく。

Point
✏️ ペンツールを使った直線のクローズパスの描き方は、p.158参照。

② 🇹 文字ツールを選択し、次のようにポイント文字を作成する。
③ ［塗り］のカラーを白に、任意の文字スタイルを設定する。ここでは「Georgia Bold」を設定した。

Point
文字スタイルの設定は、p.240参照。

④ 🔲 選択ツールを選択すると、テキストオブジェクトが選択された状態となる。

⑤ ［書式］→［アウトラインを作成］を選択すると、文字がアウトライン化される。

Short cut
アウトラインを作成：[Shift]＋[Ctrl]＋[O]

⑥ スウォッチパネルの［スウォッチライブラリメニュー］→［グラデーション］→［スペクトル］を選択する。

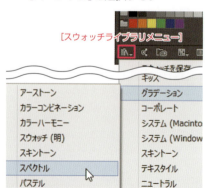

⑦ 背景オブジェクトを選択し、スペクトルスウォッチパネルの「スペクトル（暗）」を選択する。

⑧ 両方のオブジェクトを選択する。

⑨パスファインダーパネルを表示し、[Alt]キーを押しながら[前面オブジェクトで型抜き]をクリックする。

Short cut
パスファインダーパネル：[Shift]+[Ctrl]+[F9]

⑩[拡張]をクリックする。

Point
⑨で[Alt]キーを押さずに実行すると、複数のオブジェクトがグループ化された状態となり、「e」や「a」の穴の部分が個別のグラデーション設定になってしまう。

⑪直線ツールを選択し、[Shift]キーを押しながら斜めにドラッグして、斜め45°の線を文字の前後に作成する。

⑫ブレンドツールを選択し、2つの斜めの線をクリックすると、中間オブジェクトが作成される。

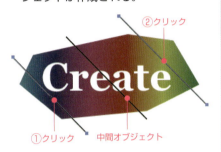

⑬ブレンドツールをダブルクリックし、[間隔]のドロップダウンリストから「ステップ数」を選択し、「4」と入力する。

⑭[OK]をクリックすると、中間オブジェクトが4つになる。

⑮[オブジェクト]→[ブレンド]→[拡張]を選択すると、中間オブジェクトが個々のオブジェクトに分割される。

⑯すべてのオブジェクトを選択し、パスファインダーパネルの[分割]をクリックする。

⑰グループ選択ツールで移動したい部分をクリックして複数選択する。

⑱[Shift]キーを押しながら、斜めにずらすようにドラッグする。

⑲同じようにランダムにずらして全体のバランスを調整する。

ロゴやシンボルマークの作成

2 はためくロゴ

ダウンロードデータ:[Illustrator]→[c08]

エンベロープ機能を使って文字を旗の形状に変形させ、はためくロゴを作ってみよう。

完成データ:「はためくロゴ(完成).ai」

① 長方形ツールを選択し、幅「150mm」、高さ「100mm」の長方形を作成する。

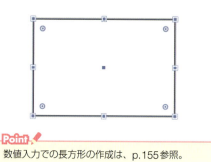

Point 数値入力での長方形の作成は、p.155 参照。

② [効果]→[ワープ]→[旗]を選択する。

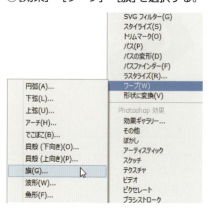

③ [水平方向]にチェックを入れ、[カーブ]を「10%」に設定して[OK]をクリックすると、[旗]の効果が適用される。

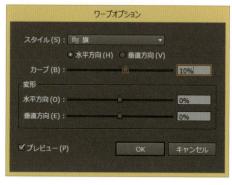

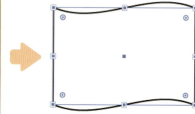

④ [線]を「なし」、[塗り]をグラデーションに設定する。

⑤ グラデーションツールを選択し、旗の形状に合うように分岐点を追加して位置やカラーを調節する。

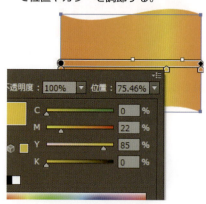

⑥ [オブジェクト]→[アピアランスを分割]を選択すると、パスとして編集できるように変換される。

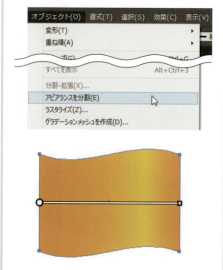

⑦ ペンツールを選択し、アンカーポイントをいくつか追加する。

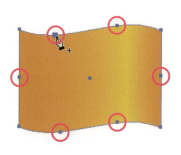

Point グラデーションの設定は、p.179〜p.180参照。

Point アンカーポイントの追加は、p.162参照。

⑧ ダイレクト選択ツールを選択する。

⑨ アンカーポイントやハンドルをドラッグし、旗の形状がより自然になるように編集してみよう。

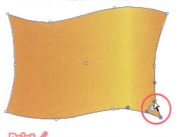

Point
パスの形状の編集は、p.162～163参照。

⑩ 文字ツールを選択し、下のようにポイント文字を作成する。

⑪ [塗り]のカラーを白に、任意の文字スタイルを設定する。ここでは「Impact」を設定した。

Point
文字スタイルの設定は、p.240参照。

⑫ 選択ツールを選択し、旗のオブジェクトを選択する。

⑬ 背面の旗を選択して、[オブジェクト]→[パス]→[パスのオフセット]を選択する。

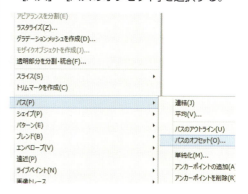

⑭ [オフセット]に「-5mm」を入力して[OK]をクリックすると、ひと回り小さいパスが作成される。

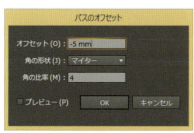

⑮ 重ね順を最前面にし、[線]に任意の線幅、カラーを設定して[塗り]は「なし」にしておく。

Short cut
最前面へ：[Shift]+[Ctrl]+[ ]]

⑯ [Shift]キーを押しながら文字部分をクリックし、⑮のパスと文字を複数選択する。

[Shift]+クリック

⑰ [オブジェクト]→[エンベロープ]→[最前面のオブジェクトで作成]を選択すると、文字が線の形状に沿って変形する。

⑱ さらに[オブジェクト]→[エンベロープ]→[拡張]を選択すると、エンベロープが拡張され、文字はアウトライン化される。

⑲ [オブジェクト]→[エンベロープ]→[メッシュで作成]を選択する。

⑳ [行数]を「2」、[列数]を「4」にして[OK]をクリックすると、エンベロープがメッシュオブジェクトで作成される。

㉑ メッシュツールかダイレクト選択ツールでメッシュポイントをクリックして選択し、ドラッグして位置を移動したりハンドルをドラッグしてゆがみを微調整する。

ロゴやシンボルマークの作成　249

3 立体的な星

ダウンロードデータ：[Illustrator]→[c08]

完成データ：「立体的な星（完成）.ai」

① スターツールを選択し、第1半径「80mm」第2半径「40mm」点の数「5」の星形を作成する。

Point 数値入力での星形の作成は、p.156参照。

② [Ctrl]キーを押しながら何もない場所でクリックして選択を解除する。

③ ペンツールを選択し、星形のアンカーポイントが強調表示されるところでクリックして対角線を引く。

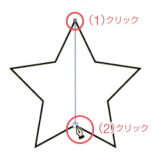

④ [Enter]キーを押してパスを描き終える。

⑤ 同じように頂点を結ぶ線を引く。

⑥ すべてのオブジェクトを選択する。

⑦ パスファインダーパネルを表示し、[分割]をクリックしてパスを分割する。

⑧ [線]を「なし」にする。

⑨ [塗り]を「M：20％、Y：100％」に設定する。

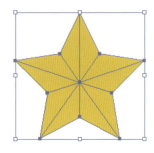

⑩ スウォッチパネルを表示し、[新規スウォッチ]をクリックする。

⑪ [グローバル]にチェックを入れ、[OK]をクリックする。

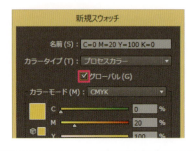

⑫ グループ選択ツールを選択し、何もない場所でクリックして選択を解除する。

⑬ [Shift]キーを押しながらハイライトにする部分を4カ所複数選択する。

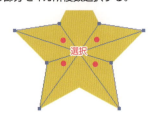

⑭ カラーパネルを表示し、濃度を「40％」にする。

⑮ 最後に中間色にしたい2カ所を選択し、カラーパネルで濃度を「70％」にする。

Point グローバルプロセスカラーは、カラー濃度のみ変えたいときに便利。また、このスウォッチオプションを変更すると、そのスウォッチを使用しているすべてのオブジェクトに変更が適用される。

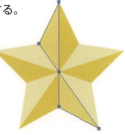

4 写真入りのロゴ

 ダウンロードデータ：[Illustrator]→[c08]

クリッピングマスクを使用し、文字の中に花の画像を取り込んだロゴを作成してみよう。

完成データ：「写真を配置したロゴ（完成）.ai」

① 文字ツールを選択し、フォントサイズ「90pt」のポイント文字を作成する。ここではフォントを「Arial Black」に設定した。

②レイヤーパネルを表示し、「レイヤー1」を[新規レイヤーを作成]にドラッグしてレイヤーを複製する。

[新規レイヤーを作成]

③下のレイヤーの[編集コラム]をクリックしてロックする。

④上のレイヤーをクリックして選択する。

⑤ツールパネルの[背面描画]を選択する。

[背面描画]

⑥[ファイル]→[配置]を選択する。

⑦「ダリア.jpg」を選択して[配置]をクリックすると、ポインターが[グラフィック配置]アイコンに変わる。

CS6 Memo
CS6では、[配置]選択するとすぐに画像が配置される。

⑧画面上をクリックすると、文字の背面に写真が配置される。

⑨ 選択ツールを選択し、次のような位置にドラッグする。

⑩[Shift]キーを押しながら文字をクリックして両方選択する。

⑪[オブジェクト]→[クリッピングマスク]→[作成]を選択すると、写真画像が文字でマスクされる。

Short cut
クリッピングマスクの作成：[Ctrl]+[7]

⑫下のレイヤーの[編集コラム]をクリックしてロックを解除する。

⑬[選択コラム]をクリックすると、レイヤー内のオブジェクトが選択される。

⑭アピアランスパネルを表示し、線属性を追加して各設定をする。ここでは黄緑色の線に「ぼかし」効果を適用し、さらに細い白い線を重ねた。

Point
アピアランス属性の追加は、p.209～p.210参照。

5 桜のマーク

ダウンロードデータ：[Illustrator]→[c08]

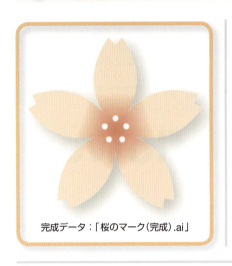

完成データ：「桜のマーク（完成）.ai」

① 幅「80mm」、高さ「40mm」の楕円形を作成する。
② ダイレクト選択ツールを選択し、右側のアンカーポイントが強調表示されるところでクリックして選択する。

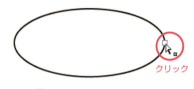

Point 数値入力での楕円形の作成は、p.155参照。

③ コントロールパネルの[選択したアンカーをコーナーポイントに切り換え]をクリックすると、コーナーポイントに切り換わる。

[選択したアンカーをコーナーポイントに切り換え]

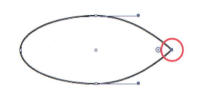

④ 同様に、左側のアンカーポイントもコーナーポイントにする。

⑤ 長方形ツールを選択し、右の頂点を中心に[Alt]+[Shift]キーを押しながらドラッグして正方形を作成する。

⑥ バウンディングボックスの外側で、ポインターの形状が「↻」になっている状態で[Shift]キーを押しながらドラッグして-45°回転する。

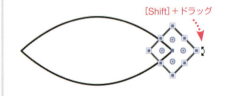

⑦ 選択ツールで両方のオブジェクトを選択する。
⑧ シェイプ形成ツールを選択し、次の位置を[Alt]キーを押しながらドラッグすると、型抜きされる。

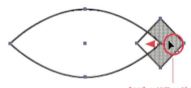 

Point シェイプ形成ツールを使ったオブジェクトの型抜きは、p.198参照。

⑨ [線]を「なし」、[塗り]をグラデーションに設定する。
⑩ グラデーションツールを選択し、各分岐点のカラーを設定する。

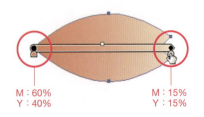

M：60%　Y：40%　　M：15%　Y：15%

⑪ 右端の分岐点を40%程度の位置までドラッグする。

Point グラデーションの設定は、p.179〜p.180参照。

⑫ 左の頂点よりやや右に、正円を作成し、[塗り]を白に設定する。

⑬ 2つのオブジェクトを選択する。

⑭ [表示]→[スマートガイド]をクリックし、チェックされている状態にする。

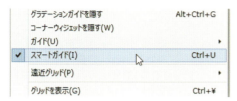

⑮ 回転ツールを選択し、花びらの左側のアンカーポイントが強調表示され、かつ「アンカー」と表示されるところで[Alt]キーを押しながらクリックする。

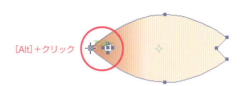

⑯ [角度]に「72°」と入力し、[コピー]をクリックすると、左側のアンカーポイントを基準点として複製が回転する。

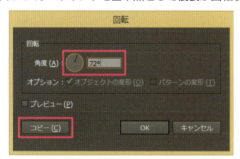

⑰ [オブジェクト]→[変形]→[変形の繰り返し]を3回選択し、5枚の花びらを完成させる。

⑱ すべてのオブジェクトを選択し、グループ化する。

グループ化：[Ctrl]+[G]

⑲ [効果]→[スタイライズ]→[ドロップシャドウ]を選択し、次のように設定して[OK]をクリックする。

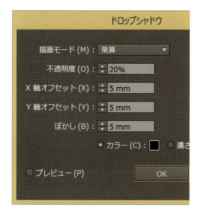

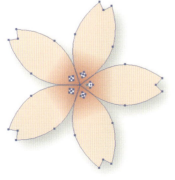

⑳ 回転ツールをダブルクリックし、[角度]に「90°」と入力し[OK]をクリックする。

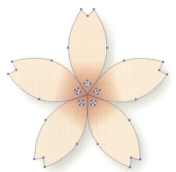

6 虹のマーク

アートブラシを使って虹を作成し、円を合体して雲を作成してみよう。

ダウンロードデータ：[Illustrator]→[c08]

完成データ：「虹のマーク（完成）.ai」

① 長方形ツールを選択し、幅「30mm」、高さ「4mm」の長方形を作成する。[塗り]を任意の赤に、[線]は「なし」にする。

Point 数値入力での長方形の作成は、p.155参照。

② ツールパネルの 選択ツールをダブルクリックする。

③ [水平]に「0mm」、[垂直]に「4mm」と入力し[コピー]をクリックすると、下方向にオブジェクトがコピーされる。

④ [オブジェクト]→[変形]→[変形の繰り返し]を5回選択すると、全部で7つのオブジェクトが並ぶ。

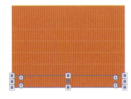

Short cut 変形の繰り返し：[Ctrl]+[D]

⑤ 各オブジェクトの[塗り]に任意のカラーを設定し、7色の虹色になるようにする。

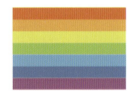

⑥ ブラシパネルを表示する。

⑦ すべてのオブジェクトを選択し、ブラシパネルへドラッグする。

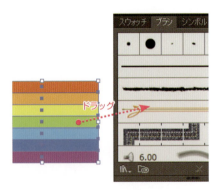

Short cut ブラシパネル：[F5]

⑧ 「アートブラシ」にチェックして[OK]をクリックする。

⑨ アートブラシオプションが表示されるので、[方向]が「→」になっていることを確認し、[OK]をクリックするとブラシパネルに登録される。

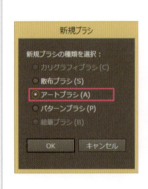

⑩ 幅と高さが「120mm」の正円を作成する。

⑪ ダイレクト選択ツールで下の頂点のアンカーポイントを選択する。

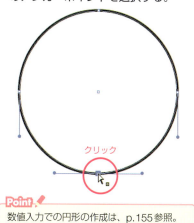

Point
数値入力での円形の作成は、p.155参照。

⑫ [Delete]キーを押すと半円なる。

⑬ ブラシパネル内の、さきほど登録したブラシをクリックすると[線]にブラシが適用される。

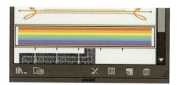

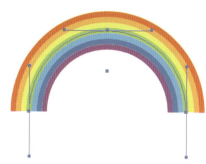

⑭ 楕円形ツールを選択し、ランダムに正円を作成して雲の形を作る。

⑮ 選択ツールを選択し、これらの正円をすべて選択する。

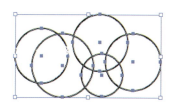

Point
● 正円を描く：[Shift]＋ドラッグ

⑯ パスファインダーパネルを表示し、[Alt]キーを押しながら[合体]をクリックする。

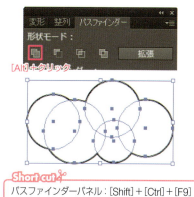

Short cut
パスファインダーパネル：[Shift]＋[Ctrl]＋[F9]

⑰ [塗り]のカラーを白に、[線]は「なし」に設定にする。

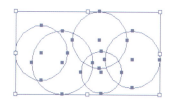

⑱ [効果]→[スタイライズ]→[光彩(内側)]を選択する。

⑲ プレビューを見ながら、雲の縁が淡く青色になるように設定して[OK]をクリックする。

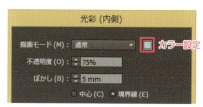

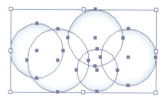

⑳ 雲を虹の左下にドラッグし、大きさを整えてバランスよく配置する。

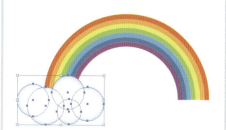

Point
オブジェクトの拡大・縮小は、p.186参照。

㉑ [Alt]キーを押しながら雲をドラッグし、虹の右側へ複製する。

㉒ 右側の雲を180°回転し、少し縮小して変化をつける。

Point
オブジェクトの回転は、p.187参照。
雲の形状は、グループ選択ツールで円ひとつひとつの位置を微調整してもよい。

7 落書き効果を使ったロゴ

ダウンロードデータ：[Illustrator]→[c08]

落書き効果を使って文字を落書き風にしたり、文字の穴の部分を飾りに変えてアレンジしてロゴを作成してみよう。

完成データ：「落書き効果を使ったロゴ（完成）.ai」

7-① 元になる文字を作成し、レイヤーに分ける

①　文字ツールを選択する。
②　フォントサイズ「130pt」のポイント文字を作成する。ここではフォントを「Trebuchet MS／Bold」に設定した。

③　選択ツールを選択すると、テキストオブジェクトが選択された状態となる。

④　[書式]→[アウトラインを作成]を選択すると、文字がアウトライン化される。

⑤　[オブジェクト]→[グループ解除]を選択する。
⑥　選択ツールで1文字ずつバウンディングボックスを上下にドラッグして垂直方向にランダムに変形する。

⑦　レイヤーパネルを表示し、「レイヤー1」を[新規レイヤーを作成]にドラッグしてレイヤーを複製する。

⑧　下のレイヤーの[選択コラム]をクリックすると、下のレイヤー上のすべてのオブジェクトが選択される。

Point
レイヤーを分けておくと、重なり合い隠れているオブジェクトでも、簡単にまとめて選択することができる。

Short cut
グループ解除：[Shift]＋[Ctrl]＋[G]

⑨　[線]のカラーを「C：30％、Y：70％」に、線幅を「22pt」にする。

⑩　[新規レイヤーを作成]をクリックし、2つのレイヤーの間に新規レイヤーを作成する。
⑪　各レイヤー名をダブルクリックし、上から「文字」「背景」「フチ」と入力する。
⑫　「背景」レイヤーを選択しておく。

7-❷ 落書き効果を適用する

①文字よりひと回り大きい長方形を作成する。
②［塗り］を「C：60％、M：30％」に設定する。

③アピアランスパネルを表示し、［新規塗りを追加］をクリックする。

④追加された塗り属性の［カラー］を［Shift］キーを押しながらクリックし、カラーパネルで「C：90％、M：50％」に設定する。

Point クリックのみではカラーパネルではなく、スウォッチパネルが表示される。

⑤追加した塗り属性を選択した状態で、［新規効果を追加］→［スタイライズ］→［落書き］を選択する。

⑥［スタイル］のドロップダウンリストから「もつれ」を選択し、［OK］をクリックすると、追加した塗り属性に対して「落書き」効果が適用される。

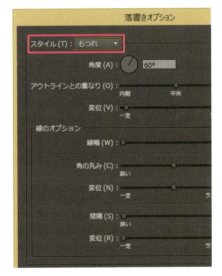

⑦「落書き」効果を適用した塗り属性を選択する。
⑧［選択した項目を複製］をクリックする。

⑨複製された塗り属性の［カラー］を④と同じ要領で「C：100％、M：10％、K：70％」に設定する。

⑩レイヤーパネルの「文字」レイヤーの[選択コラム]をクリックすると「文字」レイヤー上のすべてのオブジェクトが選択される。

⑪選択ツールで[Shift]キーを押しながら「g」をクリックすると、「g」以外の文字が選択状態となる。

⑫[オブジェクト]→[複合パス]→[作成]を選択する。

Short cut
複合パスを作成：[Ctrl]＋[8]

⑬[Shift]キーを押しながら背景のオブジェクトをクリックし、⑫の複合パスと複数選択する。

⑭[オブジェクト]→[クリッピングマスク]→[作成]を選択すると、文字のオブジェクトで背景のオブジェクトがマスクされる。

Short cut
クリッピングマスクの作成：[Ctrl]＋[7]

7-③ 部分的に装飾する

①選択ツールで「g」をクリックし、[塗り]を「Y：90％」に設定する。

②グループ選択ツールで穴のある文字の内側のパスを選択し、[Delete]キーを押して削除する。

③「o」のあたりに半径「6mm」の六角形を作成し[塗り]を「Y：90％」に設定する。

Point
数値入力での多角形の作成は、p.156参照。

④[効果]→[パスの変形]→[パンク・膨張]を選択する。

⑤[膨張]を「50％」に設定し、[OK]をクリックすると、花のような形状になる。

⑥選択ツールを選択し、[Alt]キーを押しながら「a」の部分までドラッグして複製する。

⑦「g」の葉の飾りは、ペンツールで葉を描き、[塗り]を「C:100％、M:10％、K:50％」に設定する。

Point
曲線のクローズパスは、p.161参照。

8 ワッペン風のマーク

パスに沿った文字を使って、ワッペン風のマークを作成してみよう。

■ダウンロードデータ：[Illustrator]→[c08]

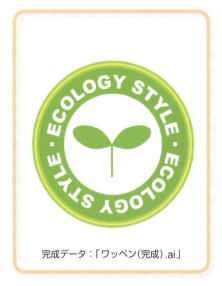

完成データ：「ワッペン（完成）.ai」

8-① 基本となる円を作成する

①幅と高さが「150mm」の正円を作成する。

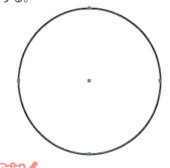

Point 数値入力での円形の作成は、p.155参照。

②ツールパネルの拡大・縮小ツールをダブルクリックする。
③[縦横比を固定]に「70%」と入力する。

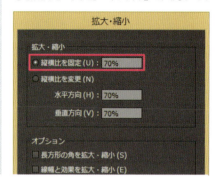

④[コピー]をクリックすると、70%縮小されたオブジェクトが作成される。

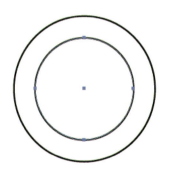

⑤内側の円が選択された状態で、さらに拡大・縮小ツールをダブルクリックする。
⑥縦横比を固定に「90%」と入力して[コピー]をクリックすると、さらに少し内側に円が作成される。

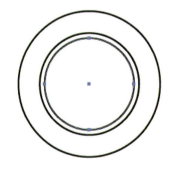

⑦選択ツールでいちばん外側の円を選択する。
⑧[塗り]のカラーを「C:50%、Y:100%」に、[線]のカラーを「C:30%、Y:90%」、線幅「18pt」に設定する。

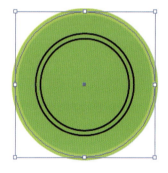

⑨アピアランスパネルを表示し、線属性を選択する。
⑩[選択した項目を複製]をクリックする。

⑪複製された線属性の[カラー]を「Y:100%」、[線幅]を「6pt」に設定する。

⑫いちばん内側の円を選択し、[塗り]を「白」に、[線]を「なし」に設定する。

8-❷ パスに沿って文字を入力する

①中間の円を選択する。

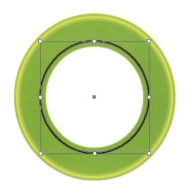

②段落パネルを表示し、[中央揃え]を選択する。

③ パス上文字ツールを選択する。

Short cut
段落パネル：[Alt]+[Ctrl]+[T]

④[表示]→[スマートガイド]をクリックし、チェックされている状態にする。

⑤円の下の頂点のアンカーポイントが強調表示され、かつ「アンカー」と表示されるところにポインターを合わせる。

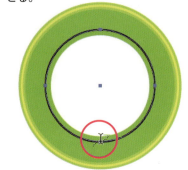

Short cut
スマートガイド：[Ctrl]+[U]

⑥クリックすると、円の頂点からテキスト入力できる状態になる。

⑦「ECOLOGY STYLE」と入力する。

⑧ 選択ツールを選択すると、テキストオブジェクトが選択された状態となる。

⑨[塗り]を「白」に、フォントサイズは「48pt」に設定する。ここではフォントを「Arial Black」にした。

⑩ 回転ツールをダブルクリックし、[角度]に「180°」と入力し、[コピー]をクリックすると、180°回転された複製オブジェクトが作成される。

⑪文字と文字の間に白い正円を2つ作成する。

8-3 双葉マークを作成する

①白い円の内側に、幅「40mm」、高さ「20mm」の楕円形を作成する。[線]は「なし」、[塗り]は「C：50％、Y：100％」に設定する。

②アンカーポイントツールを選択し、右側のアンカーポイントでクリックすると、コーナーポイントに切り換わる。

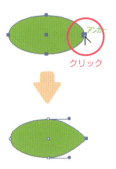

③選択ツールでオブジェクトを選択する。

④回転ツールをダブルクリックし、[角度]に「-20°」と入力する。

⑤[OK]をクリックすると、オブジェクトが-20°回転する。

⑥リフレクトツールを選択し、右側のアンカーポイントで[Alt]キーを押しながらクリックする。

⑦[リフレクトの軸]の「垂直」にチェックする。

⑧[コピー]をクリックすると、反転された複製オブジェクトが作成され、葉が2枚になる。

⑨直線ツールを選択し、葉が接する部分から[Shift]キーを押しながら下方向にドラッグして直線を描く。

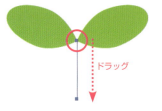

⑩[線]のカラーを「C：50％、Y：100％」にし、線幅を「6pt」に設定する。

⑪選択ツールで葉と茎を選択し、円の中にバランスよく配置して完成。

練習問題

ダウンロードデータ：［Illustrator］→［c08］

問題 1

次のようにフチを縫ったようなロゴをを完成させなさい。

完成データ：「natural（完成）.ai」

Point
①ポイント文字を作成する。ここではフォントを「Comic sans MS」に設定した。
②テキストをアウトライン化する（p.246参照）。
③［パスのオフセット］で、ひと回り小さいパスを作成する（p.249参照）。
④内側のパスに点線を設定する（p.176参照）。
⑤リボンを描き加える。

問題 2

「ラフ」効果を使用して文字を変形し、次のようなロゴを完成させなさい。

完成データ：「ELEPHANT（完成）.ai」

Point
①ポイント文字を作成する。ここではフォントを「Arial Black」に設定した。
②「ラフ」効果を使用し、サイズを「1%」、詳細を「0/インチ」、ポイントを「丸く」に設定する。
③文字パネルで文字が接するように調整する（p.240参照）。
④アピアランスを分割し（p.211）、合体（p.198～p.199）する。
⑤塗り属性、線属性を追加し、塗り属性には「光彩（内側）」効果で濃い色を設定する（完成データのアピアランス参照）。
⑥先頭の「E」の形状を調整し、像の顔としっぽを描き加える。

問題 3

「落書き」効果をいくつか重ねて、次のように文字の中が水彩画のようなタッチのロゴを完成させなさい。

完成データ：「green_leaf（完成）.ai」

Point
①ポイント文字を作成する。ここではフォントを「Trebchet MS Bold」に設定した。
②アピアランスパネルで半透明の塗り属性を重ねて、それぞれに角度の違う「落書き」効果を設定する（詳しくは完成データのアピアランスを参照）。
③輪郭からはみ出すような感じを出すには、背面にこのテキストオブジェクトをコピーし、［線］を「なし」に設定して位置を少しずらす。
④周囲に葉を描き加える。茎は直線に「ジグザグ」効果を適用する。

問題 4

次のようなロゴを完成させなさい。

完成データ：「eco（完成）.ai」

Point
①ペンツールなどで葉の形状を作成する。
②葉脈は［線］で作成した後、［オブジェクト］→［パス］→［アウトライン］を選択して［塗り］に変換してから型抜きする（型抜きは、p.198～p.199参照）。
③3つに複製し、それぞれ円を重ねて型抜きする。
④「光彩（内側）」効果で、少し濃い色を設定する（詳しくは完成データのアピアランスを参照）。

練習問題

📁 ダウンロードデータ：[Illustrator]→[c08]

問題 5

「チューリップ.psd」を配置して、次のようなロゴを完成させなさい。

元データ：「チューリップ.psd」

完成データ：「チューリップ（完成）.ai」

Point
写真画像を文字でマスクする方法は、p.251参照。写真文字の上に、同じサイズで半透明の文字を1文字ずつ作成し、ランダムに配置する。

問題 6

次のようなマークを完成させなさい。

完成データ：「Spring（完成）.ai」

Point
①任意のカラーで5本線のオブジェクトを作成し、アートブラシとして登録する（p.214～p.215参照）。
②アートブラシオプションで、[彩色]の[方式]を「色相のシフト」にして[OK]をクリックする。
③円にブラシを適用し、[線]のカラーを変更すると同じブラシの色違いを作成することができる。
④パスに沿って文字を入力する（p.260参照）。
⑤真ん中の花模様は6角形に「パンク・膨張」効果を適用する。

問題 7

次のようなマークを完成させなさい。

完成データ：「WWCafe（完成）.ai」

Point
①大小の円を作成する。
②小さな円のパターンを作成し、[タイルの種類]は「6角形（縦）」にする（p.218～p.219）。
③[塗り]のみの円に塗り属性を追加し、パターンを適用する（完成データのアピアランス参照）。
④パスに沿って文字を入力する（p.260参照）。
⑤真ん中に四角形や円を組み合わせてカップを描く。

Chapter 09 地図、グラフの作成

Chapter09では、直線を組み合わせた地図の作成と、グラフツールで数値入力による正確なグラフを作成してみよう。

1 地図を作成する

ダウンロードデータ：[Illustrator]→[c09]

グリッド線を目安に直線を作成し、レイヤーで効率よくオブジェクトを管理して簡単な案内地図を作成してみよう。

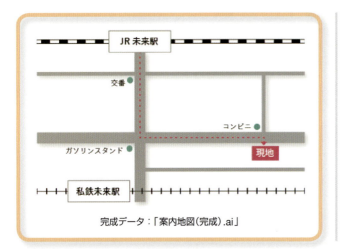

完成データ：「案内地図（完成）.ai」

1-❶ グリッドを表示・設定する

①[ファイル]→[新規]を選択する。

②[名前]に「案内地図」と入力し、新規ドキュメントプロファイルのドロップダウンリストから「プリント」を選ぶ。

Short cut
新規：[Ctrl]+[N]

③[幅]に「148mm」、[高さ]に「100mm」と入力し、[OK]をクリックする。

Point
幅「148mm」、高さ「100mm」は横向きのハガキサイズ。

④[表示]→[グリッドを表示]を選択すると、画面上にグリッドが表示される。

Short cut
グリッドを表示：[Ctrl]+[¥]

⑤[編集]→[環境設定]→[ガイド・グリッド]を選択する。
⑥[グリッド]を「10mm」に、[分割数]を「2」に設定する。

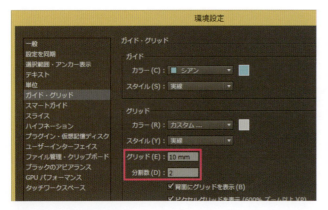

⑦[OK]をクリックすると、グリッド線が「10mm」間隔で表示され、その中間に分割線が「5mm」間隔の薄い色で表示される。

1-❷ 道路を描く

①[表示]→[グリッドにスナップ]を選択し、チェックされている状態にする。

Short cut
グリッドにスナップ：[Shift]+[Ctrl]+[¥]

②直線ツールを選択し、グリッドを目安にドラッグして直線を描き、次のような道路の元になる線を描く。

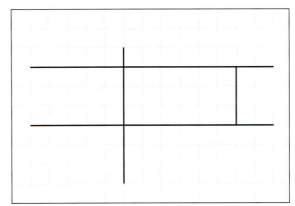

③[塗り]は「なし」、太い線は「15pt」、細い線は「5pt」に設定する。

④すべて選択し、[線]の[カラー]を「K：50%」に設定する。

⑤[オブジェクト]→[グループ]を選択する。

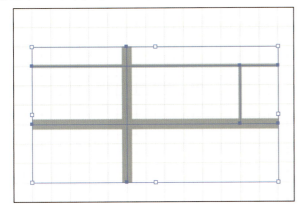

Short cut
グループ化：[Ctrl]+[G]

⑥[効果]→[スタイライズ]→[ドロップシャドウ]を選択し、次のように設定する。

⑦[OK]をクリックすると、グループ化された道路に「ドロップシャドウ」効果が適用される。

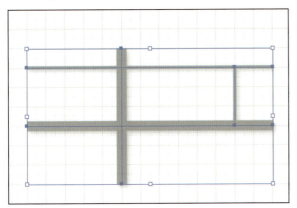

⑧レイヤーパネルを表示し、レイヤー名をダブルクリックして「道路」と入力する。

⑨[編集コラム]をクリックしてレイヤーをロックする。

Short cut
レイヤーパネル：[F7]

Point
完成したレイヤーは、ロックするように心がけるとよい。

1-❸ 線路を描く

①[新規レイヤーを作成]をクリックする。
②作成されたレイヤー名を「線路」にする。

③ ✏ 直線ツールで次の位置に線路の線を描く。

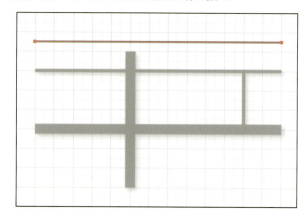

④[線]の[カラー]を「K：100%」、[線幅]を「6pt」に設定する。
⑤アピアランスパネルを表示し、[新規線を追加]をクリックする。
⑥追加した線属性の[カラー]を「白」に、線幅を「4pt」に設定する。

⑦[線：]をクリックして線パネルを表示し、[破線]にチェックを入れ、[線分]に「12pt」と入力する。

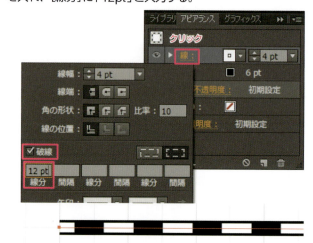

⑧ ✏ 直線ツールで次の位置に線路の線を描く。
⑨[線]の[カラー]を「K：100%」、[線幅]を「1pt」に設定する。

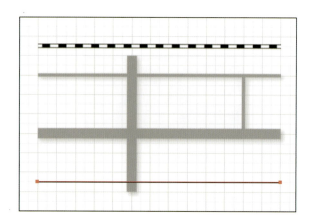

⑩さきほどと同じ要領で、線属性を追加し、[カラー]は「K：100%」、[線幅]を「8pt」、[線分]は「1pt」、[間隔]は「12pt」に設定する。

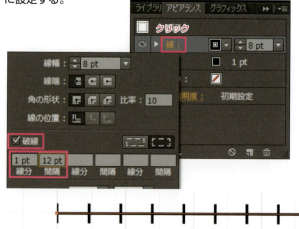

1-④ 建物や文字を作成する

①レイヤーパネルの「線路」レイヤーをロックする。
②さきほどと同じ要領で新規レイヤーを作成し、レイヤー名を「建物」とする。

③ ■長方形ツールを選択し、[塗り]を「白」、[線]の[カラー]を「K：100％」、[線幅]を「1pt」にしておく。線パネルの[破線]にチェックされている場合は外しておく。
④次のようにグリッドを目安に線路上に長方形を描く。

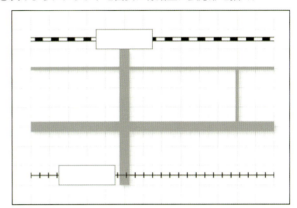

⑤[表示]→[グリッドにスナップ]を選択し、チェックを外す。
⑥次のように目的地となる場所に長方形を描き、[塗り]を「M：100％、Y：30％」に設定する。

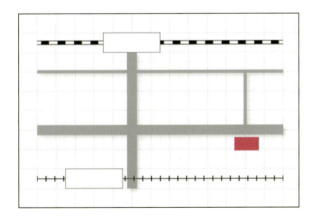

⑦ ●楕円形ツールを選択し、次のように目印となる位置に正円を作成し、[塗り]を「C：80％、M：10％、Y：45％」に設定する。
⑧ ▶選択ツールで[Alt]キーを押しながらドラッグして、2カ所に複製する。

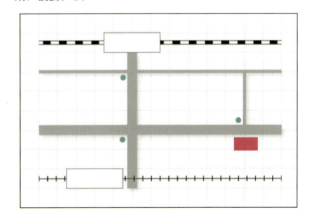

1-⑤ 順路を作成する

①レイヤーパネルの「建物」レイヤーをロックする。
②さきほどと同じ要領で新規レイヤーを作成し、レイヤー名を「順路」とする。

③[塗り]は「なし」、[線]の[カラー]を「M：100％、Y：30％」に設定する。
④線パネルを表示し、[線幅]を「3pt」にする。
⑤[破線]にチェックを入れ、[線分]に「3pt」と入力する。

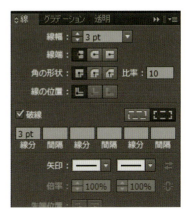

⑥ [表示]→[グリッドにスナップ]を選択し、チェックされている状態にする。
⑦ ペンツールを選択し、グリッドを目安に次のように駅から目的地まで順路の線を描く。
⑧ 最後に[Enter]キーを押してパスを描き終える。

⑨ 線パネルを表示し、[矢印]の2つ目のドロップダウンリストから「矢印8」を選び、その下の[倍率]に「40％」と入力する。

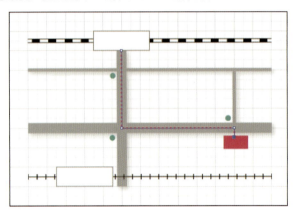

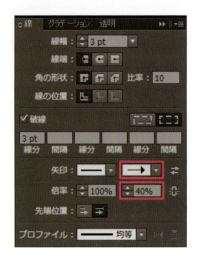

⑩ [表示]→[グリッドにスナップ]を選択し、チェックを外す。
⑪ ダイレクト選択ツールを選択し、[Shift]キーを押しながら上にドラッグして「▼」が見えるようにする。

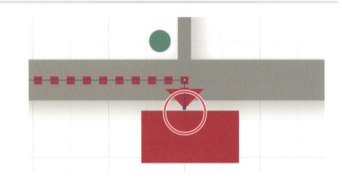

1-6 文字を作成する

① レイヤーパネルの「順路」レイヤーをロックする。
② さきほどと同じ要領で新規レイヤーを作成し、レイヤー名を「文字」とする。
③ 文字ツールを選択し、次のように駅名、目印の建物名をポイント文字で作成する。駅名は少しフォントサイズを大きめにする。
④ 目的地の文字は[塗り]を「白」にする。
⑤ 必要があれば選択ツールで位置を微調整する。
⑥ [表示]→[グリッドを隠す]を選択する。

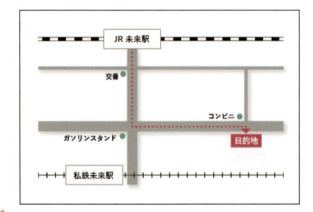

Point
ポイント文字の作成は、p.234参照。文字スタイルの設定は、p.240参照。

2 棒グラフを作成する

▶ ダウンロードデータ：[Illustrator]→[c09]

Illustratorでは、グラフツールを使ってデータを入力することにより、棒グラフや円グラフなど9種類のグラフを作成することができる。まずは簡単な棒グラフを作成してみよう。

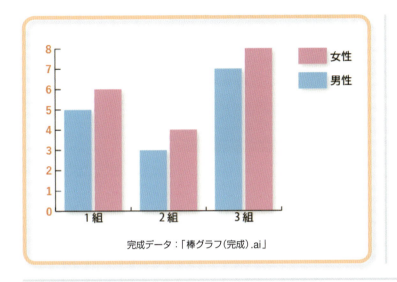

完成データ：「棒グラフ（完成）.ai」

2-① データを入力する

①棒グラフツールを選択する。

②画面上をクリックし、幅「100mm」、高さ「70mm」と入力する。

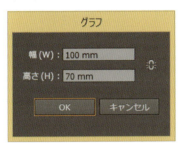

Point 画面上をドラッグしてグラフのサイズを決めることもできる。

③[OK]をクリックすると、グラフデータウィンドウが表示される。

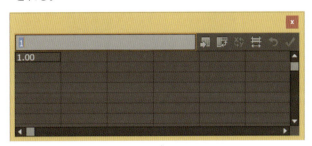

④入力テキストボックスに数値を入力し、[↓]キーを押すと、選択されているセルに数値が反映され、下のセルが選択される。

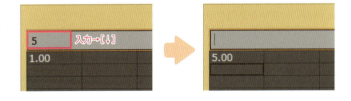

⑤同じ要領で3つのセルに数値を入力し、[適用]をクリックすると、棒グラフが作成される。
⑥[閉じる]をクリックし、グラフデータウィンドウを閉じる。

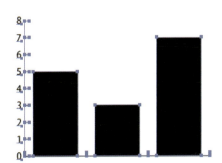

2-❷ カラーやフォントを変更する

① ▶ グループ選択ツールを選択し、何もない場所をクリックしてグラフオブジェクトの選択を解除しておく。

② 棒をクリックすると1つ選択され、2回クリックすると3つの棒が選択される。

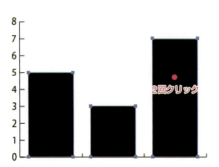

③ ［線］は「なし」、［塗り］を選択してカラーパネルを表示し、パネルメニューから「CMYK」を選択する。

④ 「C：60％」に設定する。

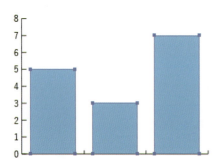

Point グラデーションやパターンを適用することもできる。

⑤ ［オブジェクト］→［重ね順］→［最背面へ］を選択する。

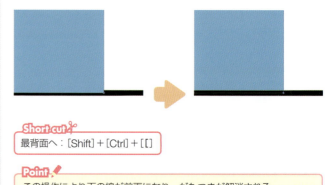

Short cut 最背面へ：［Shift］＋［Ctrl］＋［［］

Point この操作により下の線が前面になり、がたつきが解消される。

⑥ 同様に、数字を2回クリックして［塗り］のカラーや文字スタイルを変更する。ここでは「游ゴシック Bold」に設定した。

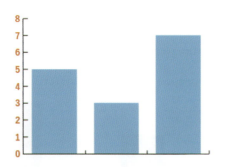

Point 文字スタイルの設定は、p.240参照。

⑦ ▶ 選択ツールを選択でグラフオブジェクトを選択する。

⑧ ［効果］→［スタイライズ］→［ドロップシャドウ］を選択し、任意の設定をする。

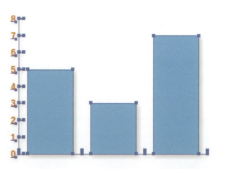

Point 棒だけにドロップシャドウを適用するなど、グラフの一部に効果を適用することもできるが、グラフデータを変更すると効果がリセットされるため注意が必要。

2-❸ データを編集してラベル付きのグラフにする

①グラフオブジェクトが選択された状態で、[オブジェクト]→[グラフ]→[データ]を選択する。

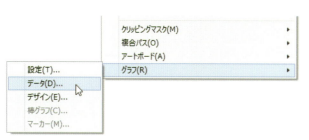

②1列目を3行ドラッグして3つのセルを選択する。

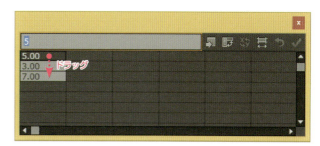

③[編集]→[カット]を選択する。

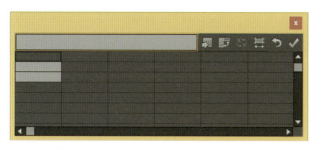

Short cut
カット：[Ctrl]＋[X]

④2列目の2行目を選択し、[編集]→[ペースト]を選択するとデータが移動する。

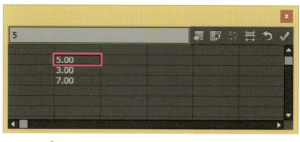

Short cut
ペースト：[Ctrl]＋[V]

⑤セルをクリックして選択したり、矢印キーでセルを移動しながら、次のようにデータを入力する。
⑥[適用]をクリックすると、棒グラフに適用され、ラベルと凡例が作成される。
⑦[閉じる]をクリックし、グラフデータウィンドウを閉じる。

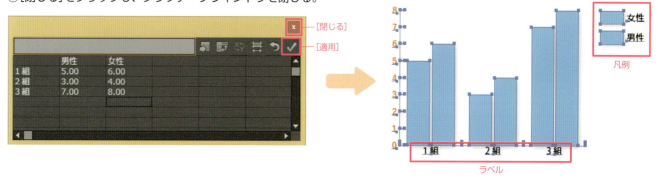

⑧グループ選択ツールを選択し、何もない場所でクリックしてグラフオブジェクトの選択を解除しておく。
⑨「女性」の凡例の長方形オブジェクトを2回クリックすると、「女性」の棒も選択される。
⑩[塗り]を「M：60％」に設定する。

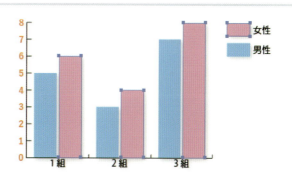

3 グラフの種類を変更する

ダウンロードデータ：[Illustrator]→[c09]

グラフ作成後でも、グラフの種類を変更することができる。前ページで完成した棒グラフを、他のグラフに変更してみよう。

①前ページで完成したデータ、または「棒グラフ(完成).ai」を開き、グラフオブジェクトを選択する。

②[オブジェクト]→[グラフ]→[設定]を選択する。

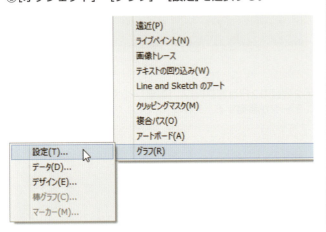

③グラフの種類をそれぞれ選択し、[OK]をクリックしてどのようなグラフになるか確かめてみよう。

Point 散布図はグラフデータの入力方法が異なるためこのグラフデータではうまくグラフ化されない。
散布図のデータ入力については次ページコラム参照。

(1)棒グラフ

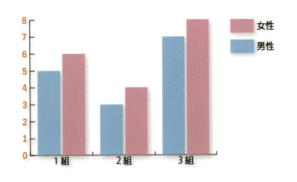

(2)積み上げ棒グラフ

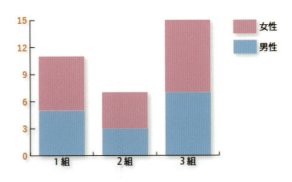

(3)横向き棒グラフ

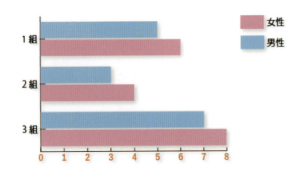

(4)横向き積み上げ棒グラフ

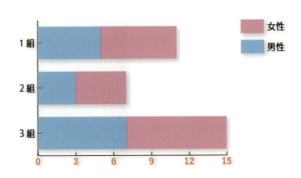

(5)折れ線グラフ

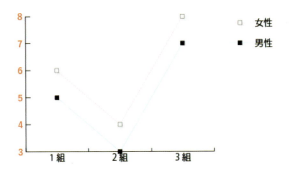

(6)階層グラフ

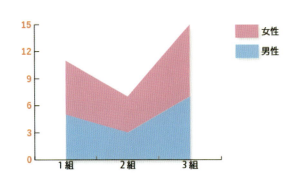

(7)円グラフ

(8)レーダーチャート

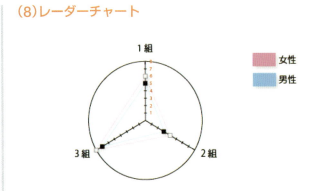

> **コラム　散布図のデータ入力方法**
>
> 散布図は、他のデータ入力方法と異なる。
> 1行目の左端のセルから1列おきにラベル(凡例となる)を入力する。
> 1番目の列にY軸のデータを、2番目の列にX軸のデータを入力する。

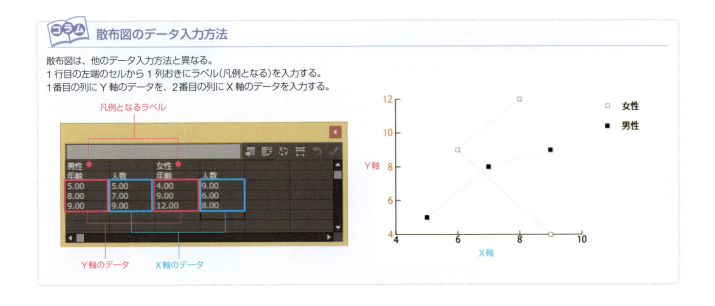

4 ドーナツ形の円グラフを作成する

ダウンロードデータ：[Illustrator]→[c09]

円グラフを作成し、さらに通常のオブジェクトに変換してドーナツ形の円グラフを作成してみよう。

完成データ：「ドーナツ形の円グラフ（完成）.ai」

4-❶ 円グラフを作成する

① 円グラフツールを選択する。

② 画面上をクリックし、[幅] [高さ] に「150mm」と入力し、[OK] をクリックする。

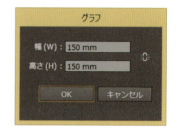

③ グラフデータに次のように入力し、[適用]をクリックすると、円グラフが作成される。
④ [閉じる]をクリックし、グラフデータウィンドウを閉じる。

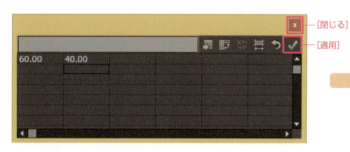

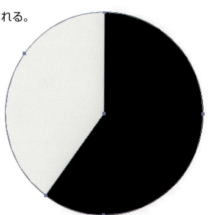

⑤ [線]は「なし」にする。
⑥ グループ選択ツールを選択し、何もない場所でクリックしてグラフオブジェクトの選択を解除しておく。
⑦ それぞれクリックして選択し、[塗り]を次のように設定する。
⑧ [表示]→[スマートガイド]をクリックし、チェックされている状態にする。

Point
カラーパネルをグレースケールからCMYKにする方法は、p.270参照。

Short cut
スマートガイド：[Ctrl]+[U]

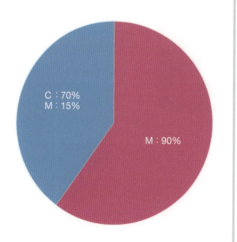

⑨ 楕円形ツールで選択し、円グラフの中心のアンカーポイントが強調表示される所から[Alt]キーと[Shift]キーを押しながらドラッグして正円を作成する。

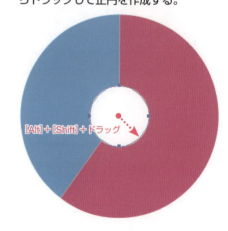

4-❷ 円グラフを通常のオブジェクトに変換して編集する

①選択ツールでグラフオブジェクトを選択する。
②[オブジェクト]→[グループ解除]を選択すると次のようなアラートが表示される。
③[はい]をクリックすると、円グラフは通常のオブジェクトに変換される。

④選択ツールですべてのオブジェクトを選択する。
⑤シェイプ形成ツールで[Alt]キーを押しながら次の2カ所をクリックすると型抜きされる。

⑥グループ選択ツールを選択し、何もない場所でクリックしてオブジェクトの選択を解除しておく。
⑦ピンクの部分をクリックして選択する。

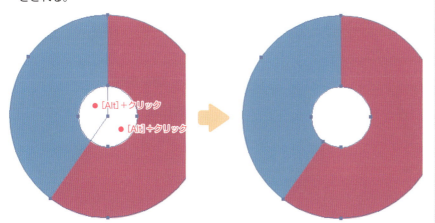

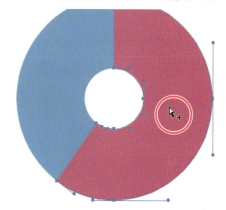

⑧[効果]→[スタイライズ]→[ドロップシャドウ]を選択し、次のように設定して[OK]をクリックする。

⑨文字ツールを選択し、次のようにポイント文字を作成し、それぞれ文字スタイルを設定する。

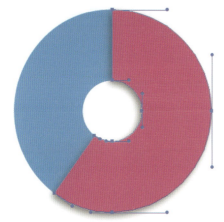

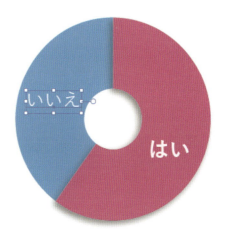

Point
文字スタイルの設定は、p.240参照。
このように、グラフデータを保持したままでは編集できない場合は、通常のオブジェクトに変換する。通常のオブジェクトに変換すると、グラフとしてデータを変更できなくなるため、通常オブジェクトに変換する際は、グラフデータが確定してから変換するとよい。

練習問題

📁 ダウンロードデータ：[Illustrator]→[c09]

問題 1

次のような地図を作成しなさい。

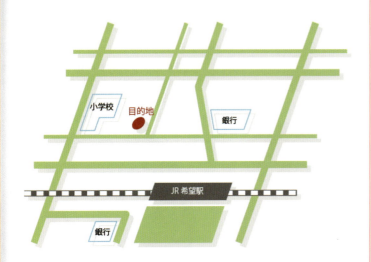

完成データ：「地図1（完成）.ai」

Point
① グリッドを使用して線を描く（p.264〜p.268参照）。
②［表示］→［グリッドにスナップ］を解除し、細かな建物などを描く。
③ すべてを選択してグループ化する。

④「ドロップシャドウ」効果を適用する。
⑤ シアー角度20°でシアーをかける。
⑥ ポイント文字で文字を作成する。

問題 2

「地図2.ai」を開き、次のようにトレースして地図を完成させなさい。

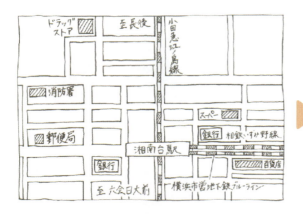

元データ：「地図2.ai」

完成データ：「地図2（完成）.ai」

Point
道路をトレースする際は、まずは［線］のカラーを赤系にするなど目立つ色にしておくとわかりやすい。また、スマートガイドを利用すると端点を揃えやすい。

■ ダウンロードデータ：[Illustrator]→[c09]

問題 3

次のようなグラフデータを作成し、棒グラフを作成しなさい。

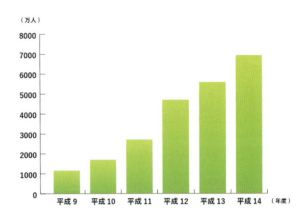

Point
棒グラフの作成は、p.269～p.271参照。

完成データ：「縦棒グラフ_練習問題（完成）.ai」

問題 4

次のようなグラフデータを作成し、横向き積み上げ棒グラフを作成しなさい。

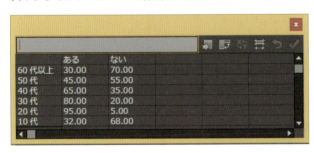

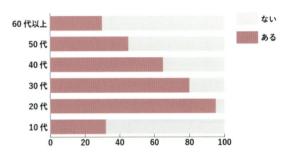

Point
横向き積み上げ棒グラフツールを選択し、棒グラフと同じ要領で作成する。

完成データ：「横棒グラフ_練習問題（完成）.ai」

問題 5

次のようなグラフデータを作成し、円グラフを作成しなさい。
さらに光沢や影を描いて立体的に仕上げなさい。

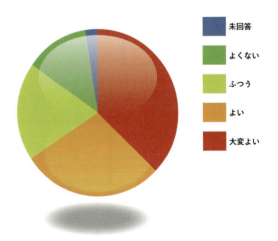

Point
①円グラフツールで円グラフを作成する（p.274参照）。
②上の光沢部分は、楕円形の[塗り]にグラデーションを適用する。
③グラデーションは始点、終点ともに白で、不透明度をそれぞれ「100%」「0%」に設定する。
④上の光沢部分を下方向に複製し、反転して「ぼかし」効果を適用する。
④影は楕円形の[塗り]を「グレー」にして「ぼかし」効果を適用する。

完成データ：「立体円グラフ_練習問題（完成）.ai」

Chapter 10 3D効果

Chapter10では、3D効果の機能を中心に説明をする。また、写真をイラスト化するライブトレース、ライブペイントについても説明をする。

1 ライブトレースとライブペイント

ダウンロードデータ：[Illustrator]→[c10]

ライブトレースは、写真などを簡単にイラスト化する機能である。ライブトレースでイラスト化したオブジェクトはライブペイントを使って編集ができる。ライブトレースとライブペイントを使って写真をイラスト化したロゴマークを作ろう。

1-① ライブトレースで写真をイラスト化する

完成データ：「ハンバーガー.ai」

① [幅]、[高さ]が「12cm」の新規アートボードを作成する。
② [ファイル]→[配置]で「ハンバーガー.jpg」を配置する。
③ 「ハンバーガー.jpg」を整列パネルを使い、アートボードの中心に配置する。

④ 画像を選択した状態で、[オブジェクト]→[画像トレース]→[作成]を選択する。

⑤ オプションバーの[プリセット]に「16色変換」を選択する。

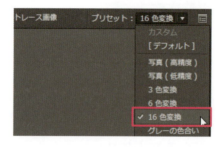

コラム　その他のライブトレース例

ライブトレースは写真画像などを減色し、イラスト化することができる。他の例を見てみよう。

6色変換

シルエット

写真(低解像度)

⑥[ウィンドウ]→[画像トレース]を選択し、[カラー]を「10」にする。

Point 色数などの細かいトレース設定は画像トレースパネルで行う。パネルの詳細をクリックすると、さらに細かいオプションを設定できる。

1-❷ ライブペイント

画像トレースした画像をライブペイントに変換すると普通のパスのように編集が可能になる。

①画像トレースをした画像が選択された状態で、オプションバーの[拡張]をクリックする。

②[オブジェクト]→[ライブペイント]→[作成]を選択する。

③ ライブペイント選択ツールを選択する。

⑤背景の白い部分を選択する。

④グリッドを表示する。

Short cut 作成（ライブペイント）：[Alt]＋[Ctrl]＋[X]

Short cut グリッドを表示：[Ctrl]＋[￥]

Point グリッドはとくに必要がないが、表示すると、背景部の処理の結果などがわかりやすい。

⑥[Delete]キーを押す。

⑦作業のやりやすい大きさにズームし、 スポイトツールで次の場所をクリックする。

⑨レタスの部分で色がおかしい部分をクリックして塗る。

⑧ ライブペイントツールを選択する。

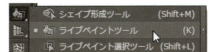

Point イラストとして考え、色を変更する。元の色にこだわらず色を変更してみよう。

⑩パンの部分などもおかしい部分があれば同じ要領で塗り替える（完成データ参照）。

⑪「ハンバーガー.ai」という名前で保存する。

3D効果　279

2 3D効果（押し出し・ベベル）

ダウンロードデータ：[Illustrator]→[c10]

3D効果の押し出し・ベベル効果は、平面上に描いたオブジェクトに厚みを与え、立体に見せる効果である。3D効果を使用したカラフルな立体のロゴを制作しよう。

完成データ：「Gallery.ai」

2-❶ ロゴの文字を入力する

①[ファイル]→[新規]を選択する。

②[ファイル名]を「Gallery」、[幅]を「100mm」、[高さ]を「50mm」に設定し、[OK]をクリックする。

③[線]を「なし」、[塗り]のカラーを「黄」に設定する（[塗り]のカラーは後から変更するので適当でかまわない）。

④ 文字ツールを選択して、[フォント]を「Impact」、[サイズ]を「72pt」に設定して、「GALLERY」と大文字で入力する。

⑤[書式]→[アウトラインを作成]を選択する。

Short cut
アウトラインを作成：[Shift]+[Ctrl]+[O]

2-❷ 3D効果を設定する

①オブジェクトを選択し、[効果]→[3D]→[押し出し・ベベル]を選択する。

（3D押し出し・ベベルオプションパネルが表示される）

Point
3D押し出し・ベベルオプションでは3D効果のいろいろな設定ができる。位置のオプションでは、自由に回転などができるが、図案やデザインなどでよく使用される位置の設定が登録されている。

②[3D押し出し・ベベルオプション]の[プレビュー]にチェックする。

③[位置]のX軸を「-12°」、Y軸を「15°」、Z軸を「0°」、遠近感を「0°」、[押し出し・ベベル]の[押し出しの奥行き]を「100pt」にし、[OK]をクリックする。

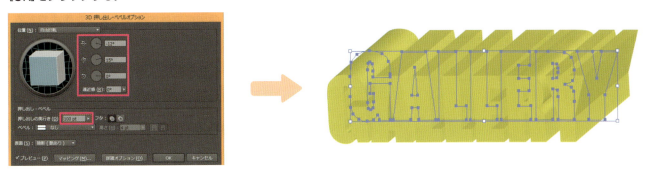

④[オブジェクト]→[アピアランスを分割]を選択する（塗りと線のオブジェクトに分かれる）。

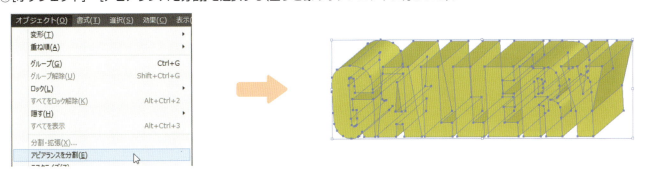

⑤[オブジェクト]→[グループ解除]を選択する（1文字ごとに分解される）。

⑥「G」の文字を選択し、塗りと線を設定する（例では[塗り]にパステル調の黄色、[線]に明るいオレンジ系の色を選択した）。

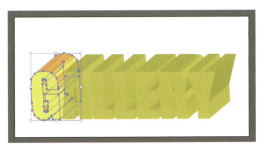

⑦他の文字も同じように塗りと線を設定する（完成データ参照）。

Point
例題のような色合いにするには同系色の薄い色を[塗り]に、それより彩度や明度を下げた色を[線]に設定するとよい。

Short cut
グループ解除：[Shift]＋[Ctrl]＋[G]

コラム 遠近感

遠近感の角度が小さいとカメラで望遠レンズで撮影したような効果になり、大きいと広角レンズで撮影したような効果のイメージになる。

3　3D効果(回転体)

📁 ダウンロードデータ：[Illustrator]→[c10]

回転体を使用すると平面上に描いたパスをY軸(回転軸)で回転させることで簡単に立体的なイラストを作成できる。ここでは円盤状のフリスビーを作ってみよう。

完成データ：「Frisbee.ai」

3-① グリッドの表示・設定

作業がしやすいように作業の目安となるグリッドを表示・設定する。

①[ファイル]→[新規]を選択する。
②[ファイル名]を「Frisbee」、[幅]と[高さ]を「20cm」に設定し、[OK]をクリックする。
③[表示]→[グリッドを表示]を選択する。

Short cut
グリッドを表示：[Ctrl]＋[￥]

④[編集]→[環境設定]→[ガイド・グリッド]を選択する。
⑤[グリッド]を「10mm」、[分割数]を「2」にする。

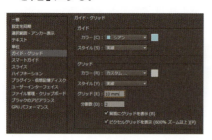

⑥[OK]をクリックする。

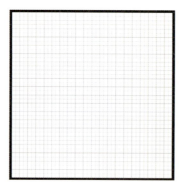

⑦[表示]→[グリッドにスナップ]を選択する。

Short cut
グリッドにスナップ：[Shift]→[Ctrl]＋[￥]

Point
グリッドの幅、分割数は作業に合わせてやりやすい大きさに設定しよう。また[グリッドにスナップ]を選択すると、ペンツールで描いたときなどにグリッド上にポイントがスナップされ、直線などを描きやすくなる。

3-② フリスビーの形状を作成する

①ドキュメントの中心(左上から、横に10cm、下に10cm)の位置から[線]を「水色」、[塗り]を「なし」にし、ペンツールで、次のようにグリッドを目安にポイントを配置してオープンパスを描く。

Point
立体にしたときに、[線]のカラーが立体の色になるので、最終的な仕上がりをイメージして[線]のカラーを決定する。後からでもアピアランスパネルで変更ができる。

②[効果]→[3D]→[回転体]を選択する。

③[プレビュー]をチェックする。

④[位置]のX軸を「-45°」、Y軸を「15°」、Z軸を「15°」、遠近感を「60°」にする。

⑤[詳細オプション]をクリックする。

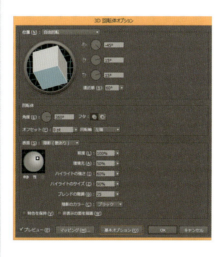

⑥[陰影のカラー]を「カスタム」にし、現在のシアンより少し暗めのシアンを選択する。

⑦[OK]をクリックする。

Point

明るさなどが足りない場合や陰影を弱めたい場合にはライトを追加するとよい。新規ライトの追加・調整は次のようにする。
①[新規ライト]をクリックし、光源を追加する。
②ライトをドラッグし、位置を調整する。

新規ライト

コラム 3D効果 - 回転

3D効果には[押し出し・ベベル]、[回転体]の他に[回転]がある。[回転]は立体を作るのではなく、平面のイラストなどを3D空間で自由に回転した図形を簡単に作成できる。右下の図は「HAMBURGER.ai」の一部を回転した例である。

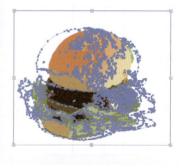

3-❸ マッピングするシンボルを登録する

①[ファイル]→[配置]で「リンク」のチェックを外し、「HAMBURGER.ai」を配置する。

②「HAMBURGER.ai」が選択されている状態でシンボルパネルの[新規シンボル]をクリックする。

③名前に「Hamburger」と入力し、[OK]をクリックする(シンボルに登録される)。

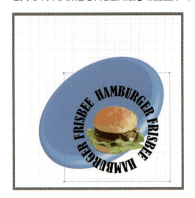

Point
シンボル登録はリンクデータを含んでいると登録することはできないので、必ず、「リンク」のチェックを外し、配置する。

3-❹ マッピングする

①「HAMBURGER.ai」のオブジェクトを削除する。
②フリスビーオブジェクトを選択し、アピアランスパネルから3D回転体を選択する。
③[3D回転体オプション]パネルの[プレビュー]をチェックする。
④[3D回転体オプション]の[マッピング]をクリックする([アートをマップ]のパネルが表示される)。
⑤[プレビュー]をチェックする。

Point
[表面]からシンボルに貼り付ける面は、作業の仕方によって変化する。

⑥[表面]からシンボルを貼り付ける面を選択する(この例題では2/5)。
⑦[シンボル]に「Hamburger」を選択する。

⑧オブジェクトを確認しながら、ダイアログボックスの「Hamburger」を回転して位置を調整する。

⑨[アートをマップ]の[OK]をクリックする。
⑩[3D回転体オプション]の[OK]をクリックする(完成データ参照)。

Point
3D効果にマッピングできる画像はシンボルでなければならない。シンボルに変換すれば、画像や自作のイラストなどをマッピングできる。

Point
アートをマッピングする場合は、アートをマップのダイアログのプレビューにチェックをして、アートボードを確認しながら位置や回転角度を調整する。

■ ダウンロードデータ：［Illustrator］→［c10］

問題 1

次のような2つのロゴを3D効果を使用して作成しなさい（ロゴの字体は好きなフォントを選ぼう）。

(1) グレースケールの3Dロゴを作成する。

完成データ：「LOGO1.ai」

(2) パステル調の3Dロゴを作成する。

完成データ：「LOGO2.ai」

> **Point**
> この問題ではフォント「Impact」、サイズ「100pt」に設定している。3D押し出し・ベベルで押し出しの奥行きを「30pt」にして立体化し、アピアランスの分解を行って調整をしている。

問題 2

3D効果の回転体を使用し、次のようなワイン瓶を作成しなさい。ワインのラベルも作成する。

> **Point**
> ［線］のカラーに緑系の色を選び、右の図のようなパスを描き、［効果］→［3D］→［回転体］でワイン瓶を作る。ラベルは別途制作し、シンボル化してマッピングする。不透明度を「75%」に設定し、複製して3本にし、後ろの瓶のパスの色は前の瓶の線の色より少し明るめの緑系の色にする。

完成データ：「ワイン瓶.ai」

3D押し出し・ベベル・回転体のオプション

例題で説明ができなかった主な3Dオプションを説明する。

●位置の立方体
立方体をドラッグすると3Dオブジェクトを自由に回転し、表示位置が調整できる。

●フタの設定
正面の面に面を張る、張らないなどの設定ができる。

●ベベル
ベベルは立体の押し出しの面に変化を与えることができる。例題では、ベベルは「なし」で行ったが、いくつかのベベル効果を与えた例を見てみよう。

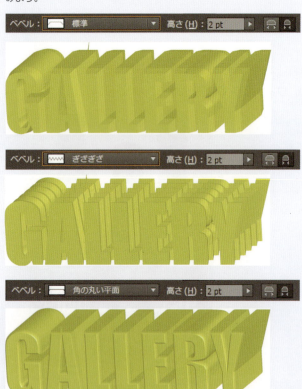

Point 立体にするオブジェクトに対してベベルの高さの値が大きすぎると、形状が崩れるなど予期しない結果となる場合がある。

●表面
3D効果を与えた場合、標準では表面は陰影(艶あり)の状態で表示される。表面の設定はワイヤフレーム、陰影なし、陰影(艶消し)の設定もできる。

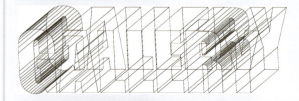

●詳細オプション
表面に「陰影(艶あり)」、「陰影(艶消し)」を選んで、詳細オプションをクリックすると、表面の明るさやハイライトの明るさ、大きさ、色の階調などを細かく設定できる。

第3編
Photoshop & Illustrator 実践

Chapter 01　印刷物の作成 ………………… p.288

Chapter 02　Web制作 ……………………… p.304

Chapter 01 印刷物の作成

Chapter01では、Illustratorを使って実際の印刷物を想定し、オリジナルのCDジャケットや名刺などを作成してみよう。印刷後に同じ大きさで裁断できるようにトンボを使用する。

1 CDジャケットの作成

ダウンロードデータ：[実践]→[c01]

ここではアートボード内にトンボを作成して、実際にCDケースに収めることができるサイズのCDジャケットを作成してみよう。

完成データ：「CDジャケット（完成）.ai」

1-① 印刷用の新しいドキュメントを作成する

① Illustratorで［ファイル］→［新規］を選択する。
② ［名前］に「CDジャケット」と入力し、［プロファイル］のドロップダウンリストから「プリント」を選ぶ。

③ ［サイズ］は初期状態の「A4」のまま、方向は「横」をクリックして［OK］をクリックすると、A4サイズ横の新規ドキュメントが作成される。

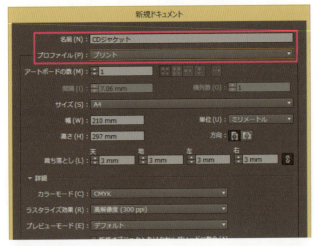

Short cut
新規：［Ctrl］+［N］

Point
［プロファイル］を「プリント」にすると、自動的に印刷に適した設定になる。

1-❷ トンボとガイドを作成する

トンボとは、用紙のサイズを示し印刷後に断裁する部分を指定するために四隅につけるマークのこと。

①幅「240mm」、高さ「120mm」の長方形を作成する(CDジャケットサイズは規格によって異なる場合がある)。

②[塗り]は任意のカラーとし、[線]は「なし」にしておく。

> **Point**
> 線幅があるオブジェクトに対してトリムマークを作成すると、その線幅に対して適用されてしまうため、必ず[線]は「なし」にする。

③[効果]→[トリムマーク]を選択すると、トンボが作成される。

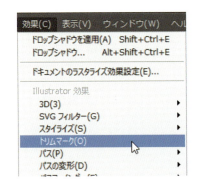

> **Point**
> 上のような形状のトリムマークにならない場合は、[編集]→[環境設定]→[一般設定]で「日本トンボを使用」にチェックを入れる。また、このトンボを**ダブルトンボ**という。

④[オブジェクト]→[アピアランスを分割]を選択すると、アピアランスが分割され、トンボはオブジェクトに変換される。

⑤ グループ選択ツールを選択し、何もない場所でクリックして選択を解除しておく。

⑥長方形をクリックして選択する。

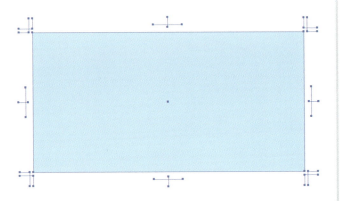

> **Point**
> トンボのカラーは自動的に**レジストレーションカラー**となり、線幅は0.3ptに設定される。レジストレーションカラーは、CMYKがすべて100%のカラーで、すべての版に印刷される。

印刷物の作成

⑦[オブジェクト]→[パス]→[パスのオフセット]を選択する。

⑧[オフセット]を「3mm」と入力して[OK]をクリックすると、3mm外側にもう1つ長方形が作成される。

⑨内側の長方形を[Shift]キーを押しながらクリックし、両方の長方形を選択する。

⑩[表示]→[ガイド]→[ガイドを作成]を選択すると、2つの長方形がガイドになる(ガイドが表示されない場合は、[表示]→[ガイド]→[ガイドを表示]を選択する)。

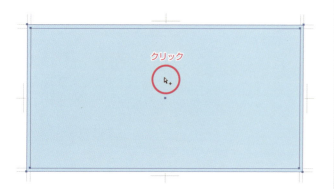

⑪[表示]→[スマートガイド]を選択し、チェックされた状態にする。

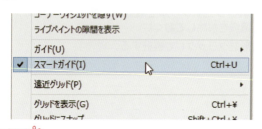

Short cut
スマートガイド:[Ctrl]+[U]

⑫[表示]→[定規]→[定規を表示]を選択し、チェックされた状態にする。

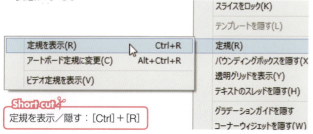

Short cut
定規を表示/隠す:[Ctrl]+[R]

⑬ドキュメントウィンドウの上側と左側に定規が表示されるので、左側の定規からセンタートンボの縦の線までドラッグすると、センターにガイドが作成される。

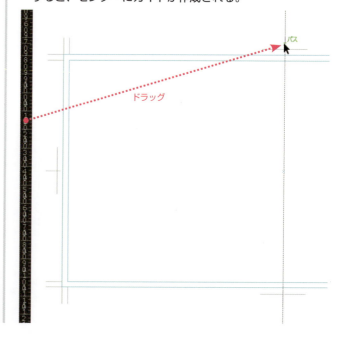

⑭レイヤーパネルを表示し、レイヤー名をダブルクリックして「トンボ」と入力する。

⑮[編集コラム]をクリックしてレイヤーをロックしておく。

⑯[新規レイヤーを作成]をクリックする。

⑰新しく作成されたレイヤーをドラッグし、「トンボ」レイヤーと入れ換えて選択状態にしておく。

Point
トンボはつねに最前面にある必要があるので、他のオブジェクトとはレイヤーを分け、いちばん上にしてロックしておくとよい。

1-❸ オブジェクトをレイアウトする

①レイヤーパネルで「レイヤー2」を選択しておく。

②[ファイル]→[配置]を選択する。

③「CDジャケット背景.psd」を選択し、「リンク」にチェックを入れて[配置]をクリックする。

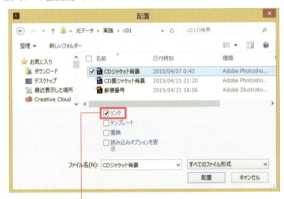

Point
画像のリンクと埋め込み
画像の配置には、「リンク」と「埋め込み」がある。
リンク…Illustratorにはこのファイルがどのような状態で配置されているかというリンク情報のみが保存される。リンクしているファイルを編集するとIllustrator上でも反映される。
埋め込み…Illustratorに画像データが埋め込まれる。ファイルサイズは大きくなるが、Illustratorファイル1つでプリントできるという利点がある。元のファイルとはリンクしていないので、元の画像を編集してもIllustrator上の画像には反映されない。

④画面上でクリックすると画像が配置される。

⑤選択ツールで画像をドラッグしてガイドに合わせる。

Point
仕上がりサイズの端まで要素がある場合は、断裁時に紙のずれが発生した場合の予備として**裁ち落とし**の領域を設定する必要がある。そのため、この画像も仕上がりサイズより上下左右ともに3mm大きい画像となっている。

⑥文字ツールを選択し、任意の位置をクリックしてタイトルなどを入力し、文字スタイルやカラーを設定する。

Point
断裁時に紙のずれが発生した場合を想定し、文字などの切れてはいけない要素は、仕上がりサイズの3mm程度内側の範囲に収まるようにレイアウトする。

⑦A4サイズの紙にプリントアウトしたら、センタートンボで折り目を付け、コーナートンボの内側の線に沿って切ってみよう。

2 名刺の作成と面付け

ダウンロードデータ：[実践]→[c01]

名刺を作成し、A4サイズの用紙に並べて印刷できるように面付けしよう。

完成データ：「名刺（完成）.ai」

2-① 基本の名刺データを作成する

①Illustratorで[ファイル]→[新規]を選択する。
②[名前]に「名刺」と入力し、[プロファイル]のドロップダウンリストから「プリント」を選ぶ。
③[OK]をクリックするとA4サイズ縦方向の新規ドキュメントが作成される。

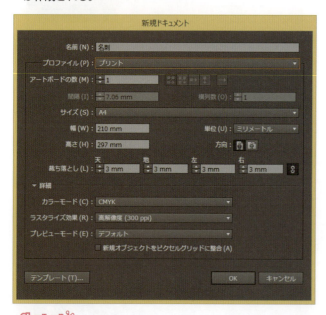

Short cut
新規：[Ctrl]+[N]

④幅「91mm」、高さ「55mm」の長方形を作成する。
⑤[塗り]は任意のカラーとし、[線]は「なし」にしておく。

Point
数値入力での長方形の作成は、p.155参照。

⑥[編集]→[環境設定]→[一般]を選択し、「日本式トンボを使用」のチェックを外して[OK]をクリックする。

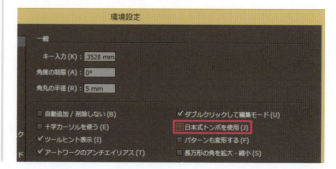

⑦[効果]→[トリムマーク]を選択すると、トンボが作成される。

⑧[オブジェクト]→[アピアランスを分割]を選択すると、アピアランスが分割され、トンボはオブジェクトに変換される。

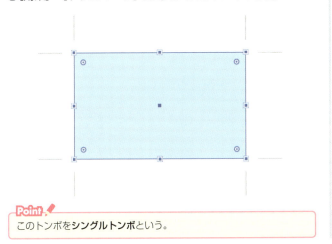

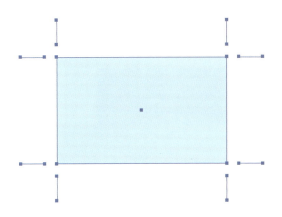

Point
このトンボを**シングルトンボ**という。

⑨p.289⑤～p.290⑩と同じ要領で仕上がりサイズとその3mm外側にガイドを作成する

⑩p.291⑭～⑰と同じ要領で「トンボ」レイヤーとしてロックし、新規に作成したレイヤーを背面に移動して選択状態にしておく。

⑪ 文字ツールを選択し、任意の位置をクリックして名前や住所などを入力し、文字スタイルやカラーを設定する。

空白部分を自由に装飾する。ここでは、ブレンドツールを使ってラインアートを作成してみよう。

⑫ ペンツールで次のような2本の直線を描き、[塗り]は「なし」、[線]は任意のカラーで線幅は「1pt」に設定する。

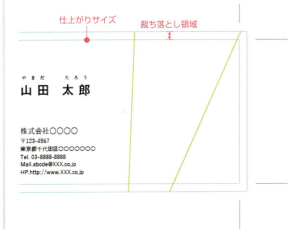

Point
仕上がりサイズの3mm程度内側の範囲に収まるようにレイアウトする。

Point
仕上がりサイズの3mm外側の裁ち落とし領域まで描く。

⑬ アンカーポイントの追加ツールを選択する。

⑭ セグメントをクリックし、アンカーポイントを追加する。

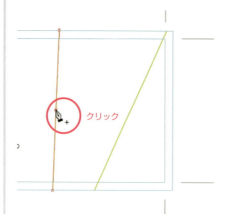

⑮ もう1本の直線もクリックしてアンカーポイントを追加する。

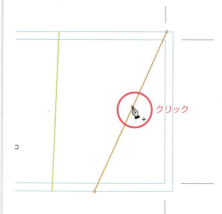

⑯ アンカーポイントツールで、追加したアンカーポイントをドラッグして任意の形状の曲線にする。

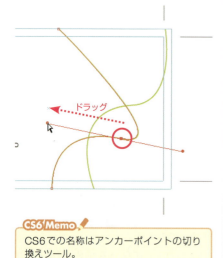

CS6 Memo
CS6での名称はアンカーポイントの切り換えツール。

⑰ ブレンドツールを選択し、端点でポインターの先端が「□」から「■」になる場所でクリックする。

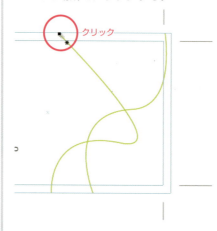

⑱ 同様にもう1本の直線の端点でクリックすると、中間オブジェクトとが作成される。

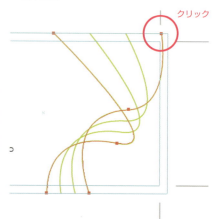

Point
直前の設定が適用されるので、上のようなブレンドになっているとは限らない。

⑲ ツールパネルの ブレンドツールをダブルクリックする。

⑳ [間隔]のドロップダウンリストから「ステップ数」を選択し、入力欄に「10」と入力して[OK]をクリックする。

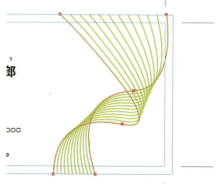

Point
[線]のカラーやアンカーポイントの位置、曲線の角度を変えると、さまざまに変化するので試してみよう。

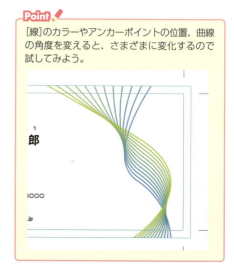

2-❷ 面付けする

A4サイズの用紙に8枚並べて印刷するために、8面付けにレイアウトしよう。プリントアウトして切り離せば名刺が完成する。

①レイヤーパネルで「トンボ」レイヤーの[編集コラム]をクリックしてレイヤーのロックを解除する。

②[表示]→[ガイド]→[ガイドをロック]にチェックが入っていたら、選択してロックを解除する。

③すべてのオブジェクトを選択し、選択ツールでアートボードの左上ぎりぎりの位置に移動する。

④ 選択ツールをダブルクリックする。
⑤[水平方向]に「97mm」、[垂直方向]に「0」と入力する。

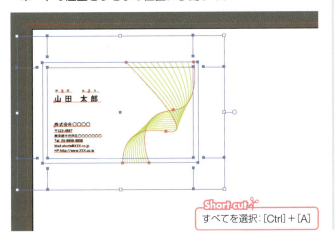

Short cut
すべてを選択：[Ctrl]+[A]

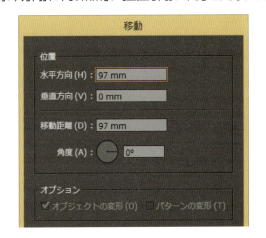

⑥[コピー]をクリックすると右方向97mmの位置にコピーされる。

⑦すべてのオブジェクトを選択し、選択ツールをダブルクリックする。
⑧[水平方向]に「0」、[垂直方向]に「61mm」と入力する。
⑨[コピー]をクリックすると下方向61mmの位置にコピーされる。

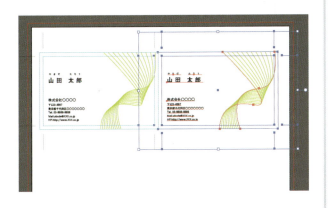
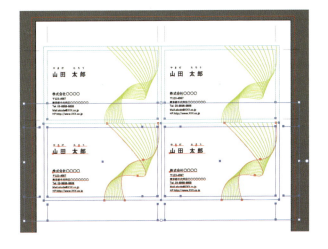

⑩ [オブジェクト]→[変形]→[変形の繰り返し]を2回選択すると、さらに2回下方向にコピーされ、名刺が8枚になる。

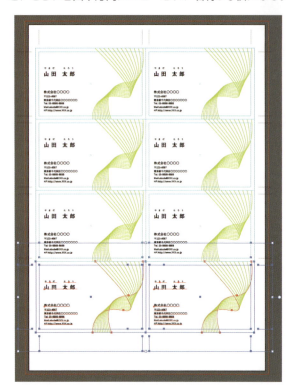

Short cut
変形の繰り返し:[Ctrl]+[D]

⑪ レイヤーパネルで「レイヤー2」の[編集コラム]をクリックしてレイヤーをロックする。

⑫ [表示]→[ガイド]→[ガイドをロック]を選択し、チェックされた状態にする。

⑬ ▶ グループ選択ツールで次の範囲をドラッグして選択し、[Delete]キーを押して仕上がり線上にある不要なトンボを削除する。

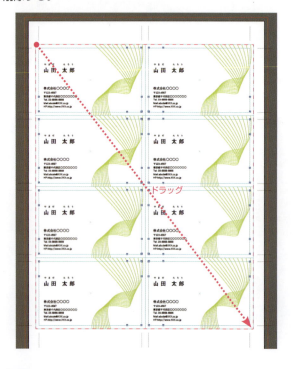

⑭ [ファイル]→[プリント]を選択する。

⑮ [プリンター]で種類を選択し、[用紙サイズ]を「A4」に設定して[完了]をクリックする。

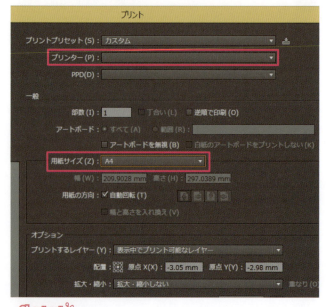

Short cut
プリント:[Ctrl]+[P]

⑯［表示］→［プリント分割を表示］を選択すると、プリント可能範囲が表示される。

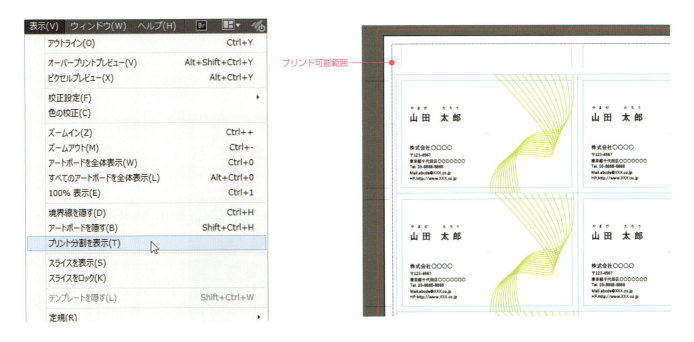

⑰左右のトンボがプリント可能範囲外にある場合は、グループ選択ツールでドラッグして選択し、［Shift］キーを押しながらドラッグして範囲内に入るように移動する。

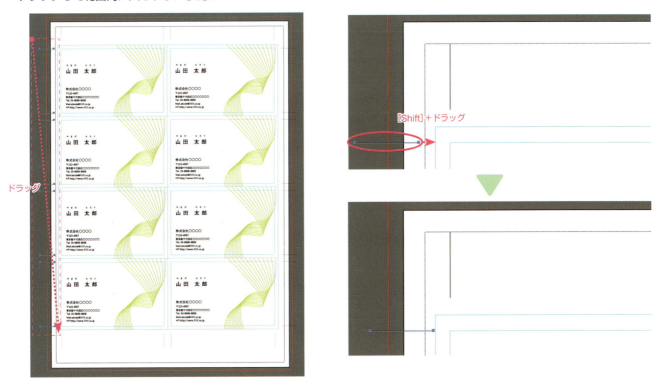

⑱A4サイズの紙にプリントアウトしたら、トンボの線に沿って切り8枚の名刺に切り分けてみよう。

3 複数のアートボードを使ってポストカードを作成する

ダウンロードデータ：[実践]→[c01]

ここでは複数のアートボードを使ってポストカードを作成してみよう。
アートボードは仕上がりサイズ（ハガキサイズ）で作成し、トンボはプリントの設定で印刷する。

完成データ：「ポストカード（完成）.ai」

3-❶ Illustratorで複数のアートボードの新しいドキュメントを作成する

①Illustratorで［ファイル］→［新規］を選択する。

②［名前］に「ポストカード」と入力し、［プロファイル］のドロップダウンリストから「プリント」を選ぶ。

③［アートボードの数］を「2」と入力し、［幅］を「100mm」、［高さ］を「148mm」と入力する。

④［裁ち落とし］を天地左右とも「3mm」と入力する。

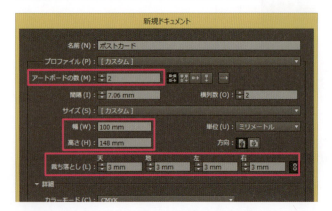

⑤［OK］をクリックするとハガキサイズのアートボードが2つの新規ドキュメントが作成される。

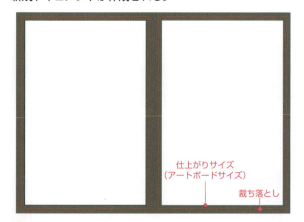

仕上がりサイズ
（アートボードサイズ）
裁ち落とし

Point
複数のアートボードの使用
複数のアートボードを使用すると、複数のアートボードを1つのドキュメントで操作できる他、一度に複数のアートボードを印刷することもできる。数ページの印刷物などもこの機能で作成すると効率的に作業することができる。

Point
裁ち落としの設定
［裁ち落とし］を設定すると、裁ち落としの領域がアートボードの外側に赤い線で表示される。仕上がりサイズの端まで要素がある場合は、この線まで予備の領域としてレイアウトする。

アートボードの編集と管理

新規ドキュメントでアートボードの設定をした後でも、アートボードの追加やサイズ、位置などを変更することができる。

● アートボードツールで編集する

①ツールパネルの  アートボードツールを選択する。

②2番目のアートボードをクリックするとアートボードが選択される。

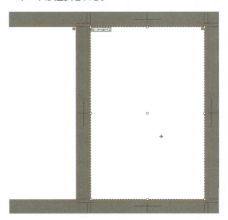

③バウンディングボックスをドラッグするとサイズが変更される。

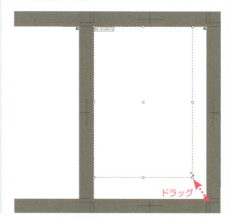

ドラッグ

アートボードツール

④アートボードをドラッグすると移動する。[Alt]キーを押しながらドラッグすると複製される。

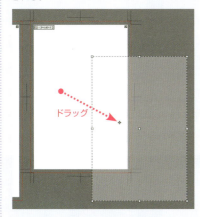

ドラッグ

⑤アートボードの右上の[削除]ボタンをクリックすると削除される。

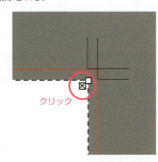

クリック

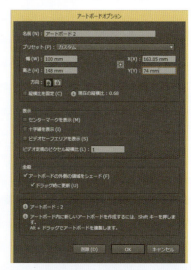

アートボードツールをダブルクリックすると、アートボードオプションが表示され、[名前]や[幅][高さ][位置]を数値入力で設定することができ、[削除]で削除することもできる。

アートボードツール選択時に表示されるコントロールパネルでもさまざまな編集ができる。

[新規アートボードの追加] [アートボードを削除] [オブジェクトと一緒に移動またはコピー]
[名前] 選択された状態では、移動や複製時にオブジェクトもいっしょに移動する。
位置　サイズ

● アートボードパネルで管理する

[ウィンドウ]→[アートボード]を選択すると表示されるアートボードパネルは、複数のアートボードを管理することができる。

[番号]
ダブルクリックすると該当のアートボードが表示される。

[名前]
ダブルクリックすると入力ができる。

[アートボードオプション]
クリックするとアートボードオプションが表示される。

[新規アートボードの追加] [アートボードを削除]

3-❷ ポストカードをレイアウトする

宛名面と裏面のレイアウトをしてみよう。ここではすでに用意された郵便番号のオブジェクトを他のファイルからコピーする。裏面は自由にレイアウトしてみよう。

①「郵便番号.ai」を開く。
② 選択ツールでオブジェクトをクリックして選択する。
③［編集］→［コピー］を選択する。

④ タブをクリックして元のドキュメントに戻る。

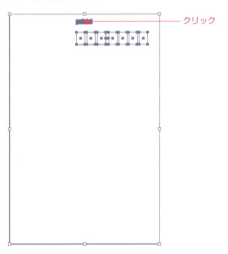

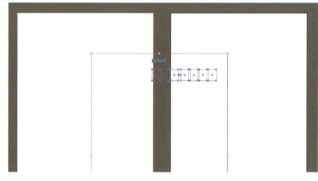

⑤［編集］→［ペースト］を選択する。

Short cut
開く：[Ctrl]+[O]、コピー：[Ctrl]+[C]

Short cut
ペースト：[Ctrl]+[V]

⑥ 左側のアートボードの何もない場所をクリックする。
⑦ オブジェクトをクリックして選択する。
⑧ コントロールパネルまたは整列パネルの［整列］のドロップダウンリストから「アートボードに整列」を選択する。
⑨［水平方向左に整列］と［垂直方向上に整列］をクリックすると、左側のアートボードに整列する。

⑩ 左側のアートボードに郵便番号以外の要素（例えばロゴなど）を自由にデザインしてみよう。
⑪ 右側のアートボードに裏面も自由にデザインしてみよう。

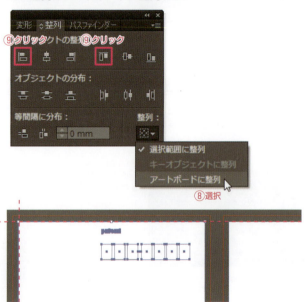

宛名面デザイン例　　裏面デザイン例

Point
上記の裏面レイアウト例は、仕上がりサイズの端まで要素があるため、裁ち落としの領域まで要素を入れている。
また、ハガキサイズの用紙にプリントアウトする場合は、プリント可能領域内に収めるようにレイアウトしよう。

3-❸ トンボを印刷する

ハガキより大きなサイズでプリントアウトする場合は、トンボを印刷する設定を行う。
ここではA4サイズの用紙に[プリント]→[トンボと裁ち落とし]の設定を使ってトンボをプリントアウトしてみよう。

①[ファイル]→[プリント]を選択する。
②[プリンター]のドロップダウンリストからプリンターの種類を選択する。
③[アートボード]は[すべて]にチェックされていることを確認する。
④[用紙サイズ]のドロップダウンリストから「A4」を選択する。

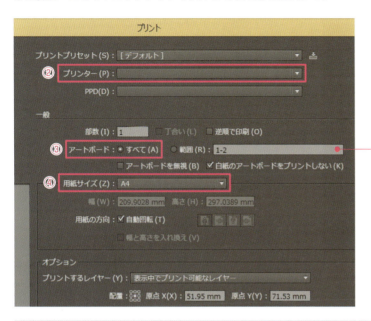

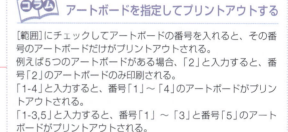

アートボードを指定してプリントアウトする

[範囲]にチェックしてアートボードの番号を入れると、その番号のアートボードだけがプリントアウトされる。
例えば5つのアートボードがある場合、「2」と入力すると、番号「2」のアートボードのみ印刷される。
「1-4」と入力すると、番号「1」～「4」のアートボードがプリントアウトされる。
「1-3,5」と入力すると、番号「1」～「3」と番号「5」のアートボードがプリントアウトされる。

Short cut
プリント:[Ctrl]+[P]

⑤[トンボと裁ち落とし]を選択する。
⑥[トンボ]にチェックを入れる。
⑦[裁ち落とし]が[ドキュメントの裁ち落とし設定を使用]にチェックされていることを確認する。

⑧[プリント]をクリックすると、A4サイズの用紙にトンボ付きでプリントアウトされる。

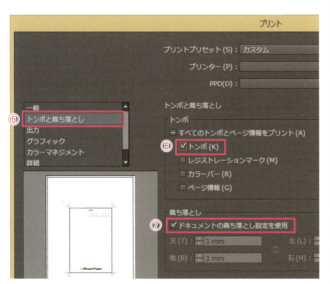

練 習 問 題

> ダウンロードデータ：[実践]→[c01]

問題 1

次のようにトンボ、ガイドを作成し「CD裏ジャケット背景.psd」を配置してCDケースの裏ジャケットを作成しなさい。（トンボはアートボード内に作成する）。

完成データ：「CD裏ジャケット（完成）.ai」

Point
①表ジャケットと同じように、上下左右に裁ち落とし領域を3mmずつとってトンボとガイドを作成する（p.289〜p.291参照）。

②左右の折りトンボは、ダイレクト選択ツールで内側のトンボのパスを選択して[オブジェクト]→[変形]→[移動]を選択し、左側の場合は水平方向に「6mm」、右側の場合は水平方向に「-6mm」に設定して[コピー]をクリックする。ガイドも同じ要領でコピーする。

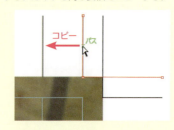

③「CD裏ジャケット背景.psd」を配置し、文字をレイアウトする。

※サイズは規格によって異なる場合がある。

問題 2

CDレーベル（盤面）を作成しなさい。

完成データ：「CDレーベル（完成）.ai」

Point
①CDの各寸法に合わせて正円を描く。
②ガイドを作成する。
③印刷範囲である46mm〜116mmの部分を自由にデザインする。この例では、ドーナツ形のオブジェクトに対し、内側描画を使用してブラシツールでランダムな線を描いた（内側描画はp.201参照）。

練 習 問 題

> ダウンロードデータ：[実践]→[c01]

問題 3

ネームシールを想定してデザインし、次のようにA4サイズの用紙に収まるように面付けしなさい。

Point
①名刺の作成と同じ要領で上下左右に裁ち落とし領域を3mmずつとってシングルトンボとガイドを作成する（p.292～p.293参照）。
②イラストと文字を組み合わせたり、文字をロゴのようにアレンジしてオリジナルのネームシールをデザインしよう。
③名刺と同じ要領で面付けし、最後に不要なトンボを削除する（p.295～p.297参照）。

完成データ：「ネームシール（完成）.ai」

問題 4

幅「148mm」、高さ「85mm」のアートボードに今月のカレンダーを自由にデザインし、プリントの設定でトンボをプリントアウトしなさい。

完成データ：「カレンダー（完成）.ai」

プリント時

Point
①新規ドキュメント作成時に［裁ち落とし］を天地左右とも「3mm」に設定しておく。
②文字やイラストを自由にデザインする。
③トンボをプリントするには、プリント設定時に［トンボと裁ち落とし］で［トンボ］にチェックを入れる。［裁ち落とし］が［ドキュメントの裁ち落とし設定を使用］にチェックされていることを確認してプリントアウトする（p.301参照）。

Chapter 02 Web制作

Photoshop は Web ページの素材や Web デザインを支援する機能が強化されている。ここでは、Web ページの完成見本を示す「デザインカンプ」の制作と画像素材の制作、簡単なサンプルとなる Web ページを制作してみよう（Chapter02 の内容には CS6 では作業ができない部分がある）。

1 Webページのレイアウト案の制作

ダウンロードデータ：[実践]→[c02]

Web ページのレイアウト案を Photoshop で制作し、Web ページのデザインを指定する CSS（Cascading Style Sheets）を書き出し、Web ページのレイアウトだけを示す Web ページを制作しよう。

完成画像：「Webレイアウト.psd」

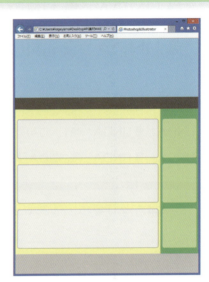

完成Webページ：「index01.html」

1−❶ 制作するWebページのレイアウトを理解する

まず、作成する Web ページの大まかなサイズや構造などをワイヤーフレーム（線画のレイアウト案）で理解する。

Point
赤字の部分は Web ページの本体の HTML やデザインを指定する CSS で使用する名前になる。制作前に必ず名前を半角の英数名で決めておく。

Point
今回はレイアウト案を最初から示して作成するが、デザインをするには、まず、企画などをしっかり行い、目的に応じたデザイン案を複数制作するのが一般的である。はじめからカラーや画像などの案を作るのは大変なので、まずは、大まかなレイアウト案を線画のワイヤーフレームで作り、デザイナーだけでなく関係者などとも検討して Web ページのイメージを具体的にしていく。例題のレイアウト案は Illustrator で作成したが、はじめは手描きで制作、検討して、ある程度レイアウトのイメージが固まってから Photoshop や Illustrator などで制作することもある。

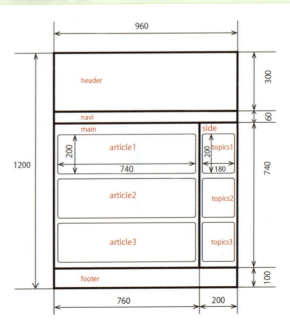

1-❷ Webのベースの構造を作成する

■長方形ツールを使用し、Webページの基本となる大まかなレイアウトを作成する。

①［ファイル］→［新規］を選択する。

②［ファイル名］を「Webレイアウト」、［幅］を「960pixel」、［高さ］を「1200pixel」、［解像度］を「72pixel/inch」、［カラーモード］を「RGBカラー」、［カンバスカラー］を「白」にし、［OK］をクリックする。

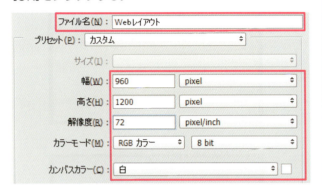

③■長方形ツールを選択する。

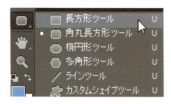

④［塗りのカラー］を「パステルシアン」を選び［線のカラー］は「なし」にする。

⑤ドキュメント上でクリックする。

⑥［幅］を［960px］、［高さ］を「300px」にし、［OK］をクリックする。

⑦属性パネルの［X］、［Y］を「0px」にする。

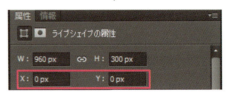

⑧同様に■長方形ツールで［塗りのカラー］を「80％グレー」にし、［幅］を「960px」、［高さ］を「60px」にして場所を［X］を「0px」、［Y］を「300px」の位置に配置する。

塗りのカラー

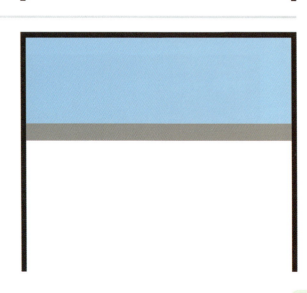

Point
■長方形ツールで描かれた図形はシェイプといい、塗りのカラーと線のカラーで管理されている。

Web制作　305

⑨同様に■長方形ツールで[塗りのカラー]を「パステルイエロー」にし、[幅]を「760px」、[高さ]を「740px」にして場所を[X]を[0px]、[Y]を「360px」の位置に配置する。

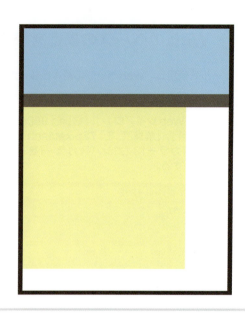

→塗りのカラー

Point
x、yの位置については、ドキュメントの左上を(0,0)とし、長方形の左上を基準にして絶対距離で指定する。

⑩同様に■長方形ツールで[塗りのカラー]を「グリーンシアン(純色)」にし、[幅]を「200px」、[高さ]を「740px」にして場所を[X]を[760px]、[Y]を[360px]の位置に配置する。

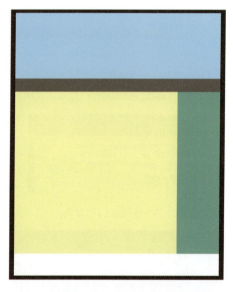

Point
塗りの色や幅や高さは属性パネルで後から変更できる。

⑪同様に■長方形ツールで[塗りのカラー]を「20%グレー」にし、[幅]を「960px」、[高さ]を「100px」にして場所を[X]を[0px]、[Y]を[1100px]の位置に配置する。

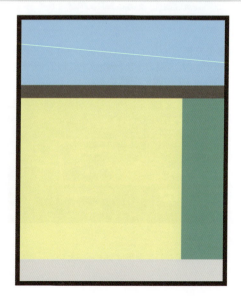

⑫[ファイル]→[別名で保存]で「Webレイアウト.psd」の名前で保存する。

1-❸ シェイプからCSSの作成

Photoshopでは、シェイプからWebページのデザインを指定するCSSの書き出しができる。作成したシェイプのレイアウトからCSSファイルを作成する(CS6ではCSSの書き出し機能がないので、1-❸と1-❹の作業は行わずに1-❺の作業に進む)。

①レイヤーの順番を上からパステルシアン、80%グレー、パステルイエロー、グリーンシアン(純色)、20%グレーの順番になるようにする。

②上からレイヤー名を「header」「navi」「main」「side」「footer」に変更する。

Point レイヤー名は必ずワイヤーフレームで決めた名前にする。

③[css]フォルダーの「style1.css」をメモ帳などのテキストエディタで開く。

④「header」レイヤーを選択し、右クリックして[CSSをコピー]を選択する。

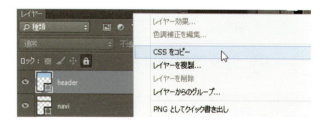

⑤メモ帳をアクティブにし、カーソルの位置を3行目の1カラムにしてメモ帳の[編集]→[貼り付け]を選択する。

⑥同様に「navi」「main」「side」「footer」レイヤーも[CSSをコピー]し、メモ帳に貼り付ける。

⑦メモ帳の[ファイル]→[上書き保存]を選択する。

1-④ Webブラウザで表示を確認する

Webページの基本的なレイアウトとなるCSSファイルができたのでWebブラウザで確認しよう。

①Internet Explorerなどで、[c02]フォルダーを開く。
②「index01.html」をWebブラウザで開く。

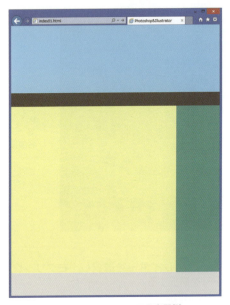
Internet Explorer11での表示例

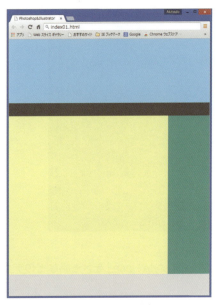
Chromeでの表示例

1-⑤ カンプに角丸長方形を追加する

mainのエリアに画像やテキストを配置するための角丸長方形のBOXを追加する。

① ■角丸長方形ツールを選択する。

②ドキュメント上でクリックして、[幅]を「740px」、[高さ]を「200px」、[半径]をすべて「10px」にし、[OK]をクリックする。

③属性パネルで、[X]を「10px」、[Y]を「410px」、[塗りのカラー]を「10%グレー」、[線のカラー]を「50%グレー」、[線の太さ]を「2pt」にする。

線のカラー
塗りのカラー

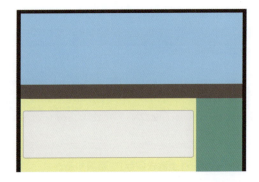

④同じ設定で、[X]が「10px」、[Y]が「640px」と、[X]が「10px」、[Y]が「870px」の位置に角丸長方形を配置する。

⑤角丸長方形のレイヤー名を上から「article1」「article2」「article3」にし、レイヤーの順番を次のように変更する。

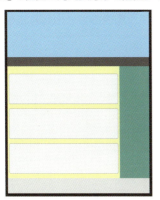

⑥ ■角丸長方形ツールで、[塗りのカラー]を「パステルピーグリーン」にし、線なしで[幅]が「180px」、[高さ]が「200px」で[角丸の半径]が「10px」の角丸長方形を、[X]が「770px」、[Y]が「410px」と、[X]が「770px」、[Y]が「640px」と、[X]が「770px」、[Y]が「870px」の位置に3つ配置する(Photoshopの完成画像参照)。

⑦作成した角丸長方形のレイヤー名を上から「topics1」「topics2」「topics3」にし、次のような順番にする。

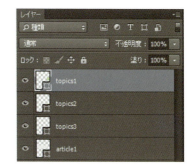

1-❻ CSSファイルを作る

■角丸長方形ツールで描いた図形からCSSファイルを作成しよう(CS6では[CSSをコピー]の機能がないので、1-❻の作業は行わない)。

① 「Webレイアウト.psd」を保存する。
② 「article1」レイヤーを右クリックし、[CSSをコピー]を選択する。
③ 「style1.css」をメモ帳などのテキストエディタで開き、最後の行の下にペーストする。

④同様に「article2」「article3」「topics1」「topics2」「topics3」のレイヤーを[CSSをコピー]し、「style1.css」にペーストする。

⑤メモ帳の[ファイル]→[上書き保存]を選択する。
⑥ 「index01.html」をWebブラウザで開く(完成Webページ:「index01.html」を参照)。

2 デザインカンプの作成と画像の書き出し

📁 ダウンロードデータ:［実践］→［c02］

画像などを配置してデザインカンプを完成させよう。また、Webページで使う画像の書き出し方法を学習しよう。

完成画像:「Webページ.psd」

完成Webページ:「index02.html」

2-① 書き出し形式

ヘッダー部の背景に使用する画像を作成し、Webページで使用できる形式で書き出そう。

①「sozai」フォルダー内の「花0.jpg」を開く。

②［イメージ］→［画像解像度］を選択し、［幅］を「1100pixel」にして［OK］をクリックする。

③ ■長方形選択ツールを選び、［スタイル］を「固定」、［幅］を「960px」、［高さ］を「300px」にする。トリミングしたい場所に選択範囲を合わせる。

④[イメージ]→[切り抜き]を選択する。

> **CS6 Memo**
> CS6では[書き出し形式]がないので、[ファイル]→[Web用に保存]を選択し、[プリセット]を「JPEG高」にして保存する。

> **Short cut**
> 書き出し形式：[Alt]＋[Shift]＋[Ctrl]＋[W]

⑤[ファイル]→[書き出し]→[書き出し形式]を選択する。

⑥[ファイル設定]の[形式]を「JPG」、[画質]を「60%」にし、[書き出し]をクリックする。

⑦[c02]フォルダーの[images]フォルダーを指定し、[ファイル名]を「header」にして[保存]をクリックする。

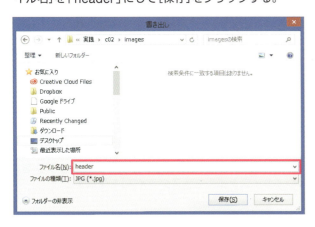

⑧「index02.html」をWebブラウザで開く。

⑨Photoshopに戻り、「Webページ.psd」を開く。
⑩「花0.jpg」に切り替え、[選択範囲]→[すべてを選択]を選択する。
⑪[編集]→[コピー]を選択し、「Webページ.psd」に切り替えて[編集]→[ペースト]を選択する。
⑫「header」レイヤーを削除し、ペーストした画像レイヤー名を「header」にして「navi」レイヤーの上に配置する。

⑬ヘッダー部の位置に、次のように画像を配置する。

> **Point**
> 「Webページ.psd」は、制作したレイアウトに文字要素を載せたものである。

2-② Webのボタン台の作成

ナビ部分のボタン台をPNG形式で作成しよう。

①「sozai」フォルダー内の「石.jpg」を開く。

②[レイヤー]→[新規]→[背景からレイヤーへ]を選択し、レイヤー名を「ボタン」にする。

③▨長方形選択ツールを選択し、[スタイル]を「固定」、[幅]を「160px」、[高さ]を「60px」にする。

④「石.jpg」内でクリックし、選択範囲を設定して[イメージ]→[切り抜き]を選択する。

⑤▨消しゴムツールを選択し、[モード]を「鉛筆」にしてエッジの部分を少しデコボコになるように消していく。

⑥[レイヤー]→[レイヤースタイル]→[ベベルとエンボス]を選択し、[スタイル]を「ベベル(内側)」、[深さ]を「200%」、[方向]を「下へ」、[サイズ]を「5px」、シャドウモードの[不透明度]を「30%」にする。

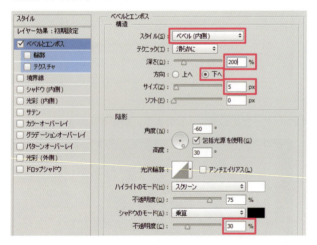

⑦[OK]をクリックする。

⑧レイヤーパネルの「ボタン」レイヤーで右クリックをし、[レイヤースタイルをラスタライズ]を選択する。

⑨[ファイル]→[書き出し]→[Web用に保存(従来)]を選択する。

⑩[最適化ファイル形式]を「PNG-8」、[カラー]を「32」、[透明部分]をチェックにし、[保存]をクリックする。

⑪[images]フォルダーを指定し、[ファイル名]を「navi.png」にして[保存]をクリックする。

Point
PNGやGIFでの書き出しに際して、プレビュー画面を確認しながら、画質に問題がない範囲でカラーの色数は少なくしよう。また、PNGとGIFは背景を透明にすることができる。背景を透明にする場合には[透明部分]にチェックする。

Short cut
Web用に保存(従来):[Alt]+[Shift]+[Ctrl]+[S]

⑫「index02.html」をWebブラウザで開く。

⑬「石.jpg」のドキュメントをアクティブにし、[選択範囲]→[すべてを選択]を選択する。

⑭[編集]→[コピー]を選択し、「Webページ.psd」に切り替えて[編集]→[ペースト]を選択する。

⑮[編集]→[自由変形]を選択し、[X]が「80px」、[Y]が「330px」の位置に配置する。

⑯「ボタン」レイヤーの名前を「navi1」に変更する。

⑰「navi1」レイヤーを5回複製し、名前を「navi2」「navi3」「navi4」「navi5」「navi6」に変更する。

⑱「navi2」を[X]が[240px]、[Y]が[330px]、「navi3」を[X]が[400px]、[Y]が[330px]、「navi4」を[X]が[560px]、[Y]が[330px]、「navi5」を[X]が[720px]、[Y]が[330px]、「navi6」を[X]が[880px]、[Y]が[330px]の位置に配置する。

2-❸ カンプデザインを完成させよう

Photoshopのカンプデザインに使用した画像をWebページで使用する花の画像として書き出してみよう。

①「sozai」フォルダー内の「花1.jpg」を開く。

②[イメージ]→[画像解像度]を選択し、[縦横比を固定]にして[幅]を「270pixel」にする([高さ]は「180pixel」)。

Point 今回は同じ大きさの画像だったので、画像解像度だけで画像のサイズを調整したが、実際にはWebページのイメージに合わせてトリミングを行う。

③「花2.jpg」「花3.jpg」を開き、同様に[画像解像度]で大きさを変更して[幅]が「270pixel」、[高さ]が「180pixel」の画像にする。

「花2.jpg」

「花3.jpg」

CS6 Memo CS6では、次ページ⑦〜⑪の[クイック書き出し]の機能がないので、[幅]を「270pixel」、[高さ]を「180pixel」にし、「花1.jpg」を「flower01.jpg」、「花2.jpg」を「flower02.jpg」、「花3.jpg」を「flower03.jpg」と各画像のファイル名を入力して[Web用に保存]で「images」フォルダーに保存する。

④サイズを変更した「花1.jpg」「花2.jpg」「花3.jpg」をコピーし、「Webページ.psd」にペーストする。

⑤ペーストした画像のレイヤー名を「flower01」「flower02」「flower03」に変更し、「article1」レイヤーの上に配置する。

⑥［編集］→［自由変形］を選択し、「flower01」を［X］が「160px」、［Y］が「510px」、「flower02」を［X］が「160px」、［Y］が「740px」、「flower03」を［X］が「160px」、［Y］が「970px」の位置に配置する。

⑦［ファイル］→［書き出し］→［環境設定を書き出し］を選択する（CS6では⑦～⑪の作業は行わない）。

⑧［クイック書き出し形式］を「JPG」、［画質］を「80」にして［書き出すたびに場所を指定］にチェックをし、［OK］をクリックする。

⑨「flower01」レイヤーを右クリックし、［JPGとしてクイック書き出し］を選択する。

⑩［別名で保存］のダイアログボックスが表示されたら［images］フォルダーを選択し、［保存］をクリックする（書き出しが終了すると［images］フォルダーが表示される）。

⑪同様に「flower02」と「flower03」レイヤーも［JPGとしてクイック書き出し］で［images］フォルダーに画像を書き出す。

⑫「index02.html」をWebブラウザで確認する。

Point
［クイック書き出し］は「PNG」が標準になっている。「PNG」「JPG」のほかにも「PNG-8」「GIF」「SVG」の各形式での書き出しができる。

2-❹ アニメーションの作成

Photoshopには、動画制作ができる機能もあるが、ここでは簡単なGIFアニメーションを作ってみよう。

①[ファイル]→[新規]を選択し、[ファイル名]を「new」、[幅]を「60pixel」、[高さ]を「20pixel」、[カンバスカラー]を「透明」にする。

②[OK]をクリックする。

③ 横書き文字ツールを選び、[フォント]を「Impact Regular」、[フォントサイズ]を「9pt」、[フォントカラー]を「オレンジ」にし、[ドキュメント]に「NEW!!」と入力する。

④文字レイヤーの上で右クリックをし、[テキストをラスタライズ]を選択する。

⑤レイヤーを5回複製し、レイヤー名を下から「NEW1」「NEW2」「NEW3」「NEW4」「NEW5」「NEW6」にする。

⑥「NEW2」レイヤー以外は非表示にする。

⑦ 長方形選択ツールを選び、ドキュメントの「N」の部分だけに選択範囲を設定する。

⑧ 移動ツールを選び、「N」の部分を「2pixel」上に移動する。

Point
移動量が少ない場合には、キーボードの矢印キーを使おう。この場合は「↑」を2回押す。

⑨同様に「NEW3」レイヤーの画像の「E」、「NEW4」レイヤーの画像の「W」、「NEW5」レイヤーの画像の前の「!」、「NEW6」レイヤーの画像の後ろの「!」を「2pixel」上に移動する(「NEW1」〜「NEW6」レイヤーの画像を次のようにする)。

NEW1　　　　NEW2　　　　NEW3　　　　NEW4　　　　NEW5　　　　NEW6

⑩[ウィンドウ]→[タイムライン]を選択する(標準ではワークスペースの下部にタイムラインパネルが表示される)。

⑪[フレームアニメーションを作成]をクリックする。

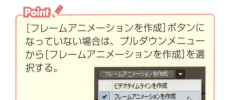

Point
[フレームアニメーションを作成]ボタンになっていない場合は、プルダウンメニューから[フレームアニメーションを作成]を選択する。

⑫レイヤーパネルで「NEW1」レイヤー以外を非表示にする。

⑬タイムラインパネルの[選択したフレームを複製]をクリックする。

⑭レイヤーパネルで「NEW2」レイヤー以外を非表示にする。

⑮同様にフレームを追加しながら、次のように設定をする。

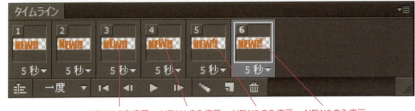

NEW3のみ表示　NEW4のみ表示　NEW5のみ表示　NEW6のみ表示

⑯フレーム1の[フレームのディレイを設定]をクリックし、プルダウンメニューより「1.0」を選択する。

⑰同様にフレーム2から6のディレイ時間を「0.2」に設定する。

Point
「NEW!!」アイコンのPhotoshop形式の完成データは「new.psd」を参照する。

⑱[ループオプションを選択]をクリックし、「無限」を選択する。

⑲[ファイル]→[書き出し]→[Web用に保存(従来)]を選択し、プリセットを「GIF32ディザなし」、[透明部分]にチェックをする。

⑳[保存]をクリックし、[images]フォルダーにある「new.gif」に上書き保存する。

㉑「index02.html」をWebブラウザで開く(完成Webページを参照、NEW!!のアイコンがアニメーションしていることを確認する)。

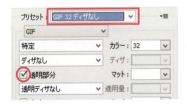

Point
アニメーションGIFの書き出しは、[Web用に保存]で行う。

▶ ダウンロードデータ：[実践]→[c02]

問題 1

次のワイヤーフレームに従って、Photoshopのレイアウト案とWebページのサンプルを作成しなさい（数字が指定されていない部分は各自で考える）。Webページは、「css」フォルダーに「style3.css」を作成する。

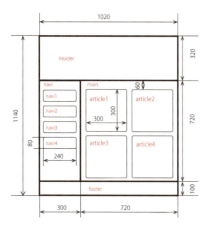
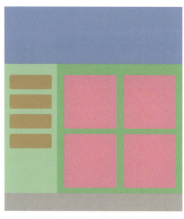
完成画像：「Webレイアウト2.psd」
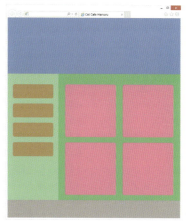
完成Webページ：「index03.html」

※ navi1～4とarticle1～4は、半径「10pixel」の角丸長方形にする。CS6では、CSSファイルの作成は行わず、Photoshopのレイアウト案のみを制作する。

問題 2

問題1と同じレイアウトの「Webページ2.psd」を開き、カンプデザインとWebページを完成させなさい。Webページは、HTMLとCSSファイルはできているので、画像の書き出しだけを「images1」フォルダーに指定したファイル名で保存すれば完成する。

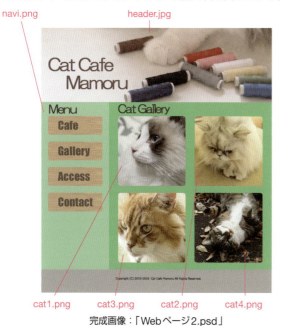
完成画像：「Webページ2.psd」

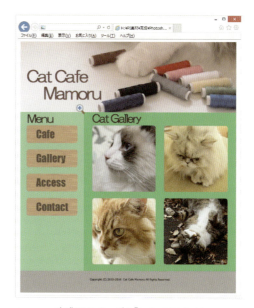
完成Webページ：「index04.html」

Point
画像に必要な素材は「sozai」フォルダーに格納されている。画像の大きさは、問題1のワイヤーフレームのサイズで作成する。

INDEX

Photoshop

英数字
- 100% ······················ 25
- 16進表現 ················· 32
- Camera Rawフィルター ··· 113
- CMYKスライダー ········ 31
- HSL/グレースケール ···· 113
- RGBスライダー ·········· 31
- Vanishing Point ········· 120

あ
- アルファチャンネル ······ 93
- 合わせるサイズ ··········· 54
- アンチエイリアスの種類の設定 ··· 87
- イコライズ ·················· 81
- 移動ツール ················· 14
- 円形グラデーション ······ 39
- 円錐形グラデーション ···· 39
- 覆い焼きツール ············ 14
- 同じフィルターを適用 ···· 107
- オプションバー ······· 12/15
- オフセット ················· 75

か
- 解像度 ······················ 19
- 階調数 ······················ 79
- 階調の反転 ················· 79
- ガイドの表示・非表示 ···· 88
- 書き出し形式 ············· 311
- 角度補正ツール ·········· 114
- 画像解像度 ················· 54
- 画像描画モードで編集 ···· 51
- 画像領域 ···················· 12
- カメラキャリブレーション ··· 113
- 画面サイズ ················· 25
- 画面にフィット ············ 25
- カラー ······················ 17
- カラースライダー ··· 30/31/32
- カラーバランス ············ 77
- カラーピッカー ············ 32
- カラーフィールド ···· 30/32
- カラーランプ ··············· 31
- カンバスサイズ ············ 55
- ガンマ ······················ 75
- 基本補正 ··················· 113
- 切り抜きツール ············ 14
- クイック選択ツール ······ 14
- クイックマスクモードで編集 ·· 14/50
- グラデーションツール ···· 14
- グラデーションピッカー ·· 40
- グリッド ···················· 86
- グリッド移動ツール ······ 114
- 消しゴムツール ············ 14

- 効果 ························ 113
- 広角補正 ··················· 112
- コピー ······················ 85
- コピースタンプツール ···· 14
- コントラスト ··············· 70

さ
- 再構築ツール ············· 115
- 再サンプル ················· 54
- 彩度 ························· 32
- 彩度を下げる ··············· 81
- 色相 ························· 32
- 色相キューブ ··············· 30
- 色相・彩度 ················· 76
- 色調補正 ···················· 17
- 色調補正パネル ·········· 101
- 自由変形 ··········· 44/93/108
- 終了 ························· 11
- 縮小ツール ················ 115
- 定規の表示・非表示 ······ 88
- 白黒 ························· 77
- 新規 ························· 18
- 新規グループを作成 ······ 95
- 新規レイヤーを作成 ······ 95
- スウォッチ ················· 17
- スウォッチパネル ········· 31
- スクリーンモードの切り替え ·· 14/27
- スタイル ···················· 17
- スタート画面にピン留めする ··· 10
- すべてを選択 ··············· 47
- すべてを閉じる ············ 19
- スポイトツール ············ 14
- スポット修復ブラシツール ··· 14
- スマートフィルター ····· 106
- ズームアウト ·········· 23/25
- ズームイン ············ 23/25
- ズームツール ······ 14/114/115
- スライダー ················· 26
- 線形グラデーション ······ 39
- 選択範囲を反転 ············ 47
- 選択を解除 ············ 42/52
- 線のカラー ················ 308
- 前方ワープツール ········ 115

た
- ターゲットパスの表示・非表示 ···· 134
- タスクバーにピン留めする ···· 11
- 縦横比を固定 ··············· 42
- チャンネル ················· 17
- 調整レイヤー ··············· 99
- 長方形選択ツール ········· 14
- 長方形ツール ··············· 14
- ツールパネル ··············· 12
- ディテール ················ 113

- テキストカラーを設定 ···· 87
- テキストレイヤー ········· 87
- 手のひらツール ··· 14/24/114/115
- 閉じる ··················· 11/19
- トーンカーブ ········· 73/113
- トーンを保護 ··············· 67

な
- なげなわツール ············ 14
- 入力フィールド ············ 26
- 塗りつぶし ················· 38
- 塗りつぶしまたは調整レイヤーを新規作成 ·· 95
- 塗りつぶしレイヤー ······ 99
- 塗りのカラー ······ 305/306/308

は
- 背景色 ··················· 14/30
- バウンディングボックスを表示 ··· 44
- パス ·························· 17
- パスコンポーネント選択ツール ··· 14
- パターンオーバーレイ ··· 130
- パターンピッカー ········· 37
- パターンを初期化 ········· 38
- パターンを登録 ·········· 130
- パネルエリア ··············· 12
- パネルのアイコン化 ······ 16
- パネルの切り替え ········· 16
- パネルの再表示 ············ 16
- パネルの表示・非表示 ···· 16
- パネルメニュー ······· 25/31
- 反射形グラデーション ···· 39
- ピクセル移動ツール ····· 115
- 菱形グラデーション ······ 39
- ヒストリーパネル ········· 40
- ヒストリーブラシツール ·· 14
- 描画色 ···················· 14/30
- 描画色と背景色の入れ替え ··· 14/18/30
- 描画色と背景色の初期化 ··· 14/18/30
- 描画モード ················· 96
- 開く ························· 20
- フィルターギャラリー ··· 104
- フォントサイズを設定 ···· 87
- フォントスタイルを設定 ·· 87
- フォントファミリーを設定 ·· 87
- 不透明度 ···················· 34
- ブラシ ····················· 133
- ブラシツール ··············· 14
- ブラシプリセットピッカー ·· 33
- プリセット ················ 113
- プリントサイズ ············ 26
- プレビュー領域 ············ 25
- ペースト ···················· 85
- 別名で保存 ················· 21
- ヘルプ ······················ 11

- ペンタブレット ·········· 142
- ペンツール ················· 14
- 膨張ツール ················ 115
- ぼかしツール ··············· 14
- 保存 ························· 21

ま
- 明暗別色補正 ············· 113
- 明度 ························· 32
- メニュー付きフルスクリーンモード ··· 27
- メニューなしフルスクリーンモード ··· 27
- メニューバー ··············· 12

や
- ゆがみ ····················· 115
- ゆがみ補正ツール ········ 114
- 横書き文字ツール ········· 14

ら
- ライブラリ ················· 17
- 流量 ························· 34
- 隣接 ························· 49
- レイヤー ···················· 17
- レイヤースタイルを追加 ·· 95
- レイヤーパネル ············ 95
- レイヤーマスクを追加 ···· 95
- レイヤーを削除 ············ 95
- レイヤーをリンク ········· 95
- レベル補正 ················· 71
- レンズ補正 ················ 113
- レンダリング ············· 137
- 露光量 ······················ 75

わ
- ワークスペース ············ 29

Illustrator

数字
1行目左インデント ········ 243

あ
アウトラインを作成 ···· 246/280
アートブラシ ················ 214
アートボード ················ 146
アートボードオプション ····· 299
アートボードサイズ ········· 298
アートボードツール ···· 148/299
アートボードの数 ··········· 145
アートボードパネル ········· 150
アートボードを削除 ········· 299
アピアランスパネル ··· 150/209/239
アンカーポイント ······ 158/159
位置 ·························· 299
位置移動 ····················· 241
一階層上のグループ ········ 192
位置の立方体 ················ 286
ウィンドウ ··················· 147
内側描画 ············ 148/201/222
うねりツール ················ 191
埋め込み ····················· 291
遠近グリッドツール ········· 148
遠近グリッドを隠す ········· 232
遠近グリッドを表示 ········· 232
遠近変形 ····················· 190
円弧の勾配を変更 ··········· 157
円弧の反転 ··················· 157
鉛筆ツール ··················· 148
鉛筆ブラシ ··················· 217
オブジェクト ················ 147
オブジェクトと一緒に移動またはコピー ···· 299
オープンパス ················ 158

か
外角タイル ··················· 216
開始カラー ············· 206/207
回転 ·························· 189
回転ツール ··················· 148
拡大・縮小 ··················· 189
拡大・縮小ツール ··········· 148
角度を45°単位で固定 ········
156/157/158/159/162/185/187/189
角度を90°単位で固定 ········ 188
角丸(内側) ··················· 168
角丸(外側) ··················· 168
角丸の半径を変更 ··········· 155
カット ························ 271
カーニング ··················· 240
カラー ············· 148/173/209/239
カラーガイドパネル ···· 150/173

[カラーガイド]ボタン ······ 173
カラースペクトル ··········· 173
カラースライダー ··········· 173
カラー設定 ··················· 255
カラーパネル ·········· 150/172/173
カラーピッカー ·············· 173
カラーフィールド ··········· 173
[カラー]ボタン ·············· 172
カラーモード ················ 145
カリグラフィブラシ ········· 213
キーオブジェクト ··········· 197
基準点 ············· 186/187/189/190
行送りを設定 ················ 240
共通オプションを選択 ······ 185
曲線ツール ············· 148/167
均等配置(最終行左揃え) ····· 243
クラウンツール ·············· 191
グラデーション ······· 148/173/181
グラデーションツール ···· 148/179
グラデーションバー ········· 179
グラデーションパネル ···· 150/180
グラフィックスタイルパネル ····· 211
[グラフィックスタイル]ボタン ····· 211
グリッドに依存しない ······ 232
グリッドにスナップ ····· 265/282
グリッドを表示 ······ 264/279/282
クリッピングマスクの解除 ···· 201
クリッピングマスクの作成 ···· 201/251/258
グループ ················ 192/223
グループ化 ············· 253/265
グループ解除 ········ 192/256/281
クローズパス ················ 158
形状 ·························· 157
形状モード ··················· 199
消しゴムツール ·············· 148
現在のカラー ················ 173
効果 ·························· 147
コーナートンボ ·············· 291
コーナーポイント ······ 161/164
コピー ························ 299
コピーを反転 ················ 188
コントロールパネル ···· 146/173

さ
最初のタイル ················ 216
サイズ ················· 145/299
最前面へ ············ 193/231/249
サイドタイル ················ 216
最背面へ ··············· 193/270
作成(ライブペイント) ······ 279
サムネール ··················· 195
散布ブラシ ··················· 214
仕上がりサイズ ······ 291/293/298

シェイプ形成ツール ···· 148/198
軸に沿って反転 ·············· 178
軸を基準に反転 ·············· 178
始点 ·························· 158
自動選択ツール ·············· 148
収縮ツール ··················· 191
終点 ·························· 158
自由変形 ··············· 189/190
自由変形ツール ········ 148/189
終了 ·························· 153
終了カラー ··················· 207
定規を表示/隠す ············· 290
詳細オプション ·············· 286
初期設定の塗りと線 ···· 148/173/174
書式 ·························· 147
ショートカット ·············· 147
新規 ············· 145/264/288/292
新規アートボードの追加 ···· 299
新規グラフィックスタイル ····· 211
新規効果を追加 ······· 210/257
新規スウォッチ ·············· 250
新規線を追加 ················ 266
新規塗りを追加 ·············· 257
新規ブラシ ·········· 213/215/217
新規ライト ··················· 283
新規レイヤーを作成 ··· 194/251/256/266
シングルトンボ ·············· 293
シンボルスプレーツール ······ 148
垂直比率 ············· 240/241
垂直方向上に整列 ··········· 166
垂直方向中央に整列 ········· 196
垂直方向中央に分布 ········· 196
水平比率 ············· 240/241
水平方向中央に整列 ········· 223
スウォッチ ············· 173/179
スウォッチに追加 ··········· 181
スウォッチパネル ······ 150/173
[スウォッチ]ボタン ········· 173
スウォッチライブラリメニュー ···· 246
スウォッチを削除 ··········· 174
スクリーンモードを変更 ···· 148
スパイラルツール ··········· 157
すべてを選択 ········ 184/295
スポイトツール ········ 148/174
スマートガイド ··· 253/260/274/290
スムーズポイント ······ 161/164
ズームツール ········ 148/151
スライスツール ·············· 148
正円を描く ············ 154/255
整列パネル ··················· 196
セグメント ············ 158/159
絶対値 ························ 168

線 ············· 148/172/173/181
選択 ·························· 147
選択項目を削除 ·············· 195
選択コラム ··················· 195
選択したアンカーをコーナー
ポイントに切り換え ···· 164/252
選択したアンカーをスムーズ
ポイントに切り換え ········· 164
選択した項目を削除 ········· 209
選択した項目を複製 ··· 210/257/259
選択した終点を連結 ········· 165
選択した文字のトラッキング ···· 240
選択ツール ··················· 148
選択範囲に整列 ······· 166/196
選択面ウィジェット ···· 231/232
選択を解除 ··················· 184
センタートンボ ·············· 291
線端 ·························· 175
線と塗りを入れ替え ········· 148
線にグラデーションを適用 ···· 181
線パネル ··············· 150/174
線幅 ··················· 209/239
線幅ツール ··················· 148
線幅と効果も拡大・縮小 ···· 186
線幅ポイント ················ 177
[線]ボタン ··················· 174
前面へ ························ 193
線を内側に揃える ··········· 175
線を外側に揃える ··········· 175
線を中央に揃える ··········· 175
相対値 ························ 168

た
ダイレクト選択ツール ······ 148
楕円形を描く ················ 154
裁ち落とし ·········· 145/291/298
裁ち落としマーク ··········· 145
裁ち落とし領域 ········ 291/293
タッチウィジェット ········· 189
縦横比固定 ············ 186/189
タブ ·························· 146
ダブルトンボ ················ 289
単位 ·························· 174
段落パネル ············· 243/260
中心から描く ················ 154
中心から拡大・縮小 ········· 186
中心から正円を描く ········· 154
中心から反転 ················ 188
頂点の数を変更 ·············· 156
長方形グリッドツール ······ 157
長方形ツール ················ 148
直線ツール ··················· 148
ツールパネル ················ 146

適用・・・・・・・・・269/271/274
手のひらツール・・・・・・148/151
同心円グリッドツール・・・・・157
透明パネル・・・・・・・・・・206
[透明]ボタン・・・・・・・・・206
ドキュメントウィンドウ・・・146
閉じる・・・・・・153/269/271/274
ドック・・・・・・・・・・・・146
突出線端・・・・・・・・・・・175
トラッキング・・・・・・・・・240
取り消し・・・・・・・・200/208
トンボ・・・・・・・・・・・・289

な

長さを調整しながら、線分をコーナーや
パス先端に合わせて整列・・・・・176
なげなわツール・・・・・・・・148
なし・・・・・・・・148/172/173
名前・・・・・・・・・・・145/299
塗り・・・・・・・・148/172/173/179
塗りと線を入れ替え・・・・172/173

は

背面描画・・・・148/193/232/251
背面へ・・・・・・・・・・・・193
バウンディングボックス・・・・186
バウンディングボックスを表示/隠す・・234/236
パス上文字オプション・・・・・237
パスに交差してグラデーションを適用・・181
パスに沿ってグラデーションを適用・・181
パスの変形・・・・・・・・・・200
パスファインダー・・・・・・・199
パスファインダーパネル・・198/247/255
パターンブラシ・・・・・・・・215
バット線端・・・・・・・・・・175
パネル・・・・・・・・・・・・146
パネルメニュー・・
172/175/196/199/215/238/240
番号・・・・・・・・・・・・・299
ハンドル・・・・・・・・・・・177
凡例・・・・・・・・・・・・・271
ひだツール・・・・・・・・・・191
左面グリッド・・・・・・・・・231
筆跡のプレビュー・・・・・・・158
描画モード・・・・・・・・・・206
表示・・・・・・・・・・・・・147
表示コラム・・・・・・・194/195
標準描画・・・・148/193/201/222
表面・・・・・・・・・・・・・286
開く・・・・・・・・151/162/300
比率を保って拡大・縮小・・・・241
ファイル・・・・・・・・・・・147
フォント・・・・・・・・・・・238
フォントサイズ・・・・・・・・238

フォントサイズを設定・・・・・240
フォントスタイルを設定・・・・240
フォントファミリを設定・・・・240
複合シェイプ・・・・・・・・・199
複合パスを作成・・・・・・・・258
複製を回転・・・・・・・・・・187
複製を拡大・縮小・・・・・・・186
複製を歪める・・・・・・・・・189
フタの設定・・・・・・・・・・286
不透明マスク・・・・・・・・・207
ブラシストロークを削除・・・・212
ブラシツール・・・・・・・・・148
ブラシパネル・・・・・150/212/254
ブラシライブラリメニュー・・・212
プリント・・・・・・・・296/301
プリント可能範囲・・・・・・・297
プレビューモード・・・・・・・145
ブレンドツール・・・・・・148/202
ブレンドパス・・・・・・・・・202
プロファイル・・・・・・・・・145
プロファイルに追加・・・・・・178
分割・・・・・・・・・・・・・250
平均・・・・・・・・・・・・・166
ペースト・・・・・・・・271/300
ベースラインシフトを設定・・・240
ベベル・・・・・・・・・・・・286
ベベル結合・・・・・・・・・・175
変形の繰り返し・・223/253/254/296
編集・・・・・・・・・・・・・147
編集コラム・・・・・・・・・・194
編集中のグループ・・・・・・・192
編集モードバー・・・・・・・・192
ペンツール・・・・・・・・・・148
辺の数を変更・・・・・・・・・156
棒グラフツール・・・・・・・・148
方向線・・・・・・・・・・・・159
方向ハンドル・・・・・・・・・159
方向ポイント・・・・・・・・・159
膨張ツール・・・・・・・・・・191
保存・・・・・・・・・・・・・152

ま

マイター結合・・・・・・・・・175
丸型線端・・・・・・・・175/176
右面グリッド・・・・・・231/232
メッシュツール・・・・・148/203
メッシュポイント・・・・・・・226
メッシュライン・・・・・・・・226
メニューバー・・・・・・・・・146
面付け・・・・・・・・・・・・295
面取り・・・・・・・・・・・・168
文字回転・・・・・・・・・・・240
文字間のカーニングを設定・・・240

文字タッチツール・・・・・・・240
文字ツール・・・・・・・・・・148
文字パネル・・・・・・・・238/240

や

矢印の始点と終点を入れ替え・・176
矢の先端をパスの終点に配置・・176
歪み(シアー)・・・・・・・・・190

ら

ライブコーナーウィジェット・・168
ラウンド結合・・・・・・・・・175
ラスタライズ効果・・・・・・・145
ラスタライズ効果設定・・・・・208
ラベル・・・・・・・・・・・・271
リキッドツール・・・・・・・・191
リフレクト軸・・・・・・・・・188
リフレクト軸の方向を調整・・・188
リンク・・・・・・・・・・・・291
リンクルツール・・・・・・・・191
隣接する線幅ポイントを調整・・177
レイヤーパネル・・・・150/194/265
[レイヤー]ボタン・・・・・・・194
レジストレーションカラー・・・289

わ

[ワークスペース]ボタン・・・・146
ワープ・・・・・・・・・・・・200
ワープツール・・・・・・・・・191

本書の関連データが Web サイトからダウンロードできます。
https://www.jikkyo.co.jp/download/ で
「Photoshop & Illustrator CC」を検索してください。
提供データ：素材ファイルおよび完成例

※ 素材ファイルおよび完成例のデータは、p.8の「ダウンロードデータの利用についての注意事項」および「PAKUTASO について」を必ずお読みいただき、その内容をご理解・ご了承のうえご使用ください。

■執筆

影山明俊（かげやまあきとし）　沼津情報・ビジネス専門学校

コスミックエンジン

●写真協力───㈱ワコム
●表紙・本文デザイン───㈲コスミックエンジン

CGリテラシー
Photoshop & Illustrator CC+CS6

2015年11月10日　初版第1刷発行
2024年11月10日　初版第8刷発行

●執筆者　　影山明俊／コスミックエンジン
●発行者　　小田良次
●印刷所　　株式会社広済堂ネクスト

●発行所　　実教出版株式会社
〒102-8377
東京都千代田区五番町5番地
電話［営　　業］（03）3238-7765
　　［企画開発］（03）3238-7751
　　［総　　務］（03）3238-7700
https://www.jikkyo.co.jp/

無断複写・転載を禁ず

©A.Kageyama, CosmicEngine 2015

ISBN 978-4-407-33729-7　C3004

Printed in Japan

ショートカット一覧

Photoshop

ファイル
- 新規　　Ctrl+N
- 開く　　Ctrl+O
- Bridgeで参照　　Alt+Ctrl+O
- 指定形式で開く　　Alt+Shift+Ctrl+O
- 閉じる　　Ctrl+W
- すべてを閉じる　　Alt+Ctrl+W
- 閉じてBridgeを起動　　Shift+Ctrl+W
- 保存　　Ctrl+S
- 別名で保存　　Shift+Ctrl+S
- 復帰　　F12
- 書き出し形式　　Alt+Shift+Ctrl+W
- Web用に保存(従来)　　Alt+Shift+Ctrl+S
- ファイル情報　　Alt+Shift+Ctrl+I
- プリント　　Ctrl+P
- 1部プリント　　Alt+Shift+Ctrl+P
- 終了　　Ctrl+Q

編集
- 取り消し　　Ctrl+Z
- 1段階進む　　Shift+Ctrl+Z
- 1段階戻る　　Alt+Ctrl+Z
- フェード　　Shift+Ctrl+F
- カット　　Ctrl+X
- コピー　　Ctrl+C
- 結合部分をコピー　　Shift+Ctrl+C
- ペースト　　Ctrl+V
- 同じ位置にペースト　　Shift+Ctrl+V
- 選択範囲内へペースト　　Alt+Shift+Ctrl+V
- 塗りつぶし　　Shift+F5
- コンテンツに応じて拡大・縮小　　Alt+Shift+Ctrl+C
- 自由変形　　Ctrl+T
- 再実行(変形)　　Shift+Ctrl+T
- カラー設定　　Shift+Ctrl+K
- キーボードショートカット　　Alt+Shift+Ctrl+K
- メニュー　　Alt+Shift+Ctrl+M
- 一般(環境設定)　　Ctrl+K

イメージ
- レベル補正　　Ctrl+L
- トーンカーブ　　Ctrl+M
- 色相・彩度　　Ctrl+U
- カラーバランス　　Ctrl+B
- 白黒　　Alt+Shift+Ctrl+B
- 階調の反転　　Ctrl+I
- 彩度を下げる　　Shift+Ctrl+U
- 自動トーン補正　　Shift+Ctrl+L
- 自動コントラスト　　Alt+Shift+Ctrl+L
- 自動カラー補正　　Shift+Ctrl+B
- 画像解像度　　Alt+Ctrl+I
- カンバスサイズ　　Alt+Ctrl+C

レイヤー
- レイヤー(新規)　　Shift+Ctrl+N
- 選択範囲をコピーしたレイヤー(新規)　　Ctrl+J
- 選択範囲をカットしたレイヤー(新規)　　Shift+Ctrl+J
- PNGとしてクイック書き出し　　Shift+Ctrl+'
- 書き出し形式　　Alt+Shift+Ctrl+'
- クリッピングマスクを作成　　Alt+Ctrl+G
- レイヤーをグループ化　　Ctrl+G
- レイヤーのグループ解除　　Shift+Ctrl+G
- レイヤーを非表示　　Ctrl+,
- 最前面へ(重ね順)　　Shift+Ctrl+]
- 前面へ(重ね順)　　Ctrl+]
- 背面へ(重ね順)　　Ctrl+[
- 最背面へ(重ね順)　　Shift+Ctrl+[
- レイヤーをロック　　Ctrl+/
- レイヤーを結合　　Ctrl+E
- 表示レイヤーを結合　　Shift+Ctrl+E

選択範囲
- すべてを選択　　Ctrl+A
- 選択を解除　　Ctrl+D
- 再選択　　Shift+Ctrl+D
- 選択範囲を反転　　Shift+Ctrl+I
- すべてのレイヤー　　Alt+Ctrl+A
- レイヤーを検索　　Alt+Shift+Ctrl+F
- マスクを調整　　Alt+Ctrl+R
- 境界をぼかす(選択範囲を変更)　　Shift+F6

フィルター
- フィルターの再実行　　Ctrl+F
- 広角補正　　Alt+Shift+Ctrl+A
- Camera Rawフィルター　　Shift+Ctrl+A
- レンズ補正　　Shift+Ctrl+R
- ゆがみ　　Shift+Ctrl+X
- Vanishing Point　　Alt+Ctrl+V

3D
- レンダリング　　Alt+Shift+Ctrl+R

表示
- 色の校正　　Ctrl+Y
- 色域外警告　　Shift+Ctrl+Y
- ズームイン　　Ctrl++
- ズームアウト　　Ctrl+-
- 画面サイズに合わせる　　Ctrl+0
- 100%　　Ctrl+1
- エクストラ　　Ctrl+H
- ターゲットパス(表示・非表示)　　Shift+Ctrl+H
- グリッド(表示・非表示)　　Ctrl+@
- ガイド(表示・非表示)　　Ctrl+;
- 定規　　Ctrl+R
- スナップ　　Shift+Ctrl+;
- ガイドをロック　　Alt+Ctrl+;

ウィンドウ
- アクション　　Alt+F9
- カラー　　F6
- ブラシ　　F5
- レイヤー　　F7
- 情報　　F8

ヘルプ
- Photoshopオンラインヘルプ　　F1